酉阳抗日战争资料集

酉阳土家族苗族自治县档案局 编著

巴蜀书社

《酉阳抗日战争资料集》

编辑顾问、编辑及工作人员名单

顾　　问：	唐鹏程　杨清海　张　平　陈新宪
主　　编：	石胜才
副 主 编：	黎　洪
编　　辑：	黎　洪　彭清玉　骆万聪　简　朴
工作人员：	严　鹏　田　勇　杨秀东　陈思劼
	冉景文　张　琼　杨素平　郑　伟
	田永才　冉素梅　杨京秀　冉　军
	冉崇明　杨海军

傅　翼

刘　仁

赵君陶

赵世兰

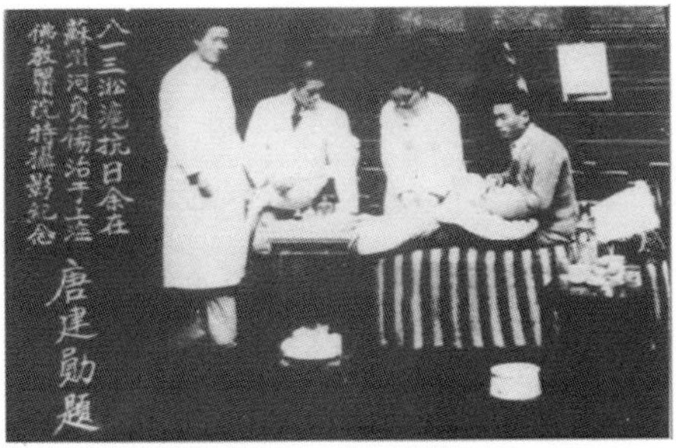

唐建勋（右一）抗战负伤治疗

陈子尚

抗战建国阵亡将士纪念碑

龚滩潭龙古道上的西屏关（运盐要道）

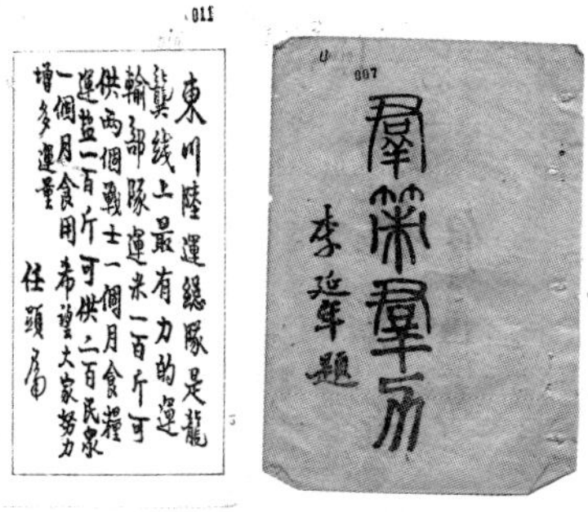

東川陸運總隊是龍冀线上最有力的運輸部隊運米一百斤可供兩個戰士一個月食糧運盐一百斤可供二百民衆一個月食用希望大家努力增多運量

羣策羣力

李延年題

教育部令

东川陆运总队干训班题词　　调酉师校训练教官令

冉国华负伤证明　　川湘公路酉阳段死伤民工抚恤花名册（复印件）

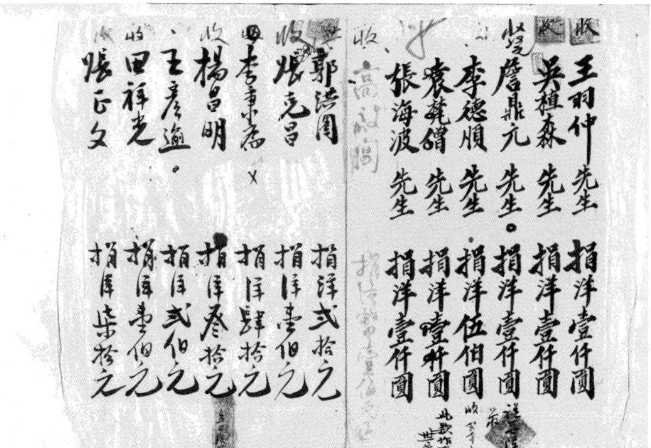

王羽仲先生　捐洋壹仟圓

吴植森先生　捐洋壹仟圓

詹鼎元先生　捐洋壹仟圓

李德順先生　捐洋伍佰圓

袁龔鐨先生　捐洋壹仟圓

張海波先生　捐洋壹仟圓

抗日捐款登记册

记叙酉阳抗日史实出版的有关图书

目　录

综合研究类

资料证集类

人物类

回忆文章

诗歌与楹联

史料辑录

前　言

为纪念中国人民抗日战争和世界反法西斯战争胜利70周年，酉阳自治县档案局精心组织、编辑和收录出版这本《酉阳抗日战争资料集》，可谓恰逢其时，意义深远。

早在2010年，重庆市委办公厅下发《重庆中国抗战大后方历史文化研究与建设工程规划纲要（2008—2015）》（渝委办发［2010］28号）。2011年重庆市档案局又下发了《重庆中国抗战大后方历史档案中心建设规划》（渝档发［2011］74号）。这些文件要求各地认真开展抗战历史档案的研究工作。2013年市档案局专题部署开展乌江流域抗战历史档案研究工作，要求沿江区（县）利用馆藏档案，认真规划，扎实工作，取得抗战历史档案研究新成果。并同时联合乌江流域贵州省的沿江各县定期不定期开展学术研讨会，以期推动这项工作顺利进行。鉴于此，县档案局经过反复讨论决定，编辑收录出版一本较为全面反映酉阳抗战史实的资料集子：《酉阳抗日战争资料集》。

《酉阳抗日战争资料集》共分“综合研究类”、“资料征集类”、“人物类”、“回忆文章”、“诗歌与楹联”、“史料辑录”等六类。“综合研究类”主要收录反映酉阳抗日综合研究性文章；资料征集类主要是收集整理反映酉阳抗日的个例史实；“人物类”主要收录著名抗日将士、抗战时期酉阳党政军人物、其他抗战人物；“回忆文章”主要是抗日将士及其他回忆文章；“诗歌与楹联”是收录抗战时的诗歌与楹联；“史料辑录”主要是收集各类图书中相关酉阳抗日史实的记载。本书比较全面地收录了酉阳抗战史实的图书及文章，挖掘整理了酉阳馆藏民国档案的抗战史实。是一本比较全面反映酉阳抗战史实的图书，在地方史料中有着不可替代的地位和作用。它弥补了酉阳无全面反映抗战史实的图书，为人们了解抗战情况和对外文化交流，提供了一个平台；全面摸清了馆藏抗战档案和文献资料家底，掌握了基础数据，为开发利用抗战档案提供了信息和资料；为下一步系统性地研究酉阳抗战史，提供了翔实可靠的基础性资料和个性化的史实，打下了坚实的基础。

古人云：“智者师古。”以历史为老师，从史实中吸取智慧和精神食粮，将会成为助推全县经济社会事业发展的精神动力。这就是我们编辑出版这本集子的初衷和愿望。

编　者

2014年　月

综合研究类

《酉阳抗日战争资料集》的基本内容框架及实现途径

彭清玉

为全面开发利用民国档案，开展乌江流域中国抗战大后方历史档案的研究，根据上级安排和相关文件精神，结合馆藏抗战档案的实际。我们将以开发本馆档案为主，外出利用档案为辅，实地调查和图书资料为补充的原则，从 2014 年 1 月起至 2015 年 7 月全面完成编辑出版约 15 万字、图片 40 余张的《酉阳抗日战争资料集》一书。现就本书的基本内容框架及实现途径，与与会同仁作如下交流。

一、编辑《酉阳抗日战争资料集》的目的和意义

抗日战争时期，酉阳为抗日后方的前沿阵地，从人力、物力、财力上等支援抗战，为抗日战争的伟大胜利付出了牺牲，作出了贡献。“历史是现实的一面镜子”，如何从档案资料中全面真实再现酉阳抗战的峰火岁月，从历史长河中吸取营养，成为实现“中国梦”

的精神力量，是摆在档案和修志工作者面前的一个难题。因此，编辑《酉阳抗日战争资料集》，是解决这个难题的一个初步实践，既恰逢其时，又意义深远，还可达到五个目的：一是全面摸清馆藏抗日战争档案和文献资料家底，掌握基础数据，为开发利用抗日战争档案提供信息和资料。二是通过抗日战争历史档案资料整理汇集，理清抗日战争中的具体事件和历史人物，使后人真正了解酉阳抗战之史实，铭记历史，面向未来。三是能把分散的档案史料、图书、研究成果等编辑成一本，为人们集中了解抗日战争情况和对外文化交流，提供了一个平台。四是为下一步系统性地研究酉阳抗日战争史，提供了翔实可靠的基础性资料和个性化的史实，打下了坚实的基础。五是为培养和锻炼档案和修志战线上的专业人才提供了一个试验场，为今后开展这方面的研究工作获得经验。

二、《酉阳抗战资料集》的基本内容框架

本书主要以征集的编研资料为主，全面收集整理酉阳的抗战资料。具体包括综合研究类、资料征集类、人物类、回忆文章类、诗词类、辑录类和照片类七大类，类下面设若干个子课题，以及应征集撰写的主要内容及方向等。

（一）综合研究类：综合研究类共设 6 个课题，并分别对每个课题罗列了具体的撰写内容及大致方向。文字 4000 字以上。具体标题为：

1. 酉阳抗战概况及贡献。具体内容包括酉阳抗战从宣传组织、后勤支援、民工征调、出征抗日等各方面的史实材料，总结提炼酉阳在抗战中之贡献。

2. 酉阳抗日救亡运动调查报告。主要内容是比较全面反映酉阳抗战的情况。

3. 酉阳抗战期间人员伤亡及财产损失报告。主要内容为人员伤亡情况（包括直接人员伤亡和间接人员伤亡）和财产损失情况（含直接损失和间接损失），用翔实可靠的数据，全面分析出抗战期间酉阳财产损失概况。

4. 龙龚古道——抗日物资的运输线。龙龚古道的历史与现状，成为抗日物资运输

5. 抗战期间酉阳的经济、社会及文化事业简况。通过抗日战争期间，酉阳经济、社会、文化及人口变化情况的分析，使人们清晰地认识到战争给人类带来的灾难及其警示。

6. 其他综合研究课题。

（二）资料征集类：这类主要是以征集资料为主，具体阐明单项事情的缘由及具体现状。文字 2000 字以上。具体内容标题为 23 个，分别为：

1. 民国酉阳县政府对抗日宣传的组织领导工作。

2. 酉阳钟多、龙潭镇的抗日爱国宣传活动。

3. 抗日战争时期龚滩青年的一些爱国活动。

4. 酉阳师范校抗日拾遗。

5. 酉阳为抗日战争而进行的一些捐募情况。

6. 人民血汗筑成的川湘公路
——兼记筑路当年的酉、秀、黔、彭政治、经济、文化、社暨人民生活情况。

7. 人民血汗筑成的秀山飞机场。

8. 酉龚公路的修建始末。

9. 抗日战争时期的东川陆运总队（1939—1945）。

10. 抗日战争时期龚滩的盐运业。

11. 抗日战争时期的龚滩盐运。

12. 抗日战争时期酉阳对军人的社会保障概述。

13. 中国青年军在酉阳征集情况。

14. 中国童子军在酉师校登记情况。

15. 抗日战争时期酉阳成立的各类部分机构简介。

16. 龚滩盐运管理局演变及运行概况。

17. 抗日战争时期酉阳邮政电信情况。

18. 抗日战争期间酉阳金融业及银行运行状况。

19. 抗日战争时期龙潭镇见闻。

20. 抗日战争时期军队驻防酉阳概况。

21. 抗日战争期间酉阳人口状况及简析。

22. 抗战建国阵亡将士纪念碑。

23. 其他。

（三）人物类：

1. 人物传。列入人物传的标准是在抗日时任团职以上的军人（含中共）；各类突出的抗战人物。字数 2000 字左右。

2. 主要人物简介：列入人物简介的标准是：抗战期间，四川省第八行政专员公署党政军主要负责人；民国酉阳县政府党政军主要负责人；抗战期间为支援前线而成立的机构主要负责人。字数 200 字以上。

3. 人物名录：主要为不够列入前两项的各类人员的名单及基本信息。

（四）回忆录类：主要收录抗战将士写的回忆文章，及调查采访方面的文章、记述（字数不限）。

（五）文艺作品类：主要收录酉阳抗战将士所写的诗词，以及他人所写反映抗战时期的诗歌、楹联等文艺作品（字数不限）。

（六）辑录：主要指公开出版物中有关酉阳抗日战争方面的文章、记述（字数不限）。

（七）历史照片：征集历史照片约40幅左右。

三、编辑完成《酉阳抗日战争资料集》的工作措施

（一）加强领导，成立机构，增加人员，是做好这项工作的组织保证。为了加强对乌江流域抗战文化的研究工作，县档案局成立了以局长为组长，副局长为副组长，相关科（室）科长（主任）为成员的乌江流域抗战文化研究领导小组。其具体职责是组织协调、制订规划、争取资金，解决困难，监督落实。针对本局人手少、研究人才缺乏的实际，从两方面加强研究人才队伍建设。一方面是争取县政府同意，从乡镇部门或学校借调3名业务素质较高的人员，集中到县档案局办公，专门征集、研究、调查抗战史料及研究工作。另一方面内外结合，分工负责，人尽其才，把编辑内容及课题，分摊到具有一定研究能力，又热心于这项工作的人头上，使其在一定时间内完成任务。

（二）选好牵头人，实行承包制，是做好这项工作高效运转的关键。实行经费总额包干制，即按照编辑课题大纲，明确包干经费总额及完成时限、质量标准及权利义务等似订合同内容。在先满足本局职工而又无人承担的情况下，公开向外选拔（或协商）项目牵头人，由县档案局同项目牵头人签订合同，实行合同管理。项目牵头人根据课题的难易程度，再来确定人数，并同其签订合同。县档案局只同牵头人联系，履行合同，不干涉具体事务，只协助解决相关

问题。人选及业务工作等方面，均由项目牵头人全权负责。

（三）积极争取项目资金，及时准确提供信息，档案查阅方便快捷，全方位为这项工作提供后勤保障。一是积极争取县政府的支持，落实工作经费。县档案局领导多次向分管领导作了专题汇报，并得到其首肯。同时向县政府上报了报告和请示，《报告》全面阐述了编辑此书的目的、意义，工作步骤及实施办法，以期尽快落实经费，早日启动此书编辑工作。二是及时提供档案及相关信息。县档案局应具体提供三个方面的信息：分别为馆藏民国档案1000余卷的基本情况及相关内容，馆藏图书及文史资料、部门志，已知馆外及相关档案馆抗战档案及史料。三是及时提供档案服务，做到及时准确，方便快捷，热情周到地提供档案服务。

（四）明确工作流程，加强监督检查，确保按时保质地完成编写任务。根据全书的编写课题内容，制订详细工作流程。内容包括课题名称、完成时间及责任人，实行表格化管理。加强监督检查，及时了解工作动态，发现问题，及时解决。对工作不到位，不能按时完成编写课题任务的，建议予以撤换牵头人。如果牵头人不如期履行合同，县档案局将终止合同，并重新考虑人选，以确保其2014年顺利完成编写工作。

（五）用心编辑，反复修改，精心打磨，为出版一本有较高质量的史料图书奠定基础。明确质量标准，统一技术要求，规范编辑流程。沉心静气地查阅档案文献、调查走访，摘录资料，精心构思，整理成篇。对文章反复修改、核实，精心打磨。必要时可聘请专人，对全书进行审稿把好政治关、史料关和文字关，使本书成为内容客观公正，资料翔实可信，特色突出宣明，文字朴实规范，构件完整有序的一本较为全面反映酉阳抗战的资料性图书，为今后较为系统研究酉阳抗战历史和文化奠定基础。（2013年12月）

酉阳在抗日战争时期的主要功绩

彭清玉

抗日战争是中国近代史上最伟大的民族解放战争，抗战的胜利是中华民族付出了伤亡2100万人以上，财产损失6000亿美元以上惨重的代价而取得的胜利。这场胜利一举洗雪了19世纪40年代以来屡战屡败的民族耻辱，是中华民族由衰败走向振兴的重大转折点，为中国独立和民族解放奠定了基础，也为世界反法西斯战争的胜利作出了不可磨灭的贡献。四川人民同全国人民一道，对争取抗日战争的胜利作出了重大牺牲和贡献。四川作为抗日前线的大后方，四川人民出力、出钱、出粮均为全国之冠，除川军7个集团军，另有一军一师一旅共40万人开赴前线外，还输出300万壮丁为兵员补充，致前线有“无川不成军”之说，先后调用500万民工修筑公路、飞机场等，承担国家支出4400亿法币的财政负担，占全国的1/3；1941—1945年间以各种形式为国家提供粮食8228万市石，占全国征、销、供粮的1/3。在8年抗战的峰火岁月里，酉阳作为四川省第八区行政督察专员公署所在地，义无反顾地投入到这场伟大的民族解放战争中去，为抗日战争的胜利添了砖加了瓦，作出了自己应有的贡献。

一、宣传抗战，激发酉阳各民族团结抗战的激情

1937年7月7日，卢沟桥的枪声震憾华夏大地，中华民族全面抗战从此开始。在这事关中华民族生死存亡的关键时刻，“兄弟阋于墙，外御其务”。9月以国共两党合作为基础的抗日民族统一战争正式形成，实现了中华民族的空前大团结。为了积极宣传抗战，激发酉阳各民族团体抗战之激情，动员和组织力量支援抗日前线。酉阳在成立“抗敌后援酉阳分会”的基础上，组织成立以国民党县党部书记陈子尚为主任委员的“宣传委员会”，下设办公室，按行政区划，区、乡、保分别成立宣传区队、分队、小分队，分别由区长、乡（镇）长、保长任区队长、分队长和小队长。宣委会主要宣传“抗战建国纲领”等为主要内容的抗战题材，宣传“抗战爱国光荣、妥协卖国可耻”的道理。1938年春，当台儿庄战役阵亡川军师长、国民党政府追认为陆军上将王铭章的灵柩护送返籍途经酉阳时，酉阳举行隆重悼念会，数万人自发列队于川湘公路两旁向其默哀致敬。1939年酉阳简易师范学校编排较高水平的话剧《鸡鸣》、《八个宠子》，歌舞剧《小小锄奸队》等在全县演出，教唱《流亡三部曲》、《大刀进行曲》、《太行山上》等抗日歌曲。王季直老师还利用假期带领学生到铜古、两河、板溪等地进行抗日宣传，唱抗日歌曲。同年10月秀山县城被日军飞机轰炸，龙潭中小学组成400多人的慰问团，步行47公里到秀山慰问，沿途张贴标语、画漫画、发传单，并在秀山县城为灾民演出了《中华民族的子孙》、《加大理发店》等话剧和演唱《送郎参军》、《黄河大合唱》、《到敌

人后方去》等抗日歌曲。同年7月在龚滩成立了“滩涛青年歌剧团”，先后编写了《抓本线》、《烟毒》、《最后一封信》爱国剧20余本，前后两年开展了20余场次抗日救亡演出，受到群众的好评。1939年为纪念为国捐驱的抗日将士，国民党第二军李延年所属103师师长何绍周与龙潭各届人士集资修建了“抗日建国阵亡将士纪念碑”。1941年国民党酉阳县政府拨款4000元，修建了“酉阳县忠烈祠”，对阵亡将士进行悼念，对卖国汉奸者如汪精卫等进行声讨。同年《酉阳县党政周刊》恢复，重点宣传抗日战争时期的方计政策，号召全民“精诚团结，共赴国难”，树立抗战必胜的信心。1942年为纪念“七七”抗战五周年，国民党第6战区罗广文军185师的将士同龙潭中小学及民众在龙潭举行纪念大会，会场四周贴满了“打倒日本帝国主义”、“收复失地，还我河山”等标语，会上部队代表和各届人士等纷纷上台讲演，一致表示愿为抗日救亡作出自己的力量。晚上还举行文艺演出和游行。酉阳抗日救亡宣传活动，激发了酉阳各民族抗日之激情，许多青年立下“宁作沙场鬼，不做亡国奴”的誓言，全县形成了“有钱出钱、有力出力，救亡图存、支援抗战”的团结局面，为支援前线抗战起到了重要作用。

二、从军参战，为中华民族独立和生存而英勇战斗

抗日战争全面爆发后，国民党酉阳县政府利用各种形式积极宣传抗日的目的和意义，宣传参军抗日光荣，落实优待抗日家属等政策，收到了激发全民抗战，尤其是青年从军参战的效果。除一些热血青年自愿参军外，酉阳也为国民党战场输送了万人壮丁，以补充国民党军队。据不完全统计：1937年抗日战争爆发到1941年，酉

阳境内征调壮丁 10419 人；1944 年冬国民政府号召知识青年从军，在“一寸山河一寸血”、“十万青年十万军”的号召下，酉阳县在中学、师范校中招上千名知识青年入伍当兵，上抗日前线；从酉阳经过长征到达陕北的老红军冉瑞才、张斌、周连光、吴汉青、吴玉顺、黄子高、邱令荣、严永兴等人所在的红二方面军开赴山西抗日前线，参加“雁门关伏击战“、“齐会战斗”、“陈庄战斗”和“百团大战”等数次战斗，为抗日战争胜利立下了不朽功勋；有赴异国他乡参加抗战的青年远征军百多名酉阳籍战士；有傅翼、田干周等国民党抗战将士英勇善战，不怕流血牺牲的许多难以忘怀的人物。其中最著名的是：“抗日军令重，未敢脱战袍”，先后指挥武宁、上高，以及三次长沙会战和收复常德等战役的，时任国民党陆军新151 师、16 师少将师长和 72 军中将军长的酉阳人傅翼；“忠心报国”战功卓著的少将副师长、酉阳麻旺兴复村人陈德邵；“当年尽心忠党国，名留千古；抗日伤胸保民族，功著千秋”，身负重伤仍喊“兄弟们，人在阵地在”的副团长，后任沿河县长的田阡陌；在淞沪抗战中为代理旅长，“誓与阵地共存亡”的为国捐躯英名铭刻在“上海抗日阵亡将士纪念碑”上的田干周。酉阳籍官兵为抗日胜利不惜抛头卢洒热血，献出了宝贵的生命。据《四川省民政厅》1941 年统计：原抗战川籍官兵伤亡受恤人数酉阳为 167 人，其中官佐 14 人，士兵 153 人；据《文物志》载：在抗日战争中，酉阳籍为国捐驱者 376 名。他们用自己的鲜血和生命，不仅为酉阳土家族苗族儿女书写了浓墨重彩的抗日华章，而且将载入中国抗战的史册。

三、修公路、建机场、运物资，为支援抗战搞好后勤及服务工作

根据抗日战争的需要，酉阳征用了大量民工用于修公路，建机场和运输物资，基本确保抗战需要。一是新修川湘公路。为了适应抗战需要，贯通西南大后方和华中抗日前线的运输动脉，不断向抗日前线转运抗日官兵和作战物资，国民政府于1935年9月决定下拨500万法币修建川湘公路。该路四川段为698公里，其中酉阳段165公里，工程之艰巨，实属罕见。1936年春，酉阳成立了“酉阳筑路委员会”和“工程处”，专员赵鹤、县长冯英亲自主持其工作，丘光华负责酉阳境内工作，各区乡也相继成立筑路队。各民众“热情洋溢，奔走相告，准备工具，待令上工”。“民工自带口粮、被盖、锄头、撮箕、蓑衣、斗笠等宿营工地，夙夜突击”。“有的地段和工地，竟至火把月光，霜晨残月，坚持十多小时的劳作”。经一年三个月的努力，酉阳共计征用民工3458456人（每月3.3万人），捐田2558亩，土423亩，完成填土38万立方米，堡坎2万立方米，拦石5万立方米，挖土49万立方米，石方64万立方米，桥梁32座，涵洞136座，水三盖486道，路面79万立方米的工程量，不仅承担工程总造价的80%的经济负担，而且还有邹长青、吴国宝、胡汉书等160名义工献出了宝贵生命。1942年为了缓解黔东北、湘西、酉秀等地的抗日物资运输矛盾，国民党酉阳县政府奉西南公路局之命，成立了“酉阳至龚滩公路工程处”，酉阳数万名义工，经过一年多的奋战，基本修通了酉阳至龚滩72公里的丙级公

路。二是修建秀山军用机场。1940 年国民政府决定修建秀山军用机场。该机场经费，除航空部支付一定费用外，其余均由四川省第八行政督察专员公署所辖的酉、秀、黔、彭等县和湖南的花园、吉首等县负责征集民工解决。酉阳成立了总队、由冯英县长任总队长，将任务分解到区、落实到乡；乡成立联队，由乡长任联队长。酉阳 3000 多名义工（据民国三十年三月二十三日统计：酉阳最近修机场民工平均数为 5578 名）自带粮食和工具，奔赴秀山。经一年多的艰苦努力，与其他总队一起用血汗筑起了秀山军用机场。三是川东陆运总队。为了支援抗日前线和解决湘鄂川黔边区数十县的食盐紧缺问题，缓解川湘公路运输压力。年运 300 万公斤的食盐只能从涪陵水运到龚滩，再从龚滩陆运到龙潭，然后由龙潭河运到湖南等地。为此 1939 年成立川东陆运总队，由陈蒿荪任总队长，由 60 人组成监护队来保护总队。负责龚滩至龙潭等地川盐济湘，湘粮济川陆运任务。总队下辖彭水、秀山、酉阳四个大队，其中酉阳两个大队，分别由陈铨和陈菊僧担任大队长，并辖若干中队、分队和小队。人员从铜古、板桥、小河、宜居、丁市、天馆等乡镇硬性指派 7000 多名青壮年组成，实行半军事化管理。他们身背 80—100 多公斤的盐巴，长期往返于龚滩、两征、天馆、中坝、丁市、铜溪、板溪、勃海、龙潭这条 115 公里的酉龚道上，付出了常人难以想象的艰辛和汗水，为支援抗日前战线，奉献了自己的力量。至今在他们经常歇脚和多次杵过的岩板上，留下了一个个打杵窝。这是酉阳人民为支援抗战的而留下的纪念物。

四、捐款捐物，为抗日前线提供了一定的物资保障

抗日战争爆发后，酉阳为支援前线抗战，广泛发动群众捐资捐物。1939 年酉阳成立以党部书记长陈子尚为主席的“捐献军粮委员会”，该会组织工作队，到各区乡宣传捐献军粮的目的和意义，大家纷纷表示愿捐献粮食，支援前线抗战，接着以保为单位办理捐献缴纳及登记工作，许多农民、小商贩和各行业的手工业者纷纷捐献财物，报名登记，对没有粮食的以现金折价缴纳。对有粮不捐的酉阳龙洞沟十多户陈家和小坝夏、冯等豪富大商以及清溪乡乡长陈永辉为代表的乡保长，均按规定给予一定的处罚。1940 年全县共捐粮 2600 余石，捐委主席陈子尚分别获国民党行政院内政部和四川省政府通令表扬。1938 年酉阳各地群众欢送川军从川湘公路出征，看到川军士兵斗志昂扬，但穿着简朴，不能避风雨御严寒，酉阳的酉、龙、龚等乡镇自发开展全民献金运动。据不完全统计：1936—1944 年，酉阳县财政和酉阳人民为抗日支出及捐献金额为 4700 万元、法币 4830 元，其中修建抗战公路的财政支出 4600 万元，救济及抚恤等费用 5575 元、法币 2500 元，捐款 2.01 万元、法币 200 元，认购抗战公基金 4.43 万元、法币 2130 元，其他（建忠烈祠、购滑翔机等）100 余万元，粮食 4937 石，军鞋 8630 双。在 8 年抗战的艰苦岁月里，酉阳各族人民捐款捐物支援抗战，为抗日战争的伟大胜利贡献了应有的力量。

【注】本文为 2013 年乌江流域中国抗战大后方历史档案研讨会交流材料，曾在酉阳报刊登。2013 年 8 月。

主要资料来源：

1. 马宣伟、温贤美：《川军出川抗战纪事》，四川省社会科学院出版社，1986 年 2 月。

2. 四川省委党史研究室：《纪念抗战胜利 50 周年论文选》，县委党研室档案 42 号

3. 酉阳自治县委党研室：《中共酉阳自治县简史》，重庆出版社，2012 年 9 月。

4. 彭清玉：《酉阳 1912—1949》，重庆大学出版社，2012 年 2 月。

5. 酉阳自治县委党研室：酉阳抗日战争调查资料。

6. 酉阳自治县档案局（馆）：民国酉阳县政府档案部分卷。

酉阳县抗日救亡运动调查报告

沈复三整理

1931年9月18日，日本驻中国东北境内的关东军突然炮击沈阳，同时在吉林、黑龙江发动进攻，制造了大规模武装侵略中国东北的九一八事变。当时蒋介石集中力量进行反人民的内战，对日本侵略军采取了卖国政策，命令东北军“绝对不得抵抗”，并撤至山海关内。在这外患内忧交加、民族危机严重的紧急关头，反对日本帝国主义侵略，反对国民党政府的卖国政策，一致抗日救亡，便成为全国人民的迫切任务和普遍要求，各地学生、工人在中国共产党领导下纷纷举行罢课、罢工，向国民党政府请愿、示威，要求抵抗日本的侵略。当时的酉阳也不例外。一方面是县内的国民党统治集团，借抗日救亡之名，行反共反人民之实，甚至对群众的爱国活动，采取坚决镇压的手段；另一方面是一般群众对日本武装侵略和国民党政府的卖国勾当的愤怒不满，同各校师生自发地展开一系列的抗日救亡活动。这些活动，从九一八事变起，持续到抗日战争初期。现将这两方面的经过实况，概述于后。

1931年九一八事变发生后，酉阳一般群众，无不义愤填膺，街谈巷议，时有所闻，酉、龙、龚三镇和各地茶馆的人，都以抗日救亡为中心议论摆谈。当时县城下街“吕宝号”茶馆（吕文钦开设的）是一般社会中下层人士聚会的地方，这年十月内的一天下午，李章模、冉基、吕昌江等几个青年和冉力生等几个上年纪的人，大家不约而同地都谈到九一八事变，日本鬼子如何烧杀掳掠，真是狼心狗胆，欺人太甚，令人不能容忍。中央（国民党）拿起几百万军队不抵抗，是存何心?！归根到底，还不是为了要解决共产党保存自己的实力嘛！几个青年在议论过程中都捞脚挽手地表示要上前线杀敌，但又找不到报国的门路。吕文钦见到这种情况，急忙跑过来摆手打招呼，要求大家不要讲这些“非同小可”的话，免得遭灾惹祸。在此期间，就是国民党县党部职员王行余、洪恩沛等在谈到这方面的情况时，也同样遭到当家干事冉启熙（即以后的中共叛徒冉益智）的制止。这些事例，表明当时酉阳县中下层人士和一般群众都主张抗日救国，反对抗日的只是一小撮反动统治阶级而已。

同年冬酉阳简易师范学校的全体师生为从事抗日活动，也同样遭到地方军阀的疯狂镇压。其起因是自九一八事变发生后，该校师生自发地开展了抗日救亡宣传活动。每天早晚的升降旗典礼，每周例行一次的“总理纪念周”，都由学校行政黄秉钺、陈筱郑、吴瑞生、庞净夫，教师熊仲权、赵遥清、郭景明等轮流主讲九一八事变的经过实况和抗日救国的重大意义以及全体民众紧急动员起来，吁请政府全面积极地抗日等；同时张贴抗日宣传标语，开始在校内活动，以后扩张到校外附近的各街巷。标语内容有：“抗日救国是全体民众的神圣职责!”、“抗日则国兴，不抗日则国亡!”、“打倒日本军国主义!”、“复兴中华民族!”等。学校的这些实际行动，引起了当时的驻军头目魏甫臣的极为不满。魏又名楷，是驻防重庆的二十一军刘湘部下的整编师长，奉派来酉驻防。在几次搓麻将、烧鸦片烟时，魏曾向县长邹亮、国民党县党务指导委员王羽仲、王子履、陈伯亚等人表示说：“抗日不抗日，事关重大，决不能轻举妄动，权衡利弊得失，政府自有整体规划”、“对于国民亦应一致告诫，务须维持严肃镇静之态度”、“这一些文弱书生，懂得什么，不经请示，大胆妄为，真是混账！”邹亮也表示说：“这批年轻人不知天高地厚，真是糊涂！不过，现在成渝各大城市，也有这股风潮，开抗日救国万人大会，举行游行示威，还闹得厉害一些，但甫公（即刘湘）、乾公（即驻防成都的二十四军军长刘自乾）等都很冷静。我看，这不过是一股风，吹过就完了，望师座（指魏楷）息怒！最好由王老、陈老（指几个县党务指导委员）去开导一下，得马上偃旗息鼓算了。”王、陈等也同意邹亮的意见，并表示愿意去做工作。可是学校的抗日救亡活动并未停止，还在持续不断地开展。因此，更加激怒了魏楷，是年十一月内的一天上午，魏以“清共”为名，派出警卫连到简师校去，先将学校封锁，指名逮捕了吴瑞生、庞净夫二人，关押在县政府看守所，由师部军法处审讯处理。

原来，在动手捕人之前，魏楷对该校全体教师的过去和现在（指当时）已进行了侦查，掌捏了初步情况。吴瑞生、庞净夫两人在简师校前后任训育主任，在学校中有一定威信，抗日活动，大都由他两人掌握。吴是重庆川东师范毕业，在校内曾参加一系列革命活动，1927年重庆的“三·三一”惨案，吴是其中的积极分子，跳城墙幸免于难，平时言论激烈，对时事大加抨击，因此，魏部肯定他是共产党人。庞净夫是上海光华大学毕业，其人沉默、冷静、稳重、老练，在光华也经常参加革命进步活动，回县后，不争名夺利，甘愿在学校当一名穷教师，平时不接近权贵，只和学生打堆，魏楷根据他的生活作风，也断定他是个地下共产党人。因而决定把他两人当作打击的对象，从严惩处，以达到惩一儆百之效。

事件发生后，地方绅士以王羽仲、王子履、陈伯亚为代表的十余人，纷纷出面向魏楷求情，并要求邹亮转告魏楷，表明所捕教师与共产党无关系，请予准保开释。通过第一堂审讯，又把吴、庞两人改禁投入县政府大监（即关闭应处死的所谓“囚犯”）。此后十多天内，日夜提审，严刑拷打逼供，要供出自己共产党员的身份和组织内幕，一直没有结果。据当时到大监去探望的一些学生谈道：两人遍体鳞伤，但庞净夫还神态自若。在此期间，地方人士继续申请保释，又由国民党县党部干事兼教师冉启熙、陈筱郑等电告重庆的陈子尚（重庆川东师范）设法营救，陈子尚找到二十一军特委会委员长兼重庆警备司令李根固，由李电告魏楷，说明吴、庞两人不是共产党人，这样双管齐下，魏楷才把吴、庞释放了。

1932 年爆发了“一·二八”事变，县内钟多、龙潭、龚滩几个城镇，发起募捐支援十九路军运动，广大群众踊跃捐献，小学生也节约糖果费自觉投入“献金柜”（募捐物钱的专柜）。中小学师生组成宣传队，在赶场天，节假日，分组到农村、街头挨户劝募，掀起抗日救亡热潮。

此后从 1933 年到 1936 年，这几年期间，先后有川军田冠五旅，湘军王东源师驻防，还有别动队第十五中队（队长郭宝华、队副马昶）驻酉，1935 年（民国二十四年）成立八区专署，前后任县长的是易元明、彭挽和赵鹤（专员兼），这一期间，都是以“防共”、“剿共”的反革命活动为主，几乎看不出有什么抗日救亡活动，偶尔搞一下，也是例行应付场面而已。

1937 年 7 月 7 日爆发了芦沟桥事变，这是日本帝国主义蓄谋已久的全面侵华战争的开始。日本侵华凶狠残暴，举世罕见，所到之处，一片焦土，尸骨横纵，瓦砾成山，阴风凄恻，顿成人间地狱，激起全国人民无比愤怒。酉阳各族人民也掀起了抗日救亡活动的高潮，西、龙、龚三镇人民在“救亡图存，支援抗战，有钱出钱，有力出力”的号召下，所有中小学校师生员工和广大爱国群众，一致奋起，响应号召，组成各种不同形式的宣传队、歌咏队，特别是秀山被炸（1939年10月10日敌机6架，投炸弹若干，伤31人，亡18人，损房1260幢）后，龙潭小学组成四百人的旅行慰问团，师生不辞艰苦，步行47公里，个个精神饱满，从无怨言，沿途贴标语，发传单，画漫画，发慰问信，口头慰问难民……所有街道居民和中小学校师生员工，义愤填膺，街头巷尾，贴满了“打倒日本帝国主义!”、“血债要用血来还!”、“日本帝国主义从中国滚出去!”等标语，大呼“全国人民大团结，收复失地，还我河山!”等口号，高唱“打倒列强，工农商学兵联合起来”等抗日歌曲，利用假日节日例行反日宣传，例如：舞台上演《中华民族的子孙》、《塞上风云》、《加大理发店》（哑剧）等话剧，逢场街头演出《放下你的鞭子》（话剧）、《送郎参军》（延水谣歌舞剧）、金钱板、莲花落……歌咏队演唱《大刀进行曲》、《义勇军进行曲》、《黄河大合唱》、《到敌人后方去》、《枪口对外》、《神枪手》等抗日歌曲、抗日小调。

1937年到1938年，余安民是西城专员兼县长，先后还有两个保安团驻防（一个叫杨焕，另一个是李成魁）。这一期间，地方政府、驻军、保安团集中全力清剿土匪（张绍卿等），不问其他，但为了掩盖人民的耳目，也假惺惺地走走过场，于“七七”抗战前后，发动他们的御用工具——《酉阳党政周刊》作了一些抗战宣传报导，发表了一些抗日救亡言论，都是以国民党中央规定的“精诚团结，共赴国难”的方针为依据，这就更加暴露了他们假抗日真反共反人民的真实面目。

1937年“七·七”事变后的8月13日，日本侵略军大举进攻上海，国民党第四十三军郭汝栋部将士在共产党积极抗日影响下，出于自己的爱国热忱，积极英勇反击日军对上海的侵略。当时郭部的二十六师七十六旅担任保卫上海大场镇，战斗激烈，伤亡巨大，旅长阵亡。该旅少校参谋田干周（酉阳县麻旺区麻旺乡袁家村人）奉军部命令代理旅长，军部同时电话指示：“退出大场镇，但田干周旅长回电“决不退出，愿与阵地共存亡。”就在10月的一天，他在率领全旅将士坚守大场镇的激烈战斗中英勇阵亡，时年36岁，1937年10月底四十三军军部，随即通知我省我县政府发给家属抚恤金国币2500元。据悉田干周烈士的姓名还铭刻在“上海抗日将士阵亡纪念碑”上，实是我县抗日英勇献身英雄儿女之一。

1938年，台儿庄会战的伟大胜利，给日寇以沉重打击。日寇3月17日攻陷滕县，师长王铭章殉国（该师长是开赴前线的川军第二十二集团军第一二二师与敌人血战三昼牺牲的），运送该师长的遗体由川湘公路经龙潭、酉阳路过，酉、龙学校、团体以及爱国人士、群众都参加悼念默哀致敬。

1939年国民党第二军李延年部进驻酉秀剿匪，这时专县分治，专员史伯英，县长冯英，国民党县党部改组，由委员负责制改为书记长制。在剿匪之余，县党政会同第二军兼九师政治部主任吕萱生等利用每天早晚升降旗、“总理纪念周”、“国民月会”等机会，也搞了一些所谓“抗日”的欺骗宣传活动。宣传的重点，就是要在“一个党、一个主义、一个领袖统一领导之下共同抗日”，还在专署和县办的各级行政人员训练班上，史伯英等公然把蒋介石决定的抗日要求（未公开）“恢复到九一八事变后的状态”作重要指示宣讲，这些都是借抗日之名，行反共反人民之实的具体表现。

1939年抗日战争处于激烈阶段，日寇空袭频繁，人民伤亡以及财产损失惨重，国民党军队亦有巨大损耗，时驻防龙潭的李延年部一〇三师师长何绍周，1939 年 9 月在龙潭镇建立有“抗战建国阵亡将士纪念碑”，铭曰：“惟我战士，民族之光，牺牲热血，固我金汤，勒石记勋，百世勿忘”，表彰抗日阵亡将士，此碑尚存，现已由本县人民政府拨款修葺一新，作为国共合作抗日的纪念，留传后世，以志不忘。

【注】黎洪录自《酉阳文史资料选辑》第三辑。

抗战时期酉阳县人口伤亡和财产损失的调研报告

彭清玉　黄小宁

一、概　述

酉阳土家族苗族自治县位于重庆东南边陲，地处渝鄂湘黔隆起褶带。东临湖南，西南与贵州相壤，南与湖北相连。境内山脉多呈东南——西南走向。全县中北部地势高，东西两侧低，最高海拔为北部原小咸乡的灰阡梁子 1895 米，最低为西南部沿岩董家寨乌江沿岸西彭线界 263 米，绝对高差 1632 米，相对高差 300—500 米。全县河流 119 条，以毛坝、板溪一线为分水岭，分水岭以东为沿沅江水系，以西为乌江水系。乌江流域县境达 38.5 公里，酉水河流经县境 75 公里。全县总幅员面积 5173.2 平方公里，耕地面积 11.69 万公倾，辖 39 个乡镇、75 万人口，其中土家族和苗族等少数民族占 90%以上。酉阳在土地革命时期，贺龙、关向应领导的红三军，在南腰界创建了川黔边革命根据地和红二六军团胜利会师之地，也是中国无产阶级革命家、中国共产党创史人之一、中国工人运动杰出领导人赵世炎的家乡。

（一）抗战期间的经济及社会状况

酉阳县在民国 31 年总面积 19578105 市亩，农用亩额为 1754000 市亩，占总面积的 8.9%。民国 32 年全县面积 9816.15 平方公里。区划设置民国 29 年为 4 区、38 个乡（镇）、396 个保、4690 甲。全县工农业相当落后，完全处于自给自足的自然经济阶段。民国 29 年全县主要农产品产量分别为：稻谷 354 万斤，玉米 470 万斤，黄豆 415 万斤，麦子 3.4 万斤，红苕 46 万斤，洋芋 11.2 万斤。林产品以桐树、棬树（年产 15000 市担），漆树（近年有 3200 市担），茶树、五倍子（年产 2200 市担）为主。据民国 32 年记载：近年来酉阳桐油产品 65400 担。主要销往涪陵、万县等地。全县经营桐油 41 家，经营最大的 4000 担，最小的 1000 担，一般为 2000 担。信用合作社全县在民国 29 年就有 147 个，社员 5163 人，股金 14078 元，贷款 337180 元。全县财政收入民国 29 年为 346017 元，临时门科目 20300 元。岁出：年度预算 353900 元，临时门科目支出 21770 元。民国 29 年记载：全县有初级小学 38 所，高级小学 183 所，中学 2 所，简师 1 所，在校学生初小为 5712 人，高小 7164 人。全县内乱频繁，财政紊乱，地方苛捐杂税达 59 种之多，农民不堪重负，生活贫困。究其原因，正如民国 32 年 1 月《巴蜀日报》记载："近 20 年来，兵灾匪患，迄无宁岁，民房焚毁，农田荒芜。特别是近 5 年来，兵匪聚增，鸦片遍种，旱灾迭现，苛税繁重。但因气候良好，土地肥沃，终年可耕，人民亦极劳俭。故并不得锦衣玉食，亦足自给，不致冻馁。"（资料来源《酉阳县文史资料》第 8 期，蒲祖政著《民国时期酉阳自然地理与社会经济概况》）。

（二）抗战期间人口变化

1934 年全县有 63386 户，总人口 506540 人。从 1934 年到 1945 年的 12 年中，全县人口经过了下降、上升，直到稳定阶段。1934 年到 1939 年，因军阀混战，兵灾匪祸，苛捐杂税层出不穷，土地荒芜，使人口下降到 1939 年的 362357 人，减少了 144183 人。1940 年后，由于中国大片领土被日本占领，酉阳处于战略后方，国民政府的部分企业迁入，使酉阳人口 1941 年增加到 506540 人，达到 1934 年以来的最高峰。后因抗日形势好转以及抗战的胜利，迁入人员陆续返回原籍，使酉阳人口从此基本处于稳定状态，1946 年末人口为 421161 人。

抗日战争时期（1934—1945）酉阳人口数如下：

1934 年总户数 63386 户，总人口 506540 人（男 270759 人，女 235781 人）。

1935 年总户数 60401 户，总人口 362620 人（男 195182 人，女 167438 人）。

1937 年总户数 64820 户，总人口 386819 人（男 209075 人，女 177744 人）。

1938 年总户数 60401 户，总人口 366357 人（男 197891 人，女 168466 人）。

1939 年总户数 60401 户，总人口 362357 人。

1940 年总户数———，总人口 505622 人（男 273173 人，女 232449 人）。

1941 年总户数 63384 户，总人口 506540 人（男 270759 人，女 235781 人）。

1942 年总户数 76323 户，总人口 502811 人（男 266088 人，女 236723 人）。

1943 年总户数————，总人口 500826 人

1944 年总户数 74995 户，总人口 499606 人（男 266370 人，女 233236 人）。

1945 年总户数 60371 户，总人口 421487 人（男 226172 人，女 195315 人）。

【注】1935 年酉阳有 4 区，47 联保，585 保，5991 甲。

（三）抗战期间的军民关系

1932 至 1936 年，酉阳先后有川军田冠五旅、湘军王东源师驻防，还有别动第 15 中队（队长郭宝华、队副马旭）驻酉。1935 年成立八区专署，前后任县长是易元明、彭挽、赵鹤（专员）。1937—1938 年，余安明是酉阳城专员兼县长，先后有两个保安团驻防。1938 年台儿庄战役师长王铭章殉国，运该师长遗体由川湘路经龙潭、酉阳路过，酉阳和龙潭镇的学校师生及各团体爱国人士、群众默哀致敬，万人敬仰。1939 年，国民党第二军李延年部驻酉秀剿匪，同年驻酉阳龙潭的李延年部 103 师师长何绍周，为纪念为国捐躯的抗日将士，集资投劳，于当年 9 月在龙潭建立了“抗日建国阵亡将士纪念碑”。（资料来源：《酉阳文史资料》第 3 期沈复之撰写的《酉阳县抗日救亡运动调查报告》）

二、抗战时期人口伤亡和财产损失情况

（一）人口伤亡

1. 抗战阵亡战士

在抗日前线，酉阳土家儿女，既有经过长征到达陕北的老红军

冉瑞才、张斌、周连贵、吴汉清、吴玉顺等人所在的红二方面军开赴山西抗日前线，又有傅冀、陈德邵、田阡陌、田干周、冉衢等国民党抗战将士。他们奋勇杀敌，不怕流血牺牲。据《四川省民政厅》民国30年（1941年）统计，原抗战川籍官兵伤亡受恤人数酉阳为167人，其中官佐14人，士兵153人（文档2）。连长1937年至1939年两人，共计169人，其中历史记载抗战最出名的阵亡将士是田干周和冉衢[1]。田干周，曾任国民党第43军26师76旅少校参谋，1937年10月在淞沪抗战中任代理旅长，负责大场镇防务，在得令撤出阵地时，他仍然决不退出，愿与阵地共存亡阻击了日军两个多月后为国捐躯，时年36岁。冉衢曾任副师长，1939年他率部与日军激战于常德，因中日毒气弹而牺牲。

2. 间接人口伤亡

酉阳县为了支援抗日前线，强迫征用了大量民工，主要用于公路修建、物资运输等。部分劳工因不堪重负，积劳成疾而死亡或为残疾。就国道319线酉阳段从民国25年（1936年）1月28日到民国36年（1937年）2月底统计：因修路而死亡的民工就有邹长青、吴国宝、朱辞每、倪世仲、胡汉书、田景耀、冉启良、任秋、石胜义、石寿等160名，伤残16人（文档3）。

3. 劳工情况

酉阳根据抗日需要，征用了大量民工。1936年1月到1937年4月底止，酉阳段国道319线征用了民工共计3458456人（每月征用民工33000名）（文档11）。1939年夏，酉阳组织3000余名民工自带工具奔赴秀山，经过一年多的努力，修建了秀山军用机场[2]。又据民国30年3月23日统计，酉阳最近建筑机场民工平均数为5578名（文档12）。1939年川东陆运总队成立，酉阳征用7000名青壮民工往返于龚滩至龙潭，他们肩挑背磨食盐、粮食等抗战物资，年运食盐达300多万公斤[3]。1942年4月到1943年7月修建试行通车的酉龚公路征用民工数字不详。1944年，现居住在酉阳县城的王宗顺（1921年7月25日出生于烟台市）被日军押送到日本长崎做劳工，1945年日本投降后，逃到韩国釜山、汉城，1948年被送回天津，1983年在县劳动局退休[4]。

4. 壮丁情况

民国酉阳县政府1940年4月召开的酉阳民国29年春季行政大会称：酉阳从去年（1939年）到今年4月，全县送壮丁4400人，受优待者1300余人[5]。又称：是年9月（28）酉阳交兵至本月份止共送壮丁4492人，今后配额每月320名，当按时征送[6]。民国29年（1940年）10月至民国30年（1941年）5月，四川省管区奉令协助部队机关招募壮丁634人（文档10）。

5. 酉阳人民参加青年远征军

酉阳人民积极参加青年远征军，远赴异国他乡参加抗日战争。在青年远征军陆军第六军二〇二师，有姓名及地址记载的酉阳籍战士达139名(文档9)。这100多名战士远赴东南亚作战是生是死,无法验证。

6. 难民安置情况

1938年，国民党政府迁都重庆后，作为抗日最后根据地的四川省第8行政区督察公署所在地酉阳，安置了3万多难民，帮助他们重新建立了如汉阳兵工厂等数家内迁企业，恢复了生产，支援了抗日战线[7]。1940年4月，民国酉阳县政府召开的民国29年春季行政大会称：查难民过境前后共有98名，每日发洋6分，以里程运近计算，现驻酉难民13人（男），每日发洋5角[8]。

（二）财产损失

1. 间接财产损失

抗战时期，日本侵略者没有直接进入酉阳，也没有遭日机轰炸，故酉阳没有直接财产损失。但酉阳儿女为支援前线抗日倾其人力物力财力，其造成的间接损失也是较大的。据1936年至1942年不完全统计，酉阳县间接财产损失达46571992元、4830法币，其中修建抗战公路的财政支出45542180元，救济及抚恤等费用5575元、2500法币，捐款20097元、法币200元，认购抗战公债基金42180元，法币2130元，其他（修建忠烈祠、购滑翔机等）方面1004140元。粮食4937市石，军鞋8630双。财产损失具体情况详见：

1936—1943年酉阳财产损失情况统计表

年　份	项　目	数　量	金额	备　注
1936.1—1937.7	川湘公路	175.88公里	120万元	财政支出
1936.1—1937.2	抚恤丧埋	176人	3075元	川湘公路民工
1939.11.8	募捐		200法币	
1938—1940.4	优待粮食	2110		市石
1940.4	军谷	2827		市石
1939—1940	捐款		8000元	
1940. 10	衣物		140元	
1940.2	捐款		1300元	
1941	修建忠烈祠		4000元	财政支出
1941.7	慰问金（优待金）		1200元	财政支出
1942	战时公债基金		2130法币＋42180元	另捐军鞋8630双
1942.4—1943.7	酉龚公路	83公里	4430万元	财政支出
1943.5.12	捐款		12097元	
1943	购买滑翔机	一架	100万元	上缴代金
民国时期	抚恤金（田干周）		2500法币	

【注】详见酉阳抗战时期财产损失报告单。

2. 无法判断的财产损失

根据现有档案及图书资料，目前无法判断遭受损失具体数额是：一是（文档11）中称民国25年1月至36年2月底酉阳319线民工应领洋11520元。二是（文档3）称未发国道319线民工抚恤等费用5065元。三是（文档8）中称：民国31年各乡镇认购战时公债基金121400元，已交41280元，尚欠79220元。四是1940年4月召开的县政府春季行政大会记录称：出征军人受优待者1300余人，优待项目、内容及具体数额不清。五是1943年元旦，政府对驻酉伤残官兵发慰劳金，官佐100元/人，士兵50元/人。慰问人数及慰问金不清楚。所列数据可以肯定是遭受损失的，但其具体金额、落实时间等无史料及证据确定。劳工报酬、待遇无法计算（详见劳工）。故无法核定的财产损失数额和人力资源剔除在财产损失统计外，并作了单独说明。

三、调研分析结论

本调研报告从酉阳县档案馆、重庆市档案馆和四川省档案馆的民国档案中，零星收集了酉阳有关抗战期间文字资料，翻阅了酉阳历年出版的有关图书，还走访调查了民政局、老干局等相关部门。资料来源广泛、真实可信，数据准确，依据充分，可信度高，客观公正地记叙了酉阳县抗战时期经济状况、人口伤亡和财产损失情况，基本反映了历史面貌。但因年代久远，档案资料不齐不全，酉阳抗战时期出征人数、壮丁人数、阵亡将士名册以及一些间接损失的核实等情况无法准确定性，难以把握，这是我们在调研中感到的最大遗憾。“牢记历史，不忘过去，珍爱和平，开创未来”。抗战时期的酉阳为抗击日本侵略者，付出了巨大的人力、物力和财力资源，侧面反映了酉阳在这场民族解放战争中所作出的贡献。历史再一次警示我们，一个国家和民族只有兴旺发达，繁荣昌盛，综合实力强大，方能免遭侵略。因此，我们要集中精力求发展，一心一意搞建设。只有实现了中华民族的和平崛起，才能为世界的和平与发展作出贡献。

附录：

一、抗战时期档案材料目录

二、注释

2006 年 10 月

一、抗战时期档案材料目录

文档 1：酉阳县解放前部分人口统计表

文档 2：历系抗战川籍官兵伤亡受恤人数

文档 3：造列各乡伤亡民工姓名及应领抚恤费花名册

文档 4：各市县用优待出征军人家属积谷

文档 5：为呈请迅汇冬赈捐款原数及 12 月份、1 月份经费抑折鉴核示送由。

文档 6：呈报秀山被炸详情并附第一分队团员因公损失绕祈鉴核示送由

文档 7：龙潭镇中心学校筹募公债基金报告单及收据

文档 8：关于劝募战时公债基金收缴情况及奖惩

文档 9：青年远征军陆军第六军二零二师酉阳籍通讯录

文档 10：机关招募壮丁数目

文档 11：319 线民工医药费拨付的文书

第八区专署呈各县征工，工程、生活等违法情形促月完成

文档 12：机场与省政府

文档 13：民国时期酉阳人口统计表

文档 14：（酉阳县经济情况调查表）

文档 15：革命抗战功勋子女就学免费补助条例和免费条例

文档 16：抗战调研图书资料摘录

二、注释

[1]《酉阳县志》第 639 页，重庆出版社出版，2002 年 8 月。

[2] 酉阳县委党研室著，《酉阳现代风云录》第 112 页，西南师范大学出版社，1999 年 10 月。

[3]《酉阳现代风云录》第 114 页。

[4]《重庆晨报》，作者刘亮等，2005 年 7 月 26 日

[5] 酉阳县志办资料档案永久卷 35 号，第 14 页。

[6] 酉阳县志办资料档案永久卷 35 号，第 21 页。

[7]《酉阳现代风云录》第 111 页。

[8] 酉阳县志办资料档案永久卷 35 号，第 38 页。

[9]《酉阳军事志》，2004 年 12 月出版，第 200 页。

龚龙古道：7000 背夫肩挑背磨出的抗战物资运输生命线

——龚龙古道在抗日战争时期的地位及作用

彭清玉

位于酉阳县境的龚龙古道，由西向东，从龚滩镇出发，途经原两罾、天馆、中坝、丁市、铜西、铜古、板溪、渤海等 8 乡到龙潭镇，全程 115 公里（有 145 公里之记载），路宽约 1—3 米。这条平凡的古道，在抗日战争时期，由 7000 背夫组成的抗日物资运输队伍，为支援前线运输物资作出了不可磨灭的贡献。

一、龚龙古道成为抗日物资资运输大通道的必然选择

王成敬在《川湘联运问题》中指出："因宜昌失陷之后，四川对外的主要交通路线受阻，而四川又是战时经济的重心所在：一方面需要外面来的经济，一方面又需要接济外省，因而不得不开辟新

线路。因此，北面交通虽然频繁，中央及各部属入湘及由东南各省运川经湘入川的货物，大都均由现路入川。”

1938年武汉等地被日军占领后，沿海食盐和长江航道及奥汉铁路为日军控制。抗战前线和湘鄂川黔边区数十县的食盐，被迫由四川自流井的食盐供应。为减轻川湘公路的运输压力，急需开辟新的运输线。这条线就是王成敬所指的新线路，即从涪陵水运到彭水或龚滩，再由彭水郁山、酉阳龚滩陆运至龙潭，然后再由龙潭或秀山妙泉水运（或从龙潭通过川湘公路）到湖南各地。要通过这条运输线把抗日物资运到湘西及抗日前线。因此，龚龙古道无疑成为抗日物资运输大通道，是其必然的选择。

二、龚龙古道7000背夫组成及管理工作

抗战初期，国民政府财政部成立了湘岸战时食盐运输处，改由川盐供湖南，由重庆至涪陵至彭水至龚滩至龙潭至湖南线供应。1939年川东水运总队和川东陆运总队成立，前者负责涪陵至龚滩的水运任务，后者负责龚滩至龙谭等地的川盐济湘、湘粮济川的陆运任务。川东陆运总队队长是陈蒿荪，酉阳以免除兵役等举措，先后在境内的铜鼓、板桥、小河、先坝、石垭、宜居、丁市、天馆、龚滩等乡镇征派7000余名青壮年组成，把他们编成大队（总队辖四个大队：彭水、秀山各一个、酉阳两个）、又分中队、分队、小队200多个，每个小队30人，分别由总队任命校官、尉官头衔，全部实行半军事化管理。此外，还成立了由60人组成的东川陆运总队监护队，专门维护龙潭到龚滩的陆运安全。

从1939年至1945年，这7000背夫们用自己的血肉身躯，为

抗日前线输送物资，确保了抗战的后勤保障需要，为抗战胜利书写了自己壮丽的人生。

三、龚龙古道在抗战中的地位及作用

王成敬在《川湘联运问题》一文中评价其贡献指出：“在特殊时期开辟的一条新线路：一方面使中央各部在湖南及东南各省的物质得以运输入川，而湘西一部分的食盐需要此路输入。在抗战最为困难的时期，川联运能有这样的贡献殊属难能可贵。”川联运如此，这条线路上的龚龙古道更能突显其价值和意义。个人认为，它在抗战中的主要地位和作用体现在以下几个方面。

（一）缓解川湘公路抗战物资运输压力，有效低成本地保障了龙潭到川的物资运输。从四川綦江起至湖南沱陵交界，全长 1390 公里（其中四川段 698 公里）的川湘公路于 1937 年竣工。是四川通往南方的重要交通线路。1938 年武汉等地被日军占领后，通过长江船运的交通受阻。因此川湘公路成为唯一四川通往南方及东南地区的交通通道，使本来就繁忙的川湘公路，更面临着空前的抗战物资运输压力。加之是新公路，路基不很牢固，路陡弯急，已是常态。民国二十五年（1936 年）一月，秀山县长赵竹君呈报省政府电称：川湘公路“谓蜀道之难，酉属为甚，吾秀山路线可经最多崇山深谷，削高填洼，坡度极大”。《四川公路月报》第十三期刊登一篇题为《参加湘公路通车典礼后之观感》指出其困难及危险情形：“其如黔江之梅子关，秀山之南乾，酉阳之厢子岩、三阳岩、凉风垭、马槽口、火石垭等处，其工程之艰巨、施工之困难，亦殊难以形容。”这种难以用语言来形容的糟糕公路，在原本就拥挤不堪的情形下，更大大地增加了物资运输成本，加重了国民政府财政困难。与此同时，酉东的龙潭镇，以良好的水运和地理位置，早就成为酉阳甚至涪陵最为繁荣的商贸重镇之一。在抗战时期成为进出川物资的中转站，通过水运或陆运进川的物资经常屯集于此，急需通过川湘公路或通过人力运输至龚滩，再通过乌江水运至涪陵及四川各地。因此，解决货物积压，加大运力，急需应对之策。据民国档案资料显示：东川陆运总队开始龚滩湘盐接运不上，第六战区副司令兼第六战区湘谷转运处长黄琪翔与副处长任显群路过龙潭，了解龙潭运输不力，湘谷运出困难。如能经龙潭陆运至龚滩，再沿乌江水运至后方，运价比车运价低，也能使来回不放空档。为此，还专门召开了湘谷、湘盐与前方撤回物资运输工作会议，将原东川陆运总队由第六战区湘谷转运处接管，更名为第六战区湘谷转运处东川陆运总队，负责龙潭至龚滩来回的陆运任务。可见，龚龙古道既是缓解川湘公路抗战物资运输压力的泄气线，也是解决龙潭物资入川困难的运输线，更是降低成本，节约开支的经济线。

（二）是抗战物资运输的生命线，对支援抗战，尤其是对长沙三次会战的胜利起到了物资保障作用。古人云："兵马未动，粮草先行"、"有粮则胜，军无粮则亡"。张导民在陆运总队培训班同学纪念册上题："出力运粮即是参加作战。"任显属题："东川陆运总队是龙龚线上最有力的运输部队，运米一百斤，可供两个战士一个月食粮，运盐一百斤，可供二百民众一个月食用。希望大家努力增多运粮"。袁升屏题："军食无虞，功在转运"。驻军师长李延年题"群策群力"，李积勋题"效忠党国"。可见军需保障的重要性不可言喻。任显属更直白地称古道上 7000 背夫是一支运输部队，是一支作战的部队。他们通过龚龙古道运输的粮食、食盐等物资，承担并完成了川盐济湘、湘粮入川的历史使命，有力地支援了湖南等地民众生活及抗日前线，尤其是正值中日长沙会战的对峙局面，对保障中国几十万军队的物资供应，以确保长沙三次会战的胜利起到了重要的后勤保障作用。据龚滩盐务支局报告：民国三十一年（1942年）自龚滩运湘的食盐共计 81648.075 市担（即 400 多万公斤），每月平均 6804 市担。民国三十二年（1943 年）运湘食盐共计 89510.12 市担（即近 450 多万公斤）。由湘入川的物资主要有砖茶、铜货，以及军粮、军用品、工矿器材等。这些都是 7000 背夫们肩挑背磨的丰硕成果。

（三）是酉阳人支援抗战的体现，用实际行动注释了中华民族的伟大抗战精神。民国二十九年（1940 年）四月春季行政大会记录称："酉阳已成前线，并为四川省防最前线。"作为前线最前沿的酉阳，以宣传、捐款、修路、参军等各种形式支援抗战，龚龙古道的 7000 背夫的生动事迹，就是其中之一。1939 年东川陆运总队共招四个大队，其中酉阳率先完成招募和组建了两个大队。实行军事化管理，每个小队必须每月完成规定的运输数量。他们的工具就是背偃桶或背篼、打杵和"油单子"。从 1939 年至 1945 年的间，7000 背夫用自己的血肉之躯，夜以继日地背着物资，在这 100 多公里的古道上绵延着钢筋铁骨。无论刮风下雨、天寒地冻，还是烈日炎炎，飞沙走石，都务必完成运输任务。一时间，龚龙古道热热闹闹，盛极一时，成为支援前线的一道亮丽风景线。在古道常歇脚的地方，有着密密麻麻的打杵印，就是背夫们辛勤劳动的写照。七年的风雨历程，背夫们用实际行动孕育出了艰苦奋斗、挑战自我，默默无闻、无私奉献的精神，体现了国家兴亡，匹夫有责的情怀。这种精神汇集成了中华民族伟大的抗战精神，成为了激励中国人民奋勇前进的精神力量。

【注】参考资料：

1. 县委党研室：《中共酉阳自治县史》，重庆出版社，2012 年 9 月。

2. 王成敬：《川联运问题》，原县志办档案资料专卷永久卷 36 号。

3. 彭清玉：《古道背夫赴国难》，载《话说酉阳》，重庆大学出版社。

3. 民国酉阳县政府档案永久卷第 389、400 号。

4. 陈懋英：《川东陆运总队的历程》，载《酉阳文史资料》第二辑。

抗日战争时期酉阳的经济、社会及文化事业简况

一、时局概述

酉阳，地处川边，与湘鄂黔三省边区接壤，民国时期政治势力最为薄弱的区域。自民国成立以来，此四省边区之地，即未有安静的时期，一直为土匪出没无常之地，在政治上由于统治者腐败无能形成无法治理的情势。而在经济上地瘠民贫，百业萧条，更无工业可言。酉阳的龙潭历来是川湘两省边区的一个重要交易市场和川湘联运路线上的一个重要过路站，商业比较发达，但在民国三十二年（1943）曾遭土匪洗劫，而龙潭区署内也未免被土匪冲入，死伤官兵数十人。川湘公路上的劫车事件时有所闻，而乡间匪案则更是层出不穷，县长出巡非带一个警察中队不敢走路，而所走的方向在事前还不敢公布。

在这种治安无力和社会败坏条件下，无论地方生产如何丰富，欲求其产业之发达，实不可能。一方面由六战区统辖，一方面省政府亦需负责，在彼此责任不清，尔虞我诈的局面下，最容易使地方

封建势力和土匪猖獗危害地方。酉东为出产桐油最多区域，但经常有封建势力勾结土匪盘踞，故县人称“沦陷区”。同时，该处因多年土匪盘踞，乡人已经很难与土匪分辨，见财起意与图财害命之事，层出不穷。乡丁变成土匪也成常事，这真是“民匪难分，丁匪难分”，社会动乱不堪，经济极度贫穷，劳动人民处于饥寒交迫之中。

又据民国二十二年（1933）《四川月报》记：“酉阳股匪蜂起。诸匪中以饶玉德、伍南清、张绍卿三部稍大，每部约枪五六百支。其次如田绍武，有枪百余支，田百谷，张会川共枪百余支。再次，如宋金生、张玉清、杨大少、张昌元等约十余股，每股约枪三五十支。总计各路之匪，已近三千人，枪千余支。自去冬张绍卿由湖北回家，匪等借其声势，均已联成一片，横行于酉东之偏岩、柏溪、甘溪、麻旺等地，良民受其鱼肉，已成老死壮逃，十室九空之现象。”

《国民公报》记者傅襄谟《从川湘公路归来》一文对川湘公路沿线在抗日战争时期的人民生活有真实而痛心的记述：现将陈梦昭先生生前从《从川湘公路归来》中重点摘录的原文摘录部分如下：

在这一千余里的辽阔境域以内，只有在离酉阳县城九十华里之龙潭镇有一所四川省立龙潭中学。该校离马路不过百余步，校址居龙潭场外，全校学生仅八十四人，在七县人口中姑以百二十万计，青年至少要占三十万，是则一万青年中能享受初中教育者不过三人而已！可见农村破产，文化极端落后，教育已经快和人民离开了！

各县的教育行政，彭水、黔江、秀山诸县，与部令规定恐不免有许多出入。所以一般的初级小学，都还没有脱离“私塾化”的落后状态。我们在黔江时，深夜围炉谈天，有一位外省朋友告诉我这样一句话：“别的地方我不知道。我在黔江住了几个月，多少知道一些地方情形，一百人中有九十八个是文盲，有八十个是吃大烟（鸦片）的”。至于女子教育，多有其形而无其实。沿途举行通车典礼，各县剪彩者，皆县长夫人或科长太太。

“十室九空”这个可怕的形容词，我们可以在川湘路上一律通用了。特别是那“道不拾遗，夜不闭户”的“太平”景象，也居然历历在目。这“太平景象”是什么呢？那就是人民在连年天灾人祸的双重袭击下，已经是衣食尽绝，除了自己飘泊流亡而外，自然是身外无物可遗，故道途也无物可拾。一般农家，大都是破瓦颓墙，不避风雨，一遇风雨交侵，门窗俱坏，到了晚上，也只好“夜不闭户”了！事实上，还不仅仅是“夜不闭户”，而且还进一步演进到“夜不留人”的现象：因为土匪纵横，入家无法家居，只好逃避到附近的山林洞穴过夜，白天再回家去。谁能想到，又谁能相信在川湘路上，的的确确找不着有一位能够穿上一套完整的兰布衫的农民呢？真的，我们已经不应该称他们是“农民”了，“农民”是他们的前身，“灾民”、“饥民”、“难民”才是他们现在名副其实的头衔！

在秀山，在酉阳，在彭水……无论是地方绅耆或是政府公务人员，都可以从他们的谈话中证实我们的一切观察：十六七岁的村姑少女，有许多是有上衣无下裤，有下裤无上衣的；而且她们穿的上衣虽然是长过膝盖，可是数年不添不换，春夏秋冬四季不离，也只能是破烂如麻，不能掩蔽肉体了！记者车过酉阳境内之黑水坝一带时，遇见许多从破屋中跑出来的蓬头垢面的看汽车的男女小孩，一个个都像“迷途的羔羊”，在积雪不化的公路上穿着一件破烂的单衣，打着赤脚在雪上走。

沿线各县人民，除县城小商人和附郭一带富农可以吃上米饭而外，一般老百姓都是吃包谷；而且大多数都是食一餐，聊以充饥而已。所以沿途的农民，皆是营养不足，劳累过度的可怜的病态者。

小孩也好，老人也好，一眼看去，总是一副青黄的菜色面孔。

民国以来，酉、秀、黔、彭一带人民过着这种非人的生活，已经二十几年了。现在第八区行政专员赵鹤，虽然想赈灾救民，肃清土劣，从事新政的推行，无奈土匪如麻，团匪不分，抚剿均感棘手。他现在能够指挥的政府武力，又只有极少数的保安队，欲维持酉阳一县的治安，尚且随时有虑，何论其他！二十一日的晚上，赵专员在我们下榻的旅舍来燕居谈到深夜十二时始离去。从他的谈述中，我们更进一步了解了这一个特殊区域。

川湘路上的政治中心是酉阳。因酉阳地当川鄂湘黔四省边区之要冲，所以前清时代即为酉阳直隶州之治所。最早且是土司世居之地，设置了土司衙门。民国成立以后，大局动荡无定，政治紊乱已极，此县与彼县交界之处尚且兵荒马乱，更何况四省交界、饥寒贫苦之酉阳，土匪出没，自然一发不可收拾了。因此，酉阳一带，便成了四省边区股匪的根据地，同时又是滇黔两省一切杂牌军队的发祥地。他们驱饥民而成土匪，聚土匪而成杂军。杂军又招安编入正式军队，于是乎酉阳一带，更为滇黔杂军出入往来之要道。如云南之胡若愚（军长），贵州之侯之坦（师长）、李晓炎（军长），王天培（军长）、袁祖铭（联军总司令）、魏甫臣（路司令）等等，皆直接或间接和酉、秀、黔、彭这一区域发生了特殊的利害关系。他们名义上是正式军队，实际上完全是“兵”、“匪”不分。

赵专员向记者谈论及此，不禁频频摇首，喟然兴叹。

八区专员公署成立以后，各县区乡镇长仍然大多拥兵自雄，不愿接受专署的政令。这回川湘公路在酉、黔诸县征集民工时，就有许多乡镇抗命不到。

许多老百姓家里虽然穷困异常，即使身外无财，屋内无物，可是他们身边总有一件武器——手枪、步枪或者短刀。他们携带武器的目的，不仅是在防身，同时最大的作用还在于求生。所以，许多卖米、卖布、卖烟的小商人到市镇“赶场”时，都必须随身暗藏武器。即使是做小生意的小摊小贩，也须准备一把白晃晃的短刀，一把可以防匪也可以作匪的短刀。陌路相逢，谁的武器厉害，谁就是胜利者。因此，争杀强夺之悲剧，时有所闻。甚至成了他们的家常便饭。二十多年来，在这一区域以内，没有公理，没有法律，也没有所谓“良心”，一切的一切，都在斗争线上，拼个你死我活。父亲死了儿子来，儿子死了孙子来。因此，每一个人从儿童时代起，就深受“武力万能”的熏染，代代演变，永无宁日。

封建社会的士绅阶级处在这样的环境下，也无形中转变成了另一种“人”。这种人表面上是诗礼传家，拥有许多佃农，暗地里，他们却从敷衍匪盗、应酬匪盗，演进到了帮助匪盗，进而指挥匪盗的地步。有的甚至成了匪盗的后台或首领。这种人的家里，平时就拥有数量不等的步枪、手枪，白天放在家里名曰防盗防匪，到了夜里，就散入民间去做他们为匪为盗的勾当去了。其踪迹所到之地，善良的老百姓和实力较弱的土老财就被一洗而空了！请诸君瞑目一思，这是什么世界？

在川湘公路上，我们所能见到的武力（除驻军与保安部队外）都是些身穿长衫，腰围弹袋，包斗大布巾，肩荷步枪或手提连枪的奇形异状的人。汽车所到之处，他们都带着微笑的面孔。直到现在，我们还不敢相信他不是匪徒。

这一区域的最高行政长官赵鹤一再向我们说，希望政府能够增派驻军，愈多愈妙。他说：不首先将匪患肃清，就无从推行新政。

酉、秀、黔、彭一带的生活程度还比重庆高！一般商品都比重庆贵！自彭水以东愈远愈昂。例如猪肉一项，在彭水卖三角一斤，在黔江、秀山则卖到四角；猪油的最高价竟达到六角一斤。惟独农民唯一大宗的生产品白米每斗折算起来，要比重庆低贱五分之二。“谷贱伤农”的事实，算是具体在那儿演进着。

彭水多从涪陵进货，“无敌牌”和“三角牌”的杂货，也去得不少。记者购一支牙刷就去洋四角（重庆只值一角的货）。到黔江以后，许多东西都是从湖北施南运来，秀山多从湖南永绥运来，价值也是一样的昂贵。尤其可笑的是在黔、酉之的濯河坝场上，我们去来都留宿在那儿，买桔子一角钱只有三个，还不如重庆一角钱买三十个的大。

沿途的币制尚统一，这是可喜的现象。惟中央、中国、农民三行钞票而外，其余各省辅币，均难通行。酉、秀一带，市面和民间，仍在流通硬币，而且“袁头洋”较现钞贵一角。最可笑的是酉阳县往来商贸较繁，前几年就造成了辅币横行的现象，直到现在才受到专员公署的命令取缔。惟以相习成风，短时期恐无法挽回。按酉阳城中，居民不过千余家，几乎每家较大的商店，都经呈准发行了为数不等的石印辅币券。虽然票面只限于五分、一角，但也闹得物价腾贵，金融极为混乱。

二、粮食及其他农副土特产品生产情况

民国三十三年（1944），中央农业实验所之统计：酉阳近年水稻年产量为677000市担，主要产区为龙潭、钟多、小坝等乡镇，输出甚少。

酉阳近年玉米年产量为863000市担，输出甚少。酉阳近年次要粮食作物产量，黄豆184000市担、高粱70000市担、甘薯643000市担、小麦391000市担、大麦226000市担、蚕豆158000

市担、豌豆189000市担。

酉阳近年经济林木及土特产品产量：（1）桐树，居特产中第一位。在川省四十余产桐县中以酉、秀、黔、彭四县为最多。（2）棬树，酉阳为全川最多者，栽植在耕地之中央或边缘。酉阳近年棬油之年产量为15000市担，出产较多的是铜鼓、丁市、小坝、河铺等乡，主要销往常德、重庆及本县之龙潭、龚滩。抗战以来桐油、生漆等均有减产的现象，唯棬油（俗称木油）出产则仍然维持其原状。因棬油并非外销品，其主要功用乃在制造蜡烛及肥皂之用。所以棬油价格乃能随着一般的物价高涨，农民有利可图，所以依然甚为珍视。（3）漆树，酉阳是全川漆树主要分布区，而分布多在海拔一千米以上之地。漆树生产近年亦大为减少，因高山地区割漆工人甚少，如不按时割取，漆树必致枯死，所以大片漆林任其荒弃，实为可惜。酉阳近年生漆年产量为3200市担，各乡均产，酉北较多，主要运销常德、重庆等地。（4）茶树，酉阳之宜居、兴隆等乡均有茶树生长，其茶叶年产量为一百五六十担，均系自给。（5）倍子，分布比较普遍。近年因其销路减少，价格不能高涨，而生产成本则高涨，乃至有多数倍子弃在荒山无人捡收。酉阳近年倍子年产量为220市担。（6）其他果品的栽培面积产量及价值，另据民国二十七年（1938）统计：梨，面积30市亩，产量1200市担，产值1200元；核桃，面积35亩，产量250担，产值675元，板栗，面积29亩，产量16担，产值32元，甜橙，面积46亩，产量80担，产值400元。（7）桐油的产、销。酉阳桐油尤以酉东为最多。据民国三十二（1943）年记载：近年来酉阳年产桐油65400担，主要运销涪陵、万县等地。全县经营桐油41家，其经营资本，最大为4000担，最小1000担，一般2000担。

三、交通

1. 乌江水运

乌江源出贵州威宁县之乌蒙山，流贯贵州腹部十余县。流过沿河即至川黔界上，西北行至酉阳龚滩，再经彭水、武隆注入长江。自沿河至涪陵，共246.74公里，落差145.7米，平均每一公里间落差达0.59米。沿河至龚滩约58公里，中经31个滩。

航行在乌江的木船种类主要有厚板船——自涪陵可直接上航龚滩，为乌江中最重要的运输工具。现有27帮，每帮8只，计216只。上行全载食盐，每只可载19吨，洪水下行可载25吨，枯水18吨以下。还有杂货船、舵笼子、蛇船、乌金帮。涪陵以上至龚滩、彭水的船只共有450只。上行所需时间有时要一月至三月不等。

2. 酉水之运输

酉水为湖南沅水一支流，自酉阳龙潭以下，到湖南沅陵之间。酉水中有小木船三四百只，每只载量15至20吨，但在龙潭至妙泉间之18公里以内通行者则甚小，载量仅3至5吨。

3. 川湘公路修筑及其运输

川湘公路酉秀段，于民国二十五年（1936）十月通车。

4. 战时川湘水陆联运

川湘水陆联运的运输办法：抗战开始后，沿海盐地相继陷敌，不得不仰给于内地所产的食盐。特别是武汉撤退以后，湖南食盐来源更显严重，财政部即成立川湘盐务联运处，主办川盐济湘业务。民国二十九年（1940）九月宜昌沦陷之后，长江航运受阻，于是招商局与民生公司联合成立川湘联运处，经营由重庆至衡阳间水陆联运业务，交通部两次分别拨款 50 万元参与投资。并调配汽车 81 辆，（还有川鄂联运板车 300 辆）。

川湘联运路线：路线的选择有两大原则，即尽量利用水道，尽量利用人力。这种情形在经济的观点上说是反常的，但战时是必要的。其基本联运路线是：重庆——涪陵（轮船与木船），涪陵——彭水（木船），彭水以上分为两路：一路水运龚滩，由龚滩人力背运至龙潭；一路用郁江小船运至郁山镇。由郁山镇又分两种办法运输：一为汽车运输，直到酉阳龙潭，一为用人力运到酉阳冯家坝，由冯家坝又利用乌江支流之唐岩河木船运到两河口，由两河口又以人力运到龙潭：总之，彭水分路，龙潭会合。

陆路运输方面，龚滩与龙潭之间背夫多时可有六七千人之多。而郁山镇与龙潭之间亦有两三千人之数。两路合计背夫近一万名。

另外，乡村大陆运输也是战时运输的一种。

四、财政税收

1. 财政机构

民国建立以后，川省开始建立财政制度，税制多有兴革，收支实行预算管理，设置专司机构。民国元年（1912）省级设财政司，总揽国地收支。民国二十八年（1939）公布“公库法”，在中央设国库，地方政府分设省库、县库。民国三十一年（1942）八月，由四川省银行酉阳分行代理县公库，民国三十二年（1943）十一月省银行迁龚滩后，由县银行代理县公库，县级财政由县公库统一收支。民国二十九年（1940）九月，成立县政府会计室，掌握全县地方收支预算和财务监督稽核。民国三十年（1941）九月，撤销征收局，成立田赋管理处。处长由县长兼任，副处长由省遴选。处以下设经征、经收两股，县以下设乡（镇）办事处，一般以三乡镇设立一所。乡镇办事处设正副主任，正主任由办事处所在之乡（镇）长兼任，副主任则由田管处委任。民国三十五年（1946），撤销经收处，成立税捐稽征处，处长由省遴选。

（1）田赋。民国二十五年（1936）正税每粮一两，征银五元六角。民国二十六年、民国二十七年（1937—1938）正税每粮一两，征银八元二角四仙。民国二十九年（1940）国民政府公布“田赋酌征实物”。民国三十年（1941）宣布田赋收归中央，全部征实，并随赋购粮……民国三十三年（1944）征购改为征借，据县档案资料记载：民国三十五年（1946）全县征借实物共一万九千五百零六市石五斗四升八合。同时强迫捐献，又代征县级公粮。

（2）契税。分典、卖二种。典契税于民国四年（1915）开征。税率按典价征3%，不征附加。

（3）屠宰税。民国三十七年（1948），税率改为5%。据县档案资料记载：民国三十五年（1946）全年收入为八千五百二十五万二千五百元，占全县自筹财源总数的56.23%强。

（4）营业牌照税。民国三十五年（1946）为四十三万元。

（5）房捐。先在西、龙、龚三镇征收，开征时间不详。民国三十三年（1944），县政府规定：凡聚居在一百户以上之乡镇村集一律开办房捐。年征数。以民国三十五年为例，全年共收一十二万元。

（6）油税。民国二十四年（1935），采标包制度。我县除征榨之外，又在出口要地龙潭、龚滩设卡征商。民国二十七年（1938）改征植物油营业税，划归国税。

(7) 特许费收入。另外还有统捐、特税（禁烟收入）、公学产田租收入、地方附加（保安、国难、司法、党务、教育、行政、地方行政）、“自治经费”、“各项借款”等。

五、教育

1. 教育行政机构

民国元年（1912）酉阳县设劝学所，所址在二酉书院（城西龙洞沟巷口），民国十二年（1923）劝学所改为教育局，陈伯亚任局长。民国二十四年（1935）在酉阳设立四川省第八区行政督察专员公署，当初专员兼任所在县县长，专署各科长任县相关科长，于是酉阳县教育科由专署第三科长吴守三兼任，以冉懋璋为督学、苏尧阶为科员。民国二十七年（1938）冯英任县长时，杨汝芹任教育科长，民国三一年（1942）杨汝芹离职，冉懋璋为科长，这时督学已由二人增为五人，科员二人，科收发一人。民国三十三年（1944）教育科设立巡迴辅导团，督学轮流担任主任，下设辅导员二人，下乡巡回辅导各小的教育、教学工作，1946 年又撤销了。

2. 教育经费和教师待遇

教育经费。长期由县征收局统一征收拨付。劝学所仅收女子教育经费，由牲畜、杂粮、炭行及田税附加等项提取。乡设立的学校，经费由乡统筹，由学董、学校收支员经管。劝学所改为教育局一年以后，由征收局将肉税以及有关教育经费划归教育局，由局里收支员经收，教育经费才独立自主。裁局改科以后，教育经费又由县统一征收。

抗日战争时期，国民党政府滥发纸币，造成恶性通货膨胀，教师所得薪金，实值已微乎其微，于是1940年以后，公教人员每月改为发食米八市斗，另给少量生活补助费（纸币），由于教育经费不敷，此少量生活补助费也不能按月发给，要等到期终结算。结算了，又不能付现钱，而是给一欠条，等到领得欠款，一堆纸币已经买不到几升米了。

教师待遇。教师所得食米，多拨到县城二百余里的鹅池、砂石等乡去领取，因搬运不易，只好贱价出售，八市斗米的钱拿回家来，只能买四五市斤了。教师生活的困难，真已不堪言状。一位保校教师深有感慨地写道："一年辛苦一年金，不及樵夫半束薪，饥寒驱人情不已，放弃舌耕用手耕。"

3. 学校教育

（1）学前教育

民国三十年（1941），县设立一、二幼稚园、西师附小幼稚园，分别附设在城区中心校、龙潭镇中心校及西师附小内，前后共招14个班，在园幼儿498名。1949年停办。

（2）小学教育

民国二十五年（1936），县内共有中心小学10所，初级小学31所，短期小学20所。民国三十年（1941）夏，全县共有乡国民中心学校40所、232个班，在校生8140名；保国民学校233所，在校生6252名。民国三十四年（1945），全县有乡国民中心学校41所，中心分校11所，保国民学校370所，共422所、475班，在校生14427名。民国三十五年（1946），全县保国民学校经两次裁并，由370所减至250所，同时有盐务陆运总队创办私立"澄川小学"一所、4个班，在校生200名，校址设在老鹳坡陈家祠堂内。民国三十八年（1949）春，全县仅有小学69所、246个班，在校生6342人，教职员599人。

(3) 中学教育

民国三十年（1941）春，省府命酉阳县政府改办县简易师范学校为县独立中学。校长唐兴铭。民国三十一年（1942）秋，唐兴铭辞职，由县保委陈伯亚为校长。这学期增设了女生部，从此县立中学内开始有女生。

1943年陈伯亚辞职，张庭晖（女）继任校长，到这时，学生逐渐增多，第一班学生已届毕业，县中开始有第一批毕业生了。

民国三十六年（1947）春，添招高中班学生，改“县立初级中学为“县立中学”。是年秋，张庭晖因病辞职，王潜夫继任校长。1948年暑假，王潜夫病故校中，庹健伯继任校长，一直任到新中国成立初期。

1937年，抗日战争爆发后，沦陷区人民很多流亡到秀山、龙潭、酉阳一带，因而龙潭中学的学生大增，达到500多名，班次最多达13班，教职员三四十名。1938年刘季昆作校长，秋季，开办女生部，设在龙潭大操场旁边（现龙潭小学一部分校舍，即当时女生校舍）。

1939年秋，开始招高中学生，编为第一班。至此，省立龙潭中学才成为一所完全中学。1941年附设三年制师范一班。1946年以后，女生部也添办了高中班。1948年冬，奉令专办高中，所有未毕业的初中学生自行转学。1948年，在龙潭镇设“酉阳初级中学龙潭分班”；在酉筹设“酉阳县立酉东中学”。

(4) 师范教育

1932年，成立女子师范学校。

1934年，熊粹中兼任初级师范第一小学校长，当时二十一军占据川东一带，独自为政，它指示各县把初级师范学校改为简易乡村师范学校。这一年省立龙潭中学附设了三年制师范科一班。

1935 年，简易乡村师范与第一小学分校，刘泽高任简易乡村师范校长，熊粹中任第一小学校长。是年秋，简易多村师范迁设在考栅内。

1941 年，奉命将简易乡村师范改办为县立初级中学，简师停办。

1947 年，简师重新恢复，改名为“酉阳县立简易师范学校”，设在河街东岳庙，由段永骞任校长，后唐兴铭继任校长，直到新中国成立时才停办。

1941 年，省教育厅令省立龙潭中学代办三年制师范一班，同时又令四川省第八区专员公署筹建省立酉阳师范学校。专署选定文庙为校址，修葺旧房，兴建新房（在文庙侧建楼房一座，作为师生寝室、图书仪器室），积极筹备。1942 年春，省府即派雷金波为校长，前来主持开办事宜。雷到任后，以李绩勋为教务主任，招收“师范”、“简师”、“师训”各一班，每班 50 人，共 150 人，于四月份开始上课。

1942 年秋，又招师范第二班，简师第二班，冬季，师训第一班毕业。

1943 年春，雷金波调任威远师校校长，省府另委曹开能作酉阳师范校长，以陈启南（秀山人）为教务主任，吴碧棟（巴县人）为训育主任（兼体育教员），聘请王潜夫、王东星、李玉昆、甘兀立等为教员，接受省立龙潭中掌代办的师范班学生。

1944 年秋，曹开能与省立大竹师范校长李华英（黔江人）对调。

1946 年，因班次又有增加，桌凳不敷应用，校长李华英以学生所余主副食费添制桌凳数十套，接着又修建医药室及教员寝室。

1947 年夏，李华英调任省督学（常驻第十六区），省府另委廖羽（什邡人）为校长。

1948 年夏，廖羽离职，省府另委邹德林（涪陵人）为校长，这时全校共有 9 班，算是规模最大的时候。

1949 年夏，邹德林辞职，省府尚未委派新任校长，第八行政区专员公署即以其第三科科长莫德华代理校长。这年 11 月酉阳解放，酉师暂停。

六、文化建设

1. 机构。民国二十一年（1932）八月，酉阳县政府始筹划建立民众教育馆。民国二十二年（1933）月开馆，馆址设在县城建国路（现飞来峰来薰阁内）。建馆伊始，设备简陋，省批为丁级馆。内设民众阅览室、儿童教育馆、总务组、生产组，有人员 5 人。民国三十四年（1945）十二月，馆址迁至忠烈纪念堂（现雅浦泉对面土产公司处）。

2. 文学创作。川大教授陈志宪酉阳龙潭镇人著《通考序笺》于民国二十四年（1935）在上海商务印书馆印刷出版；陈志宪编纂的《西厢记笺证》于民国三十七年（1948）在中华书局出版。在抗日战争时期陈志宪亦有诗词创作。川大教授郑宾于酉阳人著《中国文学流变史》于民国二十五年（1936）在北新书局出版。有陈驷光为其父陈汝燮出版的《答蝯诗草》。陈宽（子驭）和陈子骏两兄弟共同出版的《埙篪前后集》。刘扬的《香湖诗草》。龙潭渤海王简（竹父，号栗坡居士），著《竹奁诗录》（六卷）。酉阳城南桶井坝人陈华先诗《深夜寄怀》等。

3. 戏曲。

京剧。1934 年，国民党部队王东原师驻龙潭镇，师部宣传队经常为驻军演出京剧，引起酉阳士绅的重视，由王穆生、王彦超领头，首先在龙潭镇成立“龙潭京剧社”。1937 年抗日战争全面爆发后，外地迁来龙潭的机关增多，龙潭的京剧活动更趋活跃。

川剧。传入县境龚滩镇已有百多年的历史。1934 年，酉阳专署专员赵鹤、秘书林琦请渝川剧“云庆班”来酉，演出四十八本大轴川戏，扩大了影响。1935 年，川军田冠五旅驻龙潭，该旅将校连教官百尚云爱好川剧，发起组织“龙潭川剧社”，并从重庆、涪陵聘请艺人来酉授艺，自此，川剧在酉阳广为流传。

话剧。1930 年至 1934 年之间，省立龙潭中学（现酉一中）师生始在禹王宫演出话剧，通俗易懂，能结合现实生活，县人称之为“演文明戏”。民国二十六年（1937）抗日战争开始后，钟多、龙潭、龚滩三镇中、小学的师生，开展抗日救亡的宣传活动，每逢节假日和场期，纷纷走上街头，搭台演出。民国二十八年（1939）秋，龚滩盐务支局组建“滩涛青年歌舞团”，设编导组、戏剧组、歌咏组、宣传组、布景组、化装组、保管组，有 29 人。经费由各商号及社会各界人士乐捐，每逢节假日售票演出。1940 年，改名为“龚滩青年歌剧团”。在龚滩镇、清溪、沿岩、两罾等地巡回演出，深受群众欢迎。1942 年 11 月，剧团失去具体领导者，自行解散。

4. 图书发行

民国初期，酉阳境内无图书发行机构。民国二十五年（1936），商人熊仲权在县城开办“二酉书店”，民国二十七年（1938）停业。民国二十九年（1940），国民党酉阳县党部成立“中国文化服务总社四川省酉阳分社”，由县党部委派干事经营。民国三十一年（1942），山东人李治安在龙潭开办“新知书店”。民国三十三年

(1947)，钟多镇杜名芷在家中开办“杜家书店”，到 1949 年 10 月停业。民国初，县境图书发行仅靠外地商贾附带《三字经》、《四书》、《声律启蒙》等书和时有木刻唱本出售。1936 年以后，经营商户增多，以出售教科书、工具书、古籍图画书、画册等为主。县民众教育馆有藏书 2500 册和《中央日报》等。

【注】黎洪整理，资料来源于《酉阳县文史资料》等。

资料征集类

民国酉阳县政府对抗日宣传的组织领导工作

抗战时期，民国酉阳县政府对抗日宣传作了一定组织领导工作。无论从组织领导，还是组织实施及效果等方面，对动员和组织全县民众支援前线，取得抗日战争的最后胜利都起到应有作用。

一、建立机构，构建县、区、乡、保的抗日宣传组织体系。民国三十年（1941）前后成立酉阳县宣传委员会，由县党部书记长陈子尚主任委员，委员为冉琢之（教育科长）、唐兴铭（社会科长）、陈伯亚（县中校长，陈辞职后由张廷晖继任委员），汪建光任（代理后由陈百先担任）总干事，下设办公室。按行政区划，区、乡、保分别成立宣传区队、分队、小分队，分别由区长、乡（镇）长、保长任区队长、分队长和小队长。这样全县就形成了较为严密的宣传管理体系。

二、恢复《酉阳县党政周刊》，支持上派宣传员的工作。为适应抗战宣传需要，县政府恢复了《酉阳县党政周刊》，并以此为阵地，以《抗战建国纲领》为主要内容的抗战题材及相关方针、政策，宣传“抗战爱国光荣、妥协卖国可耻”的道理，树立“抗战必胜，建国必成”的信心，指责“谁破坏抗日，谁就是民族的败类，国家的罪人”，号召全民“有力出力，有钱出钱”、“精诚团结，共赴国难”，为实现抗战的胜利而努力。民国二十七年（1938）、二十八年（1939）四川省政府派宣传员唐肃中、尚鼎华到酉阳宣传抗日工作，酉阳给予全方位支持。他们的任务是“宣传抗战，唤醒民众，同仇敌忾，增强抗战力量”。具体是深入民间，以保为单位，集中民众，进行抗战宣传。

三、贯彻落实省、地关于抗日宣传的训令、指令。抗战期间，酉阳县宣传委员会贯彻落实了省、地关于抗日宣传的训令、指令。略举几例，可见一斑。民国二十八年（1939）二月十五日，酉阳县政府训令教字第63号，令县立简易师范学校，针对抗日宣传词曲不雅，迁就下流社会，迎合其心理之嫌，要求“各校长要妥为审核，力求改进，并须派音乐教师，指导演唱，俗不伤雅，以能激发民族意识，有裨抗战建国为本旨”。同年县党部政府遵照省党部政府令普遍宣传《国民抗敌公约暨宣誓实行公约办法》。同年八月三十日县政府教字第236号训令，遵教育部本年五月发第11973号训令，“转发陈嘉会君近作《厦门三童行》古诗一首及《四月八日桂林扫荡寇报载厦门三儿童抗敌被害新闻》一则，饬分须各中小学宣传，以为精神总动员之示范”，要求“各机关学校，从事讲诵，以资宣传”。

四、组织并实施全县重大的抗战宣传活动。民国二十六年（1937）七月七日，芦沟桥事变发生后，酉阳县组织民众，尤其是钟多、龙潭镇民众响应“救亡图存，支援抗战，有钱出钱，有力出力”的号召，掀起抗日运动高潮。民国二十七年（1938）春，在台儿庄战役牺牲的川军师长，后被国民政府追认为陆军上将的王铭章的灵柩途径川湘公路，县政府组织县城、龙潭镇及各机关、学校及居民近万人前往公路两旁路祭，表示哀悼。民国二十八年（1939）“双十节”，县城军民齐集大操场开庆祝会，举行游行示威，并发起募捐支援行动。龙潭也由国民党酉阳县党部常委王彦超在龙潭大操场中山纪念台，召开反日救国大会，开展反日救国宣传。民国三十年（1941）将河街火神庙改建为忠烈祠，大汉奸汪精卫、陈璧君夫妇石膏跪像于抗日阵亡烈士牌位前。据《中共酉阳自治县史》记载：“举行落成典礼那天，酉阳各界人士、烈士家属、学校师生、街道居民挤满了正殿和忠烈祠的周围。时任四川省第八行政督察区专员爱国人士史良主祭，烈士家属代表讲话时，声讨声和涕泣声交织在一起，整个忠烈祠，充满着庄严悲壮的气氛，许多青年在将士灵位前立下了‘宁作沙场鬼，不做亡国奴’的誓言。参会的人群纷纷向大汉奸汪精卫、陈璧君夫妇的塑像吐唾沫、喷鼻涕，控诉卖国贼的罪行。”

附：国民抗敌公约暨宣誓实行公约办法。

国民抗敌公约暨宣誓实行公约办法第二期抗战业已开始，凡我国人民，尤应精诚团结，矢志报国，各抱抗战必胜之决心，始能获得最后之胜利，兹制定“全民抗敌公约”及“宣誓实行公约办法”。通饬各省党部政府及所属各机关学校遵从，并各级党部政府普遍宣传指导民众一体举行宣誓。

省　　县（机关）（学校）　　联保　保　　甲

国民抗敌公约我等各本良心服从最高领袖蒋委员长之领导，尽心尽力，报效国家，并代表全家发誓遵守抗敌公约，不做汉奸，如有违背，甘受政府最严厉的处罚与民众的裁判。

一、不做敌国顺民。

二、不参加伪组织。

三、不做敌军官兵。

四、不为敌人带路。

五、不为敌人侦探。

六、不为敌人做工。

七、不用敌人纸币。

八、不买敌人货物。

九、不卖粮食及一切物品给敌人。

宣誓人　　　　　　中华民国二十八年　月　日

【注】彭清玉收集整理。

主要资料来源：

1. 民国酉阳县政府档案永久卷第 781、792、820 号。

2. 县志办资料档案永久卷第 35 号。

3. 县委党研室：《中共酉阳自治县史》，重庆出版社，2012 年 9 月。

酉阳钟多、龙潭镇的抗日爱国宣传活动

抗日战争时期，酉阳钟多、龙潭镇的学校和社会团体举行了多种形式的抗日爱国宣传活动，为唤醒民众的爱国意识、激发民众的抗日激情，支援前线起到了应有作用。

一、钟多镇的抗日爱国宣传活动

抗日战争爆发后，县城成立了抗日救国宣传队，开展宣传。一般常唱的歌曲有《义勇军进行曲》、《游击队之歌》、《保卫黄河》、《到敌人后方去》、《大刀进行曲》等。演出《放下你的鞭子》、《中华民族的子孙》等。

民国二十一年（1932），上海“一·二八”事变后，钟多镇捐款支援第十九路军孤军抗日，中小学生组织宣传队到街头宣传。

民国二十六年（1937）七月七日，芦沟桥事变发生后，钟多镇民众响应“救亡图存，支援抗战，有钱出钱，有力出力”的号召，掀起抗日运动高潮。

民国二十七年（1938）春，在台儿庄战役牺牲的川军师长，后被国民政府追认为陆军上将的王铭章的灵柩途径县城，各机关、学校及居民前往车站路祭，表示哀悼。

民国二十七年（1938），华侨领袖陈嘉庚先生回国考察支援抗日工作和慰问抗日军民。路过县城，各机关、学校及居民列队到车站迎接。陈先生讲了话，对酉阳人民支援抗日表示热情赞颂和深切慰问。

民国二十八年（1939）王季直老师在校长张廷晖的支持下，与教师余日永、陈师鸾、陈相廷及学生陈懋素、邱国华等编排抗日话剧《鸡鸣》、《八个鬼子》，快板剧《鸡公山》，童话剧《玩具抗日》，歌舞剧《小小锄奸队》、《打汉奸》，话剧《放下你的鞭子》，神话歌舞剧《魔笛》等并在全县演出。他还利用假期带领简师学生，到铜鼓、两河、板溪等地进行街头宣传。他们高举“唤起民众，一致抗日”的横幅标语，在集市中心唱歌、呼口号，向民众宣传抗日救国的道理，揭露日本帝国主义侵略中国的暴行。

民国二十八年（1939）“双十节”，县城军民齐集大操场开庆祝会，日机六架忽然飞临上空，全场一片混乱。当天秀山县城被炸。镇上机关、学校集会声讨，游行示威，并发起募捐支援行动。

民国三十年（1941）将河街火神庙改建为忠烈祠，酉阳简师美术教师唐赢仙雕塑的大汉奸汪精卫、陈璧君夫妇石膏跪像于抗日阵亡烈士牌位前。

民国三十四年（1945）八月十三日，日本宣布无条件投降，中国取得抗日战争的最后胜利。镇上各机关、学校及军民燃放鞭炮，热烈庆祝。

二、龙潭镇的抗日爱国宣传活动

（一）宣传机构

1. 京剧社：启蒙于民国二十三年（1934），当时龙潭驻军王东原师长，“九·一八”纪念日，王穆生在中山纪念台表演“秦琼卖马”、“武家坡”等剧目，配角是师部的宣传员。抗战时京剧社开始组建。负责人是王彦超，主要成员有王穆生、王季于、严茂楷、冉剑光、冉留光、王贵稷、熊仲汉、蔡玉泉、冉光荣、张永和、张吉义、黄祥德、谢耀清、赵今藩、田德容、蔡玉椿等。以上演京剧剧目，宣传抗日活动。

2. 川剧社：民国二十五年（1936）由川军旅长田冠五部队将校教官白尚云发起组织的，龙潭镇经营商业的渝涪帮人士参加。在外地请老师来教唱腔和打击乐器。抗战时用川剧之形式来宣传抗日。

3. 话剧：又称文明戏，最早是在省立一中演出。主要演员有段永X、陈述辉、甘冗立、节葛民、陈志章等。抗日战争时期，龙潭一些中小学排演话剧节目，进行抗战宣传。

（二）主要宣传活动

1931年“九·一八”事件之后，利用“双十节”，由国民党酉阳县党部常委王彦超在龙潭大操场中山纪念台，召开反日救国大会，开展反日救国宣传。镇机关、团体和居民参加。街头房屋贴遍“打倒日本帝国主义”、“日本帝国主义从中国滚出去”等标语，散发传单和《告民众书》，举行示威游行，高呼“全国人民团结起来，一致抗日”、“收复东北失地、还我河山”等口号，高唱“打倒列强”，“工农兵联合起来”等歌曲。

民国二十一年（1932），上海“一·二八”事变后，国民党酉阳县党部发起募捐、支援第十九路军抗日，龙潭镇各机关、团体、中小学生自觉捐款，小学生也节约糖果、捐献零用钱。

1937年“七·七”事变后，龙潭镇机关以宣传队、歌咏队等通过不同形式进行抗日宣传。

1939年10月，秀山被日本飞机轰炸后，龙潭中小学生组织400名旅行慰问团到秀山进行书面、口头慰问，沿途贴标语、发传单、画漫画等形式进行抗日宣传，高呼“打倒日本帝国主义”、“血债要用血来还”、“日本帝国主义从中国滚出去”、“全国人民团结起来，收复失地、还我河山”等口号。在秀山县城为灾民进行慰问演出。

（三）抗日宣传的主要形式

1. 舞台上演：以话剧为主，主要有“中华民族的子孙”、“塞上风云”、“加大理发店”等。

2. 街头演出：主要剧目有“放下你的鞭子”、“送郎参军”、“延水谣”、“金钱板”、“莲花落”等。

3. 歌咏队：主要演唱歌曲是“大刀进行曲”、“义勇军进行曲”、“黄河大合唱”、“到敌人后方”、“枪口对外”、“神枪手”等抗日文艺歌曲。

【注】彭清玉收集整理。

参考资料：

1. 县委党研室：《中共酉阳史》，重庆出版社，2012年9月出版。

2. 《钟多镇志》初稿，1985年。

3. 《龙潭镇志》初稿，1985年。

抗日战争时期龚滩青年的一些爱国活动

抗日战争时期，龚滩的一批青年，开展了一系列抗日救亡活动和其他一些爱国活动，现选择其中部分史实，记叙于下：

“滩涛青年歌剧团”的起落

1939年秋，龚滩盐务支局有一位年约30岁，身材魁伟的职工，名叫曾祥林，来龚滩认识了一些青年以后，就提议组织业余剧团，用以宣传抗日。当时龚滩一般青年，常被“东亚病夫”、“一盘散沙”等侮辱民族的讥笑之词所激怒，痛恨国际上弱肉强食的侵略行为，逐渐养成民族自尊心和爱国志气，经曾祥林的动员组织，于1939年秋，在龚滩“三教寺”开会，成立了歌剧团，命名为“滩涛青年歌剧团”，推举罗运淮、田维铭为负责人。宣传材料由曾祥林供给，另由罗子南编写一些。逢年过节就公开售票演出，效果较好。当时叫做演新剧，颇受群众欢迎。卖票所得的钱，除演出开支外，剩余部分积累起来，凑少成多，两年共演出20余次，积累了七八千元，捐献给国家买飞机、大炮打日本强盗去了。

歌剧团虽然成立了，但有它难忘的曲折经历：同年农历十月的一天早饭后，由田维铭转给罗子南一便条：“歌剧团的同志们，我有紧急要事，暂离龚滩，希你们把歌剧团继续发展起来，唤起民众，共同抗日救国”。署名曾祥林。从此，歌剧团的这副重担，就落在我们这批青年身上来了。

首先是解决经费问题，而经费来源，毫无着落，便由田维铭、罗运淮等向龚滩各商号，广为宣传抗日救国有钱出钱、有力出力的重大意义，承盐号经理杨舜钦的鼎力支持并带头慷慨乐捐，从而影响各商号及社会人士纷纷响应，几天内就集资一千余元，随即购制各种舞台道具，由杨世云绘画内外台档及布景等用物，歌剧团团员由原来十几人发展到 29 人。歌剧团下设编导组、戏剧组、歌咏组、宣传组、布景组、化装组和保管组等；演出形式有舞台表演，街头话报剧和下乡巡回演出等。剧本无处可买，就由罗子南主笔自编，并作导演，以打倒日本帝国主义、活捉汉奸、组织游击队及讽刺社会的黑暗和揭露政府无能为中心内容，先后编了《抓本钱》、《醋毒》、《烟毒》、《最后一封信》、《姊妹英雄》等爱国剧二十余本。于 1940 年春节正式成立“龚滩青年歌剧团”时连续上演三夜。初露锋芒，受到群众的好评。此后每逢节日或纪念日，除用墙报、标语、漫画宣传外，还将许多爱国歌曲，如“新女性”、“大路歌”、“流亡三部曲”、“牺牲已到最后关头”等，编成歌剧上演。1940 年纪念“七·七”抗战三周年，上演了自编的“流浪恨”话剧，当台上出现逃难的一家难民，拖儿带女，正处于饥寒交迫、无家可归、走投无路的惨遇时，却被汉奸带着两个鬼子军官，将年未及笄的长女抢走，引动台下观众，淌下同情而忿恨的爱国热泪。接着又出现突如其来的游击队，活捉了汉奸和倭寇，将大姑娘还给她母亲时，全场奋起，不约而同地举手高呼：“消灭汉奸！”“打倒日本帝国主义！”等口号，爱国热情洋溢着整个会场。

1941 年 4 月，歌剧团成员，自筹伙食，肩负道具，在烈日炎炎下行经三十多华里去沿岩演出“放下你的鞭子”的街头剧，当夜“三合头”搭台子演出“醋毒”、“乡风”、“国魂”、“智擒倭寇”等话剧，深受群众欢迎。

同年农历五月五日，是我国传统的端午节，为了纪念古代大诗人屈原，这年龚滩青年也兴起划龙船活动，由一个私塾老师杨胜碧和歌剧团罗成之用一首爱国歌子《屈歌名回忆不起》填写一支豪迈有力的《龙舟进行曲》，青年们边划龙舟，边唱《龙舟进行曲》两岸观众，无不群情激动，有的还高呼：“划到东京去捣毁贼巢”的口号。这支歌子时过四十余年，其歌词还记忆犹新。

《龙舟进行曲》歌词：“蓝天高，红日照，乘风破浪荡兰桡，誓把鬼子消，方算胆气豪。同胞，你听那乌江的银浪，却变作怒涛，唤醒着我们，持着那钢刀，你和我，我和你，直到东京捣贼巢，踏平那扶桑三岛！难道我们能坐视那侵略强盗，任意横豪，任意横豪。誓死消灭倭寇，紧紧团结我们的同胞，点燃我们满腔杀敌的怒火，把兰桡当作杀敌的钢刀，战斗向前，向前战斗！争取最后胜利，杀灭跳梁小丑，收复我们的失地，振兴我们的民族。”

同年八月，龚滩青年歌剧团又组织二十三个团员，趁两罾场期，去露天演出“放下你的鞭子”的街头剧。观众见到卖艺的姑娘，无辜受辱，尽都忿忿不平，纷纷给铜钱，并斥责老头不该鞭笞姑娘。剧终卸装后，才知道是龚滩青年歌剧团化装宣传演出的街头剧，群众赞扬抗日救亡宣传工作，做得出色。

1942 年 5 月，歌剧团（此时已属于三青团七区队管理）应清溪乡（现清泉乡）乡长陈昆林邀请前往宣传演出，共去 24 人，到了清溪，沿街居民鼓掌夹道欢迎，便由全体团员合唱：“工农兵学商，一齐来救亡，拿起我们的铁锤刀枪，走出工厂田庄课堂，到前线去吧！走上民族解放的战场。脚步跟着脚步！背膀靠着背膀，我们的队伍广大强壮，全世界被压迫民族的斗争，朝着一个方向。千万人的声音，高呼着反抗，千万人的歌声为革命斗争而歌唱，我们要建设大众的国防，大家起来武装，打倒汉奸走狗，枪口朝外向，要收复失地，打倒日本帝国主义，把旧世界的强盗杀光。”歌声刚落，在群众欢呼和鞭炮锣鼓声中进入乡公所，受到热情欢迎和招待。清溪乡上演三天三夜，给群众极大鼓舞。事后，由乡公所派船送回龚滩。

七月份，县三青团干事长蔡璞来令，发动龚滩区队宣传募捐，为委员长（即蒋介石）“购机祝嘏”，歌剧团趁机演出三昼夜，收票金额八百余元，又由杨指导员募捐二千三百余元，除去灯油开支，共醵法币三千元，上缴三青团酉阳分团部，曾获传令嘉奖，并由罗成之、冉国光赴酉阳参加“购机祝嘏”总结会。龚滩青年抗日救亡的宣传活动，此时更进入高潮。同年十一月，三青团酉阳分团免去罗成之区队长职务，由董延祺接任区队长。董延祺正任龚滩小学校长，无非挤出一点时间开开会，作形式上的应付而已，大家有鉴于此，所有积极的富有文艺爱好的演员周运德、冉伟夫、冉国光、王世光、罗继勇等，都抱着消极失望的态度，无法继续工作，从此龚滩青年的爱国活动和慷慨歌声，就随之而销声匿迹了。

【注】罗子南、冉玉光集，黎洪收录于《酉阳文史资料》第6集。

酉阳师范校抗日拾遗

请缨杀敌。1944 年 3 月，日本侵略军为了打通南下通道，向正面战场展开战略攻势，蒋介石为了支撑门面，想要得到美国的现代化武器，以充实自己的军队。7 月 29 日，通过教育部长发表《为发动知识青年从军告全国中等以上学校学生文》，号召十万知识青年从军，“抗击日寇、救亡图存”。酉师校师生出于抗日的满腔热忱，积极行动，出墙报、作报告、搞街头活报剧，人声鼎沸，群情激愤。请缨杀敌的同学三十多人被批准参军，如冯积骧、万书乔、陈乾芳等，他们的行为鼓舞了人心，一直到 1945 年 8 月 14 日，日本宣布无条件投降，才归校学习。

塑雕活动。为了抗日宣传，学校图画教师陈涤痕，他由长沙会战返家，来酉师任教。他擅长浮雕，教学生用白粘土，搭成方块，树抗日英雄“狼牙山五壮士”等塑像，同时他还与龙潭美术老师谭赢仙一道给忠烈祠泥塑“汪精卫和他的妻子陈碧君”跪在烈士祠面前，为万人唾骂，揭露汉奸的丑恶嘴脸，上至校本部，下至附小的学生都会塑泥巴浮雕，颇获社会好评。

流行歌舞。来至上海的体育老师朱光全，很亲近同学，发动全校师生一道作体育舞蹈表演，唱延安流行歌曲《朱大嫂送鸡蛋》

等，载歌载舞，在礼堂或操场生动活泼的表演，校内校外无不称赞！

音乐老师王季直所教《弯背插秧苗》、《当兵要当抗日军》、《武汉保卫战》等，都受人们的欢迎。

【注】李发扬集，黎洪摘录自《酉师校庆特刊》标题系编者加。

酉阳为抗战而进行的一些捐募情况

1932年爆发了“一·二八”事变，县内钟多、龙潭、龚滩几个城镇，发起募捐支援十九路军运动，广大群众踊跃捐献，小学生也节约糖果费自觉投人“献金柜”（募捐物钱的专柜）。中小学师生，组成宣传队，在赶场天，节假日，分组到农村、街头挨户劝募，掀起抗日救亡热潮。

1937年，当“卢沟桥事变”和中国共产党的《抗日救国十大纲领》以及蒋介石在庐山发表的“自卫”宣言等消息传到酉阳，具有光荣革命传统的酉阳各族人民迅速掀起了抗日救亡运动的新高潮。国民党酉阳县党部遵照国民党中央宣传部的统一规定和各界人士的要求，在成立“抗敌后援酉阳分会”的基础上，组织成立了“宣传委员会”。国民党县党部书记长陈子尚兼任主任委员，县党部执行委员段永骞、唐兴铭、李道湘，三青团分团干事彭仲陶、邬竞成和县政府民政科长冯励川、教育科长杨汝芹等为该会委员。宣传委员会内设置办公室，陈子尚委任陈先墀为总干事，负责处理日常工作。辖区内的区、乡（镇）、保分别成立了宣传区队、分队，小队，分别由区长、乡（镇）长、保长任区队长、分队长和小队长。宣传委员会将对日抗战的意义、目的、方法、要求都作了明确的规定。以“抗战建国纲领”为主要题材，宣传“抗战爱国光荣，妥协卖国可耻”。同时，为抗战积极募捐。酉阳人民积极参加募捐行动，支持抗日。

1938年9月17日，酉阳县城举行国民抗战总动员，要求有钱出钱，有物出物，有力出力，入夜城镇居民高举火把游行。

1939年秋，龚滩“滩涛青年歌剧团”将两年演出所得的七八千元（法币），捐献给国家买飞机、大炮，用于打日本强盗。

1941年，酉阳人民群众积极募捐，为修建酉阳县忠烈祠积极出钱。是年夏，县政府拨款4000元，加上社会捐助，由总干事陈先墀负责经办，将县城东河街的旧火神庙改建成忠烈祠。忠烈祠的正殿上，供奉着本县抗日阵亡的田干周等几百名将士的灵位，灵位下面，跪着大汉奸汪精卫、陈璧君夫妇的塑像。举行落成典礼那天，酉阳行政督察专署和酉阳县政府的机关团体人员、烈士家属、学校师生、街道居民等，挤满了正殿和忠烈祠的周围。四川省第八行政督察区专员史良主祭，县党部书记陈子尚致悼词，烈士家属代表讲话，参会的人群追悼抗日阵亡将士，控诉大汉奸汪精卫、陈璧君夫妇的罪行。

1942年7月份，县三青团干事长蔡璞来令，要求“滩涛青年歌剧团”募捐。为委员长（即蒋介石）“购机祝嘏”，歌剧团演出三昼夜，收票金额八百余元，又由杨指导员募捐二千三百余元，除去灯油开支，共醵法币三千元，上缴三青团酉阳分团部，曾获传令嘉奖，并由罗成之、冉国光赴酉阳参加“购机祝嘏”总结会。

以上是酉阳在抗战期间为支援抗战而进行的有关募捐情况，还有很多募捐活动，惜无史料记录，不得而知。

【注】黎洪收集整理。

人民血汗筑成的川湘公路

民国中期的国防要道川湘公路，蜿蜒在酉、秀、黔、彭的崇山峻岭之间，已整整五十周年了（酉阳段于1936年1月25日动工，于1937年1月21日举行通车典礼）。谁都知道，川湘公路的完成，不仅是在中国近代交通史上占着重要的一页，就以对于当时的国防建设意义来说，我们也应该承认它是沿线人民的力量相互结合而成的一条国防要道。

当时，修筑这条国防要道，国民党政府在财政上仅仅拨出法币五百余万元，而沿线人民在义务征工（是人民自己带米带粮上路工作）的过程中，却贡献了数百余万民工的力量。从测量划线到竣工通车，这其间又渡过了一年零三个月紧张而痛苦的岁月。沿线数百万民工对国家作出了伟大的贡献，有的甚至作出了光荣的牺牲。由于石工民工之踊跃应征，努力工作，不辞劳瘁，不惜牺牲，自始至终，全力以赴，遂使昔日之鸟道羊肠，一变而为康庄大道。半个世纪以来，民既受益，国亦有补。特别是在后来的抗日战争和解放战争中，都为国家、为人民作出了卓越的贡献，立下了伟大的功勋。

一、川湘公路之缘起

四川地处边陲，向来以长江为唯一出入孔道，对于交通，固属不便，即风气文化，亦较闭塞。倘长此相因，势必难期改进，况处于民国中期外侮日迫、国势紧张之秋，若一旦战争爆发，外舰驶入宜昌夔门一带扼我川口，则易置我于死地。一般有识之士鉴于时局之紧张，国防之重要，遂纷纷建议修筑川湘公路。良以川湘公路如果成功，则四川陆路交通，可以由重庆直出湖南，进而东下江西，以达江浙，南由湖南通达广州，真可谓四通八达，所向无阻，无异于第二长江。对于四川之交通、文化、实业等等，有日臻繁荣之功，故川湘公路势在必修也。

二、路线之选择

川湘路所经之地，在选择路线时，有最堪注意之点：大凡路线之选择，不外乎平直而合乎经济原则。川湘路线，在这一选择之下，可分三段简述于后：

（甲）由重庆至南川一段，有三路可供选择：一由重庆经木洞至南川。此线虽较平直，然以川湘铁路取道于此，未便一线两用；一为利用川黔路之一部，由綦江经三角镇至南川。此线虽无艰巨工程，但因沿路无重要乡镇，亦不足取；故最后结果，选由川湘路之朱滩为起点，经三溪，石角、蒲河、万盛等场镇以达南川。中经繁盛场所既多，而工程亦较容易，两得其宜，合乎原则，故上述二线，均弃而不用。

（乙）由南川至彭水一段，原定路线由南川经水江、白马、羊角碛、巷口、江口以达彭水。后因白马、羊角碛等处悬岩绝壁，下临险滩，山高水险，工程艰巨，遂改由青龙洞、肖家沟，以达巷口。其间山势虽高，然土质居多，工程较易，颇为相宜。至由巷口到彭水一段，工程虽极艰巨，然万壑群峦，天造地设，经数十日之跋涉，费若干番之考虑，始选得如今之一条路线。虽未免欠佳，但地势使然，莫可如何也。

（丙）由彭水至酉秀一段，原本拟由郁山镇经筲箕滩，濯河坝以达酉阳。嗣以此线未能经过黔江县城，认为不合；同时侧闻施巴路有展长至咸丰之说，为打通川鄂交通计，遂决计取道黔江，绕冯家坝以达濯河坝。其时，黔江官民均以路线纡迴，大不谓然。然在川湘公路测量总队选择路线时，已具有打通川鄂路之计划，当时黔咸路亦已修筑竣工，一举两得，事实昭著，足证当时选线，尚不为谬也。

至于两河口至龙潭一段，本拟由两河口、土塘坝、黑水坝、大沟场、苦草坪、下腴地、麻旺场以达龙潭；后经第八区赵专员以酉阳为酉秀黔彭之政治中心，要求绕道酉阳，乃由两河口经土塘坝、黑水坝、邓家沱、长箭子、龙池铺、酉阳、小凉风垭、双河场、涂市、麻旺、渤海，以达龙潭。较原选路长约二十公里。

三、施工之困难

川湘路所经之处，除綦、秀两县山地较少外，皆是崇山峻岭，高崖深涧，工程艰巨，罕有其匹。从綦江段起，经过南川、涪陵、彭水、酉阳、黔江、秀山等县，路线共长 698 公里。所经区域又是崇山峻岭，地瘠民贫，如涪陵的茅峰岩、豹岩、菊家岩；彭水的三道拐、滑石子、木梯子、峡门口，冤家岩、大岩脚、垭口岩、断头岩、辨岩、罗家沱、老虎口、韭菜梁、梯子坎等处，凿岩工程异常艰巨，高度从 10 米到 52 米。其余如黔江之梅子关，秀山之庙泉以及酉阳之厢子岩、三阳崖、凉风垭、马槽口、火石坳等处，其工程之艰巨，施工之困难，实难以形容。当开工之时，酉秀人民对于上述各处，认为决非十年内所能开通。其艰难情形，实使人不寒而栗！当组队测量之时，除由测量总队长张熠光担任全线任务外，并组织测量队三大队九小队，分途出发进行测量。各队均限八十日完成测量任务。第一大队由邓壁贵担任，自綦江起，经南川至涪陵之巷口止（今武隆县），于民国二十四年十二月二十日测完；第二大队由盛大犹担任，自巷口起，经彭水至黔江县止，于民国二十五年一月十六日测完；第三大队由陈德灏担任，自黔江起，经酉阳、秀山至茶洞止。起迄既如是之长，且时值冰天雪地，或云雾迷茫，十步之内，昏不见人，其困难已可想见矣。因重庆行营限令严迫，乃采取一面测量，一面施工之计划，双管齐下，同时并举。最为饱受惊恐者，乃冬防之际，宵小思逞，酉属各县，遍地萑苻，有些工程人员置身于风鹤频惊之中，有时进退不得，苦不堪言。骇人听闻的白蜡园事件，实惨不忍睹！所幸全体筑路员工秉大无畏之精神，不顾一切，勇猛前进，大功终竟告成。

四、招募石工之困难情形

生长在酉阳一带的人，向无修筑公路的知识，当地不能招募石工，所以关于桥涵水管以及开山一切工程，非由湘鄂招工不可，但因地属偏僻，路途遥远，对于招工，极非易事。经若干函电催促，迭次派员前往，始先后招致湘鄂数人，但招致之后，又有畏难退缩者，有感于生活艰苦，旋到旋退者。维持分配，尤不知竭几许苦口婆心始告成功。

五、义务征调民工之困难和经过

义务征工，虽为政府既定之政策，亦乃人民应尽之义务，行之已久，成绩卓著，但在酉、秀、黔、彭边地，人民户口尚无调查，壮丁数目亦无从知悉，故实行义务征工，动辄发生困难。盖因公路所经各县，路线甚长，即以酉阳一县为例，境内路线竟达168公里之多（包括今划归黔江县之两河、濯水等乡镇），以华里合计，不下三四百里，以最贫苦之酉阳人民担任如此漫长之路线，其工作之困难，已可想见。幸经地方当局暨筑路委员会等多方努力，处处晓以大义，县民始欣然乐从。

六、大功告成

川湘公路在川境全长 698 公里〔计綦江 22、南川 82、涪陵（包括今武隆）106、彭水 143，黔江 86、酉阳 165（包括今划归黔江之濯水、两河等乡镇）、秀山 82〕。以里程论，酉阳最长；以险阻论，彭水最为艰巨。全线总计石方 260 万立方米，土方 1000 万立方米，桥梁 206 座，涵洞 2489 座，保坎 17 万立方米，渡船 8 处，这样难与为匹的艰巨工程，在全体筑路员工不辞辛劳，日夜工作，历时年余大功告成矣。

以上仅就其大要者简述数项。其余如运输困难等等，更是一言难尽。例如工款一项，若非飞机运钞空投，则感无法运到。而飞机之航行，又须以天气之良否为准，若稽延数日，往往缓不济急，即有碍工程之进展。他若工具、火药等运输，损失尚无论也。总之，如此艰巨之工程，如此困难之条件，而时间不到一年，居然获得通车之成功，实归功于全线筑路员工不辞劳瘁，不避艰险，流汗流血，功绩昭然。正如当时《国民公报》记者傅襄谟《从川湘公路归来》一文中所说："川湘公路全线工程，的确比川陕、川黔两路修筑得好。这是全体工程人员在技术上的努力。""川湘公路艰巨工程之成功，充分体现了人民的伟大力量。"

【注】陈梦昭辑录整理，黎洪录自《酉阳文史资料》第七集。

人民血汗筑成的秀山机场

抗日战争时期，国民党政府迁都重庆后，日寇飞机常由武汉起飞轰炸重庆。飞机所经各地时有被顺便轰炸事件发生，由敌占区迁来的厂商企业或军政机构常遭空袭。为了抗击日寇飞机骚扰，保卫后方安全，国民党政府决定在秀山县修建军用机场。

1939年夏，工程决定上马。初勘结果，从秀城西门永土到平凯大桥，长十余华里；东顺小河下，西至山边，宽约五六华里。由航空部设工程处负责测绘、修建和经费。四川省第八区专员公署负责征集民工、监督工程进度，保证按计划完成工程任务。征集民工范围为秀山、酉阳、黔江、彭水武隆和湖南花垣、吉首等县。各县组成总队，由县长任总队长。工程任务分段落实到各县，限期完成。若有贻误，拿县长是问。酉阳总队长由县长冯英担任，实际代行人为二区区长曾寿国。他们将分给酉阳的任务又分到各区，落实到乡，乡成立联队，由乡长兼任联队长，我们麻旺的联队长是李光文。哪个乡完不成任务，就拿乡长惩处。由于任务明确，各乡、保惟恐落后挨打，都争先恐后地催促民工上马。

机场工程分三个阶段进行。第一阶段和第二阶段主要是土方工程，将机场平面挖垫出来，限1940年当年完成。第三期铺设飞机跑道，由军工次年完成。

第一期工程于 1940 年元月开始征集民工，2 月动工。当我们到达工地后，看到满坝民工如蚁、挖的、挑的、背的人山人海，川流不息，一派沸腾景象。后来得知，各县为了完成任务，大量征用民工，人数达十万人之多。

按上司规定，每挖一立方土或垫土都发给一定标准的工钱作民工的生活费。但标准定得低，当时物价上涨，货币贬值，加之大量民工集中秀山，油盐柴米和副食蔬菜等价格猛涨，所得工钱远远不够生活开支，民工普遍只得半饱。各级监工怕完不成任务，拼命追逼民工；白天已干得疲惫不堪的人们晚上还要加班加点。在生活吃不饱劳动强度又大的情况下，不少民工病倒或逃跑，影响工程进度。上级不断电令催促，各乡保只得再强征民工或抓回逃跑者，对那些“轻病号”也要逼着上工，广大民工苦不堪言。数万民工拥挤在临时搭起的简陋工棚里，生活、居住条件都十分恶劣，又值春夏发病季节，造成疾病流行。在当时没有医疗条件的情况下，数以千计的民工死亡。我县以濯水、龚滩两区较重。死得最多者要算黔江、彭水、武隆等地远道而来的民工，他们远离家人，被征来修机场，死了以后赤身裸体被埋在大河坎上，有的甚至是几十具尸体埋一大冢，更谈不上衣布裹户和棺木收尸了。到暑热天臭气袭人，实叫活人难以忍耐。当时流传着“埋骨何方，招魂无所”之悲语。

我们酉东民工和秀山民工因距家较近，各乡保人员又默许各人自筹口粮，将挖土方所得的钱用作副食补贴和购买草烟、草鞋等必要物资，因而逃跑和病倒的少些，工程进度较其他区乡快。是年 5 月，第一期工程提前完成。接着，我们转入二期工程。挖填土方这类事，进度在前者要占很大便宜，特别是晚上加班时，他们将土倒在河坎上或其他乡的范围内。这样一来，快的更快，慢的更慢。专署发现作弊行为后，专派一个保安中队监工。一时民工重演故伎者或遭毒打、关禁闭，或苛以罚金，结果还是百姓遭殃。

施工过程中，还规定有各种津贴。如下雨、生病和敌机空袭造成误工有误工津贴；加班加点有加班津贴，但民工们一般都不知道。这些津贴给各级管理人员提供了吃空缺的大好机会。他们贪占民膏，中饱私囊，假报误工人员或误工时间，大吃空缺，即便上面来清点人数他们也能找他人充数。总队、区队、联队上下勾结，吞食人民血汗的事又有谁能说得清楚！但他们饭馆进、酒馆出、花天酒地吃喝玩乐的情景是人们都能看得到的。

我们的二期工程于当年10月就完成了，第三期工程是次年完成的。工程完工后我国飞机作了降落试飞。历时一年多的秀山飞机场的修筑任务按时完成了。它是数万人民用鲜血和汗水筑成的。是数以千计的百姓用生命换来的。机场修成后，对抗击日寇侵略起到多大作用，对我国的经济建设有多大贡献就不得而知了。

【注】陈德溥撰，黎洪收录自《酉阳文史资料选辑》第14辑。

西龚公路的修建始末

龚滩，酉阳县西部重镇，乌江沿岸的重要口岸之一，川东南物资流通的咽喉要道，抗日战争时期，黔东北、湘西、酉秀等地的食盐转运总汇于此。大宗食盐运抵龚滩后，用人力背运到各地。一路到龙潭，再由水路出石堤，到湖南里耶，转运湘西各地；一路经丁市、小河场出秀山，运销贵州松桃、铜仁一带。酉阳的山货土产运出和日用百货供应均皆人力背挑。由于运量浩大，往往供不应求，抗战期间龙潭尤为突出。如从龚滩修一条公路衔接川湘公路，川湘两省物资水陆联运将更为便捷。

鉴于此，1940 年西南“统运局”工务总处呈文国民政府委员长行营，呈请修建酉（阳）龚（滩）公路。1941 年 4 月，西南公路工务局奉命兴修，9 月该局派队勘测设计。1942 年 4 月 1 日，西龚公路工程处正式成立。办公处设在酉阳县城民权路 10 号民房内，工程处主任欧阳洵亦于是日到职视事。西龚公路按照部定丙等路工程标准开工修筑。1943 年 7 月全线土路初通，继即加铺路面，11 月勉强通车。由于路陡弯急路面差，行通车典礼时，只得用人力牵挽空车通过，实为公路史上的笑话。

西龚公路在县城北 5 公里的小坝与川湘公路衔接。全线原测量长72公里又280米，为避免难工及降低坡度起见，将原测路线修改延长成83公里。全线除小坝7公里稍平坦，工程较易外，其余概在高山峻岭、悬岩峭壁或狭谷深涧之间经过。山岭上的回头弯竟有1公里九回头之处，采用葫芦形曲线设计，以缓坡度。即使如此，也仍免不了需在极为险峻的江东峡开凿隧洞，并需跨越宽50米以上的河流5条。一遇山洪暴发，急流汹涌，故桥梁工程亦颇艰巨浩繁。有半永久性石墩木面桥19座，涵洞312道。由于阿蓬江汇入乌江处水面宽江流急，建桥工程浩大，资金匮乏，公路未能与龚滩镇接通，往来货物仍须盘驳搬运、过渡，没有起到水陆联运的作用。

西龚公路所经过之铜鼓、三岔坝、丁家湾、天馆、两罾等地均属地瘠民贫之乡。而公路工程量之大、之难，是当时已成川黔、川陕、川湘等公路所罕见。全线计土、石方达127.4万多立方米，其中石方数量占一半以上。石工需要量之大，可想而知。因此，工人、粮食及物资器材和工具，全靠外地供给。而原把持酉龚、龙龚、秀龚驿道运输之封建把头们，惟恐酉龚公路修成影响其收入，多次开枪威胁，阻挠工人施工操作。工粮运输亦颇费周折，使其工程一度延缓。

酉龚公路的建筑史，实际上是酉阳人民的血泪史。川湘公路的修筑，本已使酉阳人民受尽煎熬，疲备不堪。接着又被强征修筑酉龚路，终年从事繁重的体力劳动，夏日任凭日晒雨淋，冬季赤足单衣，寒风刺骨，啼饥号寒。居住条件也极其恶劣。由于沿线人烟稀少，能住上牛圈、岩洞、石穴就算比较幸运的了，否则只能露宿在荒山野岭。饥寒劳累的交相煎迫，疾病接踵而至。病者“难得医疗，听其自然拖延，病重者准其遣返，乞讨求食者，举目便见”。修筑酉龚路时，民工冻死、饿死、或因工致死致残者“辄以百数计”，连当时稍有良心的报纸也悲叹道：“众多民工父母绝望，妻儿失依，情殊可悯。”修筑酉龚公路时，酉阳人民付出了沉重的代价。

酉龚路花费430万元。路通后，仅行驶汽车3次。由于沿途山大坡陡、弯急路窄，汽车运输效益难以发挥，装3吨者只能装2吨。最后一次行车，从龚滩运食盐至酉阳，到丁家湾已无法再行驶，只得卸货后空车返酉。劳民伤财的结果，并没有达到以汽车运输补人力之不足的目的。每天仍靠3千多运盐民夫负重跋涉在崇山峻岭途中，深受煎熬，怨声载道。

新中国成立后，人民政府非常重视酉龚公路的修复工作。1951年，有关领导在“川东交通会议”上指出，昔日旧政权，漠视人民利益，任其崎岖难行，因而造成很多不合理的曲折现象，致使交通运输耗时费力，酉龚路就是一例。决定将路改缩短程，把三岔坝、涂家曹、老鹰岩25千米改直由桥岩回旋而上，通岩门峡，缩短2千米，酉龚公路全线更换桥面为半永久式18座（全长298米），改建涵洞3座（全线涵洞长2700余米）。1954年，四川省交通厅派员到酉阳，对酉龚路的改线进行勘查设计。1955年初，县政府正式成立酉龚路整修工程委员会，由县长华增修兼任主任委员，交通科副科长李长融任副主任委员，委员由商业、粮食、民政等有关部门的负责人兼任。民工由县属各区抽调，技工，主要是石工由酉、秀、黔三县调集，民工总计1500余名。改道工程重点在老鹰岩两个隧洞和王家寨二三十米高的堡坎。改线公路是在数百米高的陡岩上开凿而成。站在公路边上俯视沟底，悬岩千丈，令人心紧目眩；仰看峭壁，高接云天，巍峨壮观。老鹰岩的两条山崚直插沟底，挡住了公路的去向。500多名民工凭钢钎、二锤和炸药，克服了漏水坍塌等困难，奋战8个多月完成隧洞工程。1956年底，酉龚公路艰巨的改道工程胜利完成。为了发挥酉龚公路和乌江航道的联运效益，1956年春，在阿蓬江汇人乌江的渡口处，开工建造龚滩大桥。于1966年10月1日建成通车。

龚滩大桥系凌空高悬的单孔大石桥，犹如飞越江面，横跨两山腰之长虹，把公路和龚滩港联接了起来，从而结束了行人物资靠渡船过江的历史。大桥凌空之高，跨度之长，设计之奇，气势之雄，实为当时全国单孔石桥之最。桥长132米，宽9米，高128米，桥两头各有4个小石拱孔把桥面抬平，桥两边依以25厘米见方，高1米的青石栏杆20根，桥面敷设30厘米宽的青石板，美观、简朴、大方。

龚滩大桥的落成通车，大大增加了酉龚公路的车流量。酉阳、秀山及湘西、黔东北数县原经川湘路从彭水转水运的物资均改由酉龚公路运输，昼夜行车量在百辆以上，促进了物流业的发展。

附：酉龚路上两块碑

1. 江东峡（当时叫津门关）碑刻：

“酉龚路工程处开凿江东峡隧道纪略：酉阳至龚滩公路为抗战后运输粮盐要道，民国三十一年四月，余奉命来修。山势崎岖，工程艰巨，且地当边徼，平日无夫兴作若土若木石之工，大都募之湘鄂诸省，以抗建工事故，应募者殊踊跃。路线经江东峡两岸，峭壁高百寻，硬凿之，下临深峡。石工张桂生籍湘潭，李吉清籍秀山，田兴禹籍沿河，王山云籍常德，沿峭壁锤凿隧道，坠峡惨死之四人者各不载年书，因斯役而瘗骨异乡，以视急公敌忾，舍命疆场者何多让焉。路将成，余惭督率无方，复悯死者勤事之于公路，为纪念死者，名勒之碑石，用志不忘。”

2. 桥岩岩门底隧道碑刻：

“1956年2月开始修建，8月底胜利完成。在施工中不幸有工人七名光荣牺牲。他们是民工印命华、王德安、田兴平、黎景全和石工陈清泽、田庆生、石敦仁。酉阳县人民委员会为了庆祝改道竣工并追悼死者，在隧道旁立了一块三角锥形纪念碑，称赞他们‘为社会主义建设而光荣牺牲，永垂不朽’。”

【注】 李发扬撰，黎洪录自《酉阳文史资料选辑》第 14 辑。

抗战时期的东川陆运总队

（1939—1945）

湖南省食盐改由川盐供应

湖南省军需民用食盐，原系淮盐供应。1937 年抗日战争开始，由于国民党当局采取不抵抗政策，以致大片国土相继沦陷，江淮失守，淮盐无法运销湖南，给湖南省军民食盐供应，造成极为困难的境地。为了解决这一严重问题，国民党政府财政部成立了湘岸战时食盐运输处，改用川盐供应湖南，由重庆船运至涪陵，沿乌江水运至酉阳县属龚滩，又由龚滩陆运至酉阳县属龙潭，再以车船运至湖南供应。

财政部湘岸战时食盐运输处设在湖南沅陵，重庆设有办事处，在酉阳县龙潭镇设立财政部湘岸战时食盐运输处川东分处，具体负责办理由龚滩至沅陵、彭水至沅陵湘盐运输工作，龚滩、龙潭、彭水均设有湘盐转运总站。当时川东分处处长是范新度，又名范澄川。范是湖南长沙人，留美生，学纺织工业，战前是湖南岳麓纱厂厂长，战后任青岛纱厂厂长，新中国成立后在纺织工业部工作，1957 年划为右派，1962 年摘帽。

东川陆运总队筹组经过

龚滩运往龙潭的湘盐，开始由湘盐龚滩总站，雇请临时运夫背运，每个工头邀约十人、二十人不等，前往总站领盐运至龙潭，这种无组织的运输力量，远远赶不上形势的需要，湘盐川东分处根据这一具体情况，提出在酉阳县沿龚滩至龙潭一段运输线上各乡镇招募固定运夫六千名，组织专业运输队，担任龚滩至龙潭一段湘盐运输工作，报经财政部批转军政部批准，在运盐期中缓服兵役。

1939 年秋，湘盐川东分处报请批准任命陈蒿荪为财政部湘岸战时食盐运输处东川陆运总队长，负责筹组建队工作。同时湘盐川东分处在酉阳县城设立酉阳总站（站址：现钟多一村县物资局地址），派黄重鼎为站长（黄是范新度的妹夫），代表川东分处会同陈蒿荪与当时四川省第八区行政专员史良，涪酉师管区酉阳团管区司令骆逸尘，酉阳县县长冯英及有关部门负责人进行协商。那时东川陆运总队部设在酉阳城（现钟多镇四村朱鲁伯住宅）经常以请客、邀打麻将消遣为名，专、县军政首脑及有关部门人员，常常云集总队部，盛况一时。川东分处处长范新度也曾两次来酉阳，与有关单位负责人座谈，达成协议：同意在酉阳县属的天馆、丁市、宜居、河铺、钢鼓、板桥，石垭等乡招募运夫六千名，作东川陆运总队固定运夫。以补助公杂费为名，致送专员史良、团管区司令骆逸尘、县长冯英等轻重不同的馈金，其中以骆逸尘数目最大，史良、冯英次之，另外还有一条不公开的协议，由总队部每月送团管区司令骆逸尘，县长冯英舆马费一百元；国民党党团主要负责人陈子尚、杨鸿烂，县政府军事科长夏心超、秘书袁叔屏等按月各致送舆马费十元。缓役兵役证由总队部印制，团管区盖章印，每份收工本费一元交团管区。一切阻力和障碍都消除了。最后由酉阳县政府，东川陆运总队会衔布告，在酉阳、龙潭、龚滩及划定招募乡镇广为张贴，政坛上造成了声势。

陆运总队的建制与人事安排

东川陆运总队，原计划在彭水县招募一个大队，酉阳县招募两个大队，秀山县招募一个大队。以彭水县为第一个大队，酉阳县为第二、三大队，秀山县为第四大队，每大队辖四个中队，每中队辖五个分队，每分队辖五个小队，每个小队有运夫 30 人，一个大队共有运夫三千名。

第一大队队长任命陈铨担任，负责在彭水县会同湘盐彭水总站负责人，筹组建队工作，总队按招募费每名运夫五元提留一元，全部发给陈铨全权处理，因种种关系，没有与当地政府达成协议，第一大队组建工作，宣告失败。第四大队队长任命沈新元担任，负责在秀山县招募，沈新元系四川省第八区行政干部训练班军训大队长，又是秀山县县长沈天如的弟弟；仗人事关系较为适宜，一定会得到当地政府支持，但由于沈新元的财心紧，一文不花，仅总队送沈天如舆马费一千元，当然无济于事，得不到各级各部门的支持，因此，第四大队组建工作又无疾而终。在酉阳筹建的两个大队，第二大队队长任命陈菊僧担任（用陈巨深名），他是总队长陈蒿荪的弟弟，县财务委员会委员长，在地方上较有声望，划归招募区的乡保长都积极支持，有的还当上中、分队长。第三大队队长任命熊玉书担任（用熊与叔名），他是酉阳县国民兵团副团长，以划归招募区的国民兵团乡队副为骨干，开展招募工作，工作顺利，因此这两个大队很快就筹备就绪。

附：东川陆运总队各级编制

1. 总队人员编制：总队长（上校）一名；总队副两名（中校、少校各一名）；秘书一名；一级办事员两名；二级办事员三名；三级办事员三名；司书四名；勤杂兵五名。

2. 大队人员编制：大队长一名（中校）；大队副一名（少校）；书记一名；二级办事员二名；司书一名；勤杂兵三名。

3. 中队人员编制：中队长一名（少校）；中队副一名（上尉）；司书一名；勤杂兵二名。

4. 分队人员编制：分队长一名（上尉）；小队长一名（少尉）；司书一名；勤杂兵一名。

点验与开运

1940 年，总队部会同湘盐川东分处派来点验员二人，在酉阳县铜鼓潭对各级队进行点验，以分队为单位造具花名册，由分队长率领全队官夫列队点名验收，每名运夫照册发纸币二元作起运伙食费。另有招募费五元作总、大、中队筹建开支，按 1∶2∶2 分摊，这时各大队集中所属队部人员，连夜赶制花名册，运夫云集，铜鼓场上昼夜灯火辉煌，人山人海，盛极一时。开始点验，花样百出，有的队因运夫不足，用车轮式应点，有的队互相借用，人多时点验员只在花名册上写上验收二字了事。从此东川陆运总队正式宣告成立，担负起由龚滩运湘盐至龙潭，由龙潭运前方撤回物资至龚滩的任务。

改薪饷制为管理费

开运起头两月，湘盐川东分处按照各级队编制发给薪饷及公杂费，并发总队五百元，大、中队各三百元作为开办费，两月后改为照运输量一担（100 市斤）运费的 15％发给管理费。这种制度的改革，运多得多，运少得少，促进了各级队长的积极性。小队长不脱产参加运输。由于当时物价不稳定，运费随时在调整，管理费也随着调整，总队根据这种情况，下达了每个小队月运量指标，每个小队每月必须运湘盐两次，回货一次。每名运夫每次运输量不得少于一担五；即每个小队一个月的运输量必须达到一百三十五担。两个大队有二百个小队，全总队每月运输量最低要达到二万七千担。

总队按照月运量计算收入的 50％提留管理费，其余 50％按大、中、分、小照 3∶2∶2∶3 由大队经领转发。这样各级收入比以前有显著增加，而各级队部的人员，相应减少，有的中队几乎只有一个中队长和一名勤杂兵，队长的收入就大大增加。

农闲时，各地闲散劳力参加运输的增多，月运量上升达四万担，农忙时一般也能保持月计划运输量。总队部规定：每个月三号在铜鼓召开汇报会，结算上个月管理费和预发本月份管理费，形成了制度，风雨无阻。

运夫成了县银行股东

酉阳县筹备成立县银行，在筹集股金时，陈蒿荪趁此机会，以股金投资为名，向每名运夫摊派一元，由大队收齐交总队，作为入股股金。究竟入股多少，哪些人是股东，股票在哪里，谁也不知道。众所周知的，只是第一大队队长陈菊僧当选为酉阳县银行第一届董事长。

龙潭总站事件

湘盐龚滩、龙潭总站工作人员，全系湖南人，因语言不通，小队领交盐时，常常发生纠纷，影响工作，川东分处要求总队在龚、龙两站各派一名联络员，负责处理小队与总站间发生的问题，工资由两站发给。总队派万幼鹿为龙潭站联络员，蔡梦池为龚滩站联络员。1940 年冬，各小队向龙潭总站交盐时，以盐质渗杂，短少斤两，将全队在龙潭站应付的一半运费全部扣发，被扣小队无伙食费返回龚滩，与总站人员发生争吵，一时人多，秩序紊乱，川东分处即派武装税警前来镇压，竟开枪打死一大队小队长冉崇熙。事件发生后，龙潭军警稽查处恐事件扩大，派出武装维持秩序，出面调处，由湘盐川东分处负责安理，给予一笔抚血金。为避免再次发生类似事件，决定龚、龙两站只管赶发盐斤，运费交由总队凭发货运输单代发运费。总队即在龙、龚两地设置会计室。龙潭派万幼鹿为主任，龚滩派贺又起为主任，代表总队发放运费及调拨运夫工作，运输业务开始走向正规化。

东川陆运总队的棣属变改

改属原因：抗战期中，因军事失利，前方军工器材与大量物资，特别是湘谷要转运后方，川盐又需转运湖南供应。各种名目的转运站、运输公司相继在酉阳县龙潭镇设置，第六战区湘谷转运处川东分处、财政部湘岸战时食盐运输处川东分处、汽车第二团、谢东北率领的华侨汽车队均住龙潭。湘谷与撤回物资转运到彭水，折回载湘盐到龙潭，龙潭运龚滩的撤回物资，由东川陆运总队承运。酉阳县龙潭镇成了转运中心，显得特别重要，因此第六战区长官司令部在龙潭设置了军警稽查处，由第六战区湘谷转运处川东分处处长袁景凡兼任，并派一个特务营住龙潭作警卫工作。

1941 年秋，龚滩湘盐运完，后继不上，总队各小队陆续到龚滩运盐，常候运二三日才能返回家乡，总队无形停运。与此同时，财政部派赵君迈（系湖南省省长赵恒惕之弟）为湘盐督运专员，公署设在龙潭原湘盐川东分处，事事都得请示督运专员公署审批，才得有效。不久，范新度下台，处长由赵君迈兼任，原范安排的人员，大部被调离。

凉水井会议

正当龚滩湘盐接运不上，东川陆运总队随时发生停运之际，第六战区副长官司令兼第六战区湘谷转运处处长黄琪翔与副处长任显群路过龙潭，了解到湘谷在龙潭因运输力不足，运出有一定困难，若经龙潭陆运至龚滩，再沿乌江船运至后方，运价较车运低廉，只要湘盐能接上，又不负担回空运费。因此，决定在第六战区长官司令部驻地——黔江县正谊公社凉水井，召开湘谷、湘盐与前方撤回物资运输工作会议。出席会议的有：第六战区湘谷转运川东分处、财政部湘岸战时食盐运输川东分处，汽车二团，华侨汽车队及有关单位负责人，东川陆运总队队长陈蒿荪也出席了这次会议。会上决定：原东川陆运总队由第六战区湘谷转运处接管，更名为第六战区湘谷转运处东川陆运总队，由湘谷转运处比照停运前一个月运输量发给一个月的管理费，每小队在龚滩候运二、三日，照回空费的二分之一发给，作为候运津贴。为了维护龙潭至龚滩运输安全，决定成立东川陆运总队监护队定员六十名，武器由驻龙潭特务营发给使用。

会议结束，陈蒿荪回到酉阳，举办第六战区湘谷转运处东川陆运总队为期半个月的干部讲习班。1942 年 2 月，调集小队长以上的干部参加讲习（地址酉阳城区小学），任显群任班长，陈蒿荪任副班长，熊与叔任教育长。曾聘请专员史良、团管区司令骆逸尘、县长冯英、国民党县党部书记长陈子尚等作过报告。结束后，每个学员都发有结业证明书，盖有第六战区湘谷转运处公章。

总队的整顿

夏运开始，总队对部分队长，进行了调整，原二大队改为一大队，三大队改为二大队，任命前湘盐运输处龚滩总站站长黄重鼎为副总队长，主持日常工作，兼管总队会计工作。李独醒（原酉阳县团管区，上尉部员）为总队副，第二大队长熊与叔（熊系酉阳国民兵团副团长）调离酉阳回成都，在命田子霖为第二大队长，继后又调陈先墀为第二大队长，一大队一中队长陈先垓调任龙潭盐店经理，另派蒋国安继任，一大队四中队长派李六一担任，二大队一中队长派余璞担任，二大队二中队长派陈建新担任，二大队三中队长派官希葛担任，二大队四中队长派刘文杰担任。

这时主要以运湘谷到龚滩为主，返回时，运湘盐到龙潭，待龙潭湘谷库存不多时，才兼运少量撤回物资到龚滩。

候运津贴的处理

湘盐停运时，每小队候运津贴照回空费的二分之一发给，几经交涉，由川东分处结交总队转发。这笔津贴本应发给每个运夫，总队竟作出决定，以此作为资金，在酉阳县城南门外陈家祠堂开办一个纺织工厂，命名为“福利”工厂，派段永骞作厂长。开办初期，确有一派气象，一年多以后，工厂倒闭，资金的下落就不得而知了。

两陈之争

1943湘谷的运输工作接近扫尾。总队运输的物资，转为以湘盐为主。这时陈铨、李葛民与湘盐川东分处商议，另组一湘盐运输大队，在龚滩至龙潭运输线上与东川陆运总队同时担负湘盐运输工作。于是陈铨在酉西一带地区，除了组织部分闲散运夫外，经常拉用总队的运夫参加运输，影响总队运夫的巩固和每月运输量，因此，队与队之间经常发生纠纷。总队部下令监护队清查本队运夫，如有参加陈铨大队运输时，将所运湘盐或撤回物资予以扣留，报告总队，听候处理。监护队在铜鼓查获五名运夫参加陈铨大队运湘盐，当时把所运湘盐扣留。这一措施，逼得陈铨无路可走，暗地策划报复，组织何开先土匪武装潜入酉城，乘陈蒿荪因公到酉阳县政府之机，在衙门口对陈蒿荪进行毒打。事件发生后，总队部即分别电报龙潭军警稽查处、第六战区长官司令部军法处，请求调查惩办凶手，经半年多的时间，第六战区长官司令部军法处将何开先逮捕法办，才算了结。

结束语

1945年8月14日，是一个伟大的胜利日子。中国人民经过八年艰苦奋斗，终于战胜了日本帝国主义侵略者，一切随着抗战需要而产生的机构都失去了它的作用，东川陆运总队这个组织，也随着抗日战争胜利，宣告结束。

【注】陈懋英撰，黎洪录自《酉阳文史资料选辑》第二辑。

抗战时期龚滩的盐运业

龚滩是酉阳西部的门户。它座落在阿蓬江与乌江汇合处，依山傍水，顺乌江东岸而立，街道用石板铺成，约三里多长，是一座历史古镇。它的盐运业起源于何时，我未考证，但在民国时，四川的酉阳、秀山以及黔东北的沿河、松桃等县民用食盐来自自流井，并由涪陵溯乌江而上运到龚滩，再转运到上述各县，这是无疑的。国民党中央势力未控制四川以前亦然如此。抗战期间，武汉、长沙失守后，长江航运和广汉铁路控制在日寇手中，湖北、湖南西部数十县的海盐供应中断。国民党政府被迫用自流井盐供应鄂西、湘西和抗战前线军民。运去鄂西的食盐是顺长江运到万县再转运的；运去湖南的食盐则从涪陵溯乌江而上到龚滩起岸，再用人力背到龙潭，然后装船顺龙潭河经酉水运至湘西里耶、沅陵等地。因此，龚滩和龙潭成了食盐转运和集散中心。乌江水流湍急，滩多浪大，从涪陵到龚滩上水，需要一月以上甚至数月，龚滩到龙潭的陆路运输完全靠人力背运。为加快运盐速度，保证前线军民最低标准的供应，国民党第六战区成立了水运总队和陆运总队，将纤夫，背夫分别编成大队、中队、分队和小队，下达运输任务，由乡、保、甲负责组织完成。规定编为水运总队或陆运总队的民夫缓服兵役。这段时间，爬行在乌江岸边的纤夫达数千人，翻山越岭穿行于龚龙大道上的背夫达五千多人。

抗日战争时期以龚滩为中心的盐运任务繁重，给这里带来了兴旺和繁荣。上街数百家栈房，用极其简陋的设备安置背夫吃住，中街则以商业为主，日用百货、食品、副食品等种类繁多，供来往人员购买，下街除部分人从事码头搬运业外，也有近百家栈房，专门接待纤夫。每当涪陵船班一到，几百名纤夫和船工住满下街，有的下烟馆（吸毒），有的逛商店，有的进茶馆、酒店，通宵达旦，街头巷尾比比皆是，不分昼夜。整个龚滩镇天天像赶场一样，周围百姓来街上出售山货土产，粮食蔬菜，购买日用百货或盐巴者络绎不绝，一派繁荣景象。从此，龚滩无场期，成为白日场。苏、浙、皖及重庆、涪陵等地商人纷纷来龚滩开店经商，大小字号好几十家。仅盐号就有“大业”、“九大”、“中南”、“通运”、“蜀通”等10多家，数“大业”最大。有官办的，有私办的，资本雄厚，生意兴隆。大量食盐在龚滩转运和脱手，回笼了可观的银元、纸钞等货币。盐商将整船整船的货币顺乌江运出，再换回盐巴，声势浩大。人们认为龚滩是钱乡，所以出现“钱龚滩”之说，当时居住在龚滩的本地居民，富有者极少，但他们找钱维持生活十分容易，这是“钱龚滩”的另一层意思。

抗日期间，酉阳12个乡近7000名青壮年直接担负着运盐支前的重任，他们为消灭日寇、支援前方军民无声地奉献着。他们的功绩没人记载，无人说道，只有背夫们自己“三步两打杵”循环往复，一杵一杵地将道路上坚硬的石头杵下了数不清的打杵印。这是酉阳人民血和泪的记载！这些石板成了背夫们艰苦奋斗的纪念碑。为把这一历史事实记载下来，笔者走访了当年的目睹者王保三、易炳廷、杨代宗等人，现将其口述整理于后。

盐务管理机构

抗战以前，龚滩的盐运业规模不大，各地在这里设置的管理机构有四川的“运销稽征所”、贵州的“督运处”，湖北也曾在龚滩设立过鄂盐转运室。抗战开始后，鄂盐转运室迁走，增设湘盐接运室。1939 年，为加强食盐的管理和运转，将四川的运销稽征所、贵州督运处、湘盐转运室合并，统一于“自流井盐务管理局”（国民党政权官办机构）之下，涪陵设盐务分局，龚滩设支局。杨代京在龚滩盐务支局工作了六年，深知其情况。他说，盐务局设有会计股、总务股、湘盐接运室、运销股，还有仓库和盐警队共 30 多人。盐务局的主要业务为：一、对各公司，商号转运食盐、销售食盐进行计划分配、执行计划监督，食盐价格管理，查处食盐走私；维持盐业秩序（由盐警负责）；二、盐务局自己储备食盐，在市场脱销时进行调剂；三、酉阳各乡场设“公卖店”向当地百姓卖盐。

抗战期间，除湖南、贵州在龚滩长期驻人转运食盐外，秀山县也设有专门机构，由经理周玉厚常驻龚滩，专门负责本县食盐转运业务。

龚滩盐业支局一直延伸到当地解放。1949 年 11 月，主要人员在盐警队的护送下离开龚滩。酉阳专区派费春林同志接管了盐务局。不久陈铨率匪入侵龚滩，盐务局盐巴遭劫。陈匪退出后，人民政府将盐务局改为“盐务转运处”，后又改为盐业公司。

水上盐运业

龚滩是酉西的唯一口岸。如上所述，黔东北数县和酉秀人民食盐必经此地，同时部分日用百货由渝涪供应，山货土产、粮食、花生、木油（棬子油）等土特产品靠从龚滩经水路运到涪陵、重庆等地，因此龚滩到涪陵的乌江水路是酉阳人民和四川各地往来的重要通道。国民党势力入川以前尤为如此。1936 年川湘公路通车，但抗战爆发后，军运任务大，汽油匮乏，民用物资的进进出出仍靠乌江水运，直至今日，乌江水运仍为酉秀人民与四川联系的交通命脉。

乌江穿行在深沟峡谷之中，从龚滩到涪陵 305 公里，滩多水急，两岸悬崖峭壁，人不能沿岸行走。历代官府对整治航道、开凿纤道不予问津。一些商人、船家为运货物，主动出资打险滩，凿纤道，在抗战以前曾有过。抗战开始后，乌江的运输任务增大，船班公会再度募捐炸滩凿道，提高了航行速度，将上水行程时间从一月以上缩短为 20 天左右。若遇涨水，纤道淹没，人不能拉纤行走，只得停航。

王保三目睹过当年乌江的水运情况，他回忆说，航行于乌江的木驳船（俗称歪屁股船）的船主和船工多为涪陵人。战前，他们只限于自己邀约同伴同航，自己联系货物，自己雇请纤夫。抗战开始后，船业公会将 8 只船编为一个船班，集体航行，各班分批起航，统一运盐，统一由“纤夫管理署”安排纤夫。当时在乌江运盐的船班有 10 多班，100 多只船。

纤夫管理署成立于 1939 年，到 1945 年被陈铨所组织的水运大队所代替。以后，1946 年水运大队改为专区成立的“水运总队”，总队负责人是丰都人许子斌，酉阳为一个大队，大队长岳森林。尽管名称几经更改，但工作内容完全一样，都是负责管理纤夫。署（或大队部）设在龚滩，涪陵设有办事处，彭水、江口设有管理站。大队部下辖 10 多个“大管事”，每个大管事负责管 8 个“挠头”，每个挠头领 16 名纤夫，负责拉 1 只船。到抗战后期，为加快行船速度，每船纤夫增加到 24 人。纤佚来自涪陵、彭水、江口（含现武隆县）、酉阳。酉阳的纤夫由水运大队强制性在清溪、征潭、两罾、沿岩乡民中抽调组成，10 多个船班的纤夫近 2000 人。大管事是国民党乡政府的工作人员，挠头由甲长或有势力的人物充任。

船班与纤夫之间由船业公会与水运大队联系，商议一个船班托到龚滩的价钱。船业公会预支部分费用给水运大队，水运大队除提取“管理费”外，将钱分拨给大管事，大管事再预支给挠头，叫他们分别组织好纤佚。一旦得到盐务局通知涪陵船班启航时间，便要按时到达涪陵码头准备拉船。水运大队组织的纤夫队伍（大管事个数）多于船班数，所以大管事们要排成顺序轮流座班。轮到酉阳的纤夫拉船时，盐务局提前通知，纤夫们赶船下涪陵拉船。在当次航行中，纤夫是固定拉一只船，路途上吃住在船上，由船主全部负担。过大滩（如羊角碛）时，16 个纤佚拉不上滩，常常是几个船的纤夫拉一条船，一直将全班拉完再统一前进。平时纤夫生活很苦，船家只管吃饱。拉大滩时，船主要给纤夫改善生活，否则纤夫不卖力，上滩慢，既耽误行船时间，影响运费收入，又增大了生活费用。一般情况下船主不敢怠慢挠头。当船拉到龚滩码头后，水运大队就将纤夫工钱付清。如果在路途遇到领了预付金而逃离的人，由各有关纤佚管理站负责处理。

纤夫生活条件差，吃得不好，环境艰苦，劳动强度大。在拉滩头过纤道时，几乎是在地上爬行，手脚同时在地上用力，船只才能逆水前进。他们从事着非人的劳动，过着牛马生活。在路途上常常遇到生病，不但没有医疗条件，既使有，也得自费治疗。乌江沿岸，除少数几处村镇可以看医外，多数地方无人居住，没有医疗条件。纤夫因日晒雨淋得了病，得不到治疗，只能听其自然，常常还要带病拉船。纤夫的工钱层层被克扣，拉一趟船来回一个多月，工钱只有二三十元，按当时货币算，属于最低收入。纤夫们的权利和利益得不到任何保障。

抗战胜利后，沿海盐场逐渐恢复供应湘鄂，龚滩的盐运规模逐渐减少，由于黔东北的食盐供应路线未变，所以盐船和纤夫一直延续下来，但人数大为减少，组织越来越松散。1948 年以后，国民党各级政府已无人过问盐运，龚滩的盐运便处于萧条状态，盐价一天比一天高，临近解放时，要 10 斤大米才能换 1 斤盐巴了。

陆上盐运业

国民党政府迁都重庆后，敌占区军民随着内迁者源源不断；四川后方的军用物资需要运往前线，使得川湘公路成了国防上不可缺少的重要路线。湖南民用食盐运输的唯一道路只有依靠乌江和酉水了。乌江发源于贵州，由南向北经川黔边界到涪陵流入长江，酉西重镇龚滩以下可通木船，酉水河乃沅江上游支流，从酉东重镇龙潭可乘木船顺龙潭河经酉水到湖南里耶、沅陵、常德等地。一镇在酉东，一镇在酉西，中间高山峻岭，沟壑纵横，相距 270 多里。本文的所谓“陆运”主要是指的这一段运输。

运盐大道以前就有，上山下山，顺沟穿坝，多为石板铺成。易炳廷是龙潭人，抗战时期在龚滩作小生意，多次走过这些盐路，他介绍说，西起龚滩，经两罾、天馆、丁家湾到铜西三叉坝，然后分成两条路；一条由铜鼓经石垭、岩恼、河脚、三岱沟、勃海到龙潭镇，一条从铜西下小河，经余家坝、石板滩到楠木，直插秀山溶溪再到秀山县城。酉中、酉北的食盐则是从铜鼓经东流运到酉阳县城，然后分散到各乡。

1939 年成立纤夫管理署的同时，还成立了“陆运总队”，由酉阳人陈蒿荪任总队长。随着军用物资增多，运输量加大，陆运总队改为“六战区龙潭军警稽查处直辖川东陆运总队”，仍由陈蒿荪任总队长。其机构、业务不变，只是隶属关系改变而已。王保兰曾在陆运总队当过职员，深知其组织机构的管理情况，他说，陆运总队辖 4 个大队，秀山组建四大队，酉阳组建二、三大队，彭水组建一大队。一大队由酉阳人陈铨任大队长。但因彭水盐运业务不兴旺，很快就自动垮台，陈铨又组织水运大队。抗战胜利后湘盐运输业务停止，陆运规模日趋减少，到“同益盐号”开业前后，陆运总队便自动瓦解了。陆运大队下设若干中队，每个中队为一个乡的运夫组成，中队辖若干分队，分队辖若干小队。分队和小队的多少视其保甲多少而定，每甲为一个小队，运夫 30 至 40 人不等，甲长就是小队长。分队长多为保长担任，也有甲长兼任的，中队长则由乡长或乡公所工作人员担任。背夫由甲长硬性指派。陆运大队的各级负责人由国民党政府的乡、保、甲长直接兼任，可见陆运大队实际上是政府直接控制的、从事后勤运输的半军事化组织。

酉阳组建的二大队有 4 个中队，3000 多名运夫，三大队有 3 个中队，2000 多名运夫。他们分别由铜鼓、板桥、小河和先坝、石垭、宜居、丁市、天馆等乡的 5000 多名身强力壮的青壮年组成。他们上身披着棕片，下身穿的是半截裤，脚上穿的是草鞋。背盐巴一般在 150 斤到 200 斤，最多有背二百七八十斤的。他们从龚滩到龙潭要走七八天。他们不分春夏秋冬，不管日晒雨淋，都要完成背盐任务，他们从事的是繁重的体力劳动，得到的是痛苦和贫穷，他们社会地位低下，人们称之为“盐巴客”，鄙夷之称为“背老二”。易炳廷、罗继光是与背夫打交道多年的历史见证人，他俩诉说了背夫的艰辛情景。下面是他俩的回忆：

那时自流井生产的食盐是块状，像石头一样，叫“巴盐”。酉中、酉西的百姓世世代代在山区繁衍，早习惯于用背来适应崎岖的山路。他们有一种专背盐巴的背兜，系木质，扁形桶状，上大下小，约一尺多高。背盐时，小块碎盐装在桶内，大块盐则堆码在背兜上，因陋就简地用竹席、棕绳包捆成弧形向前弯曲。人背上盐巴后，整个盐巴顺背弯到头顶上，重心自然往前移，上下坡很稳。为解决背运途中歇气问题，专门制作有“打杵”。打杵上端用自然长成“U”形的木质弯棍做成，其垂直方向装有一木把，长约 2 尺许，把的下端镶有一铁箍，铁箍中间固定有一锥形方铁。背运途中休息时，在路上选择适当的平处，将打杵竖立，然后使背兜放在打杵上端平面上用手扶着，打杵下端四方铁即压在某处不动，人可得到休息。行走时打杵拿在手里。利用打杵休息，既不能杵在松软的泥土上，也不能杵在石头高处或光滑处，只有杵在石头上稍微低矮处才能杵稳，不会滑倒。5000 多名盐巴客在背盐的路上川流不息，络绎不绝，像赶场一样。适合打杵的岩头沿路都是，歇气者几乎都要杵在曾被多次杵过的地方，久而久之，数年之后，路上的岩板留下了一个一个的打杵窝，有深者达 1 寸以上。这些数不清的打杵窝记载着盐巴客们的艰辛和汗水，记载着几千背佚在抗日战争中的功绩和奋斗精神。它无声地教育着后代子孙切莫忘记先辈艰苦创业的艰难历程。

背夫们除必备背兜、打杵外，还有一个竹斗笠和小竹席。斗笠捆在盐巴的最高处，下雨时既可使盐不受雨淋，又可使人不淋雨，小竹席在下雨时搭在盐巴上遮雨。为减轻肩部皮肉受苦，他们用棕片缝制成垫肩，背盐时垫在肩膀上。

背佚们以小队为单位在龚滩各盐号仓库出盐，当时一般都施行三联单，由小队长保存，小队长（甲长）同样要背盐巴。出盐后在龚滩预支一部分运费，以解决路途吃住开销，到铜鼓大队部后，又要发一部分运费，盐运到龙潭交货验收后结清运费。清单上每人背盐数量和两次预支运费的多少都在清单上填写清楚的，验收时小队长将清单交龙潭盐库。如果发现少盐，将扣除运费或受到处罚。当时运价大约是每 100 斤盐从龚滩运到龙潭为两三块大洋，因一个往返要 10 天以上除去吃住开销后所剩无几，逼得背夫们只好自带粮食，用包谷面等杂粮维持最低生活。

从龚滩到龙潭的盐道上，沿路都设有接待背夫的“客栈”，这些栈房是路边的农民开设的，有的把房子搬到大路边开店，新中国成立后没有背夫了，又将房子拆回村寨中。客栈设备简陋，一般都是在地上铺稻草或在木地板上铺被子，盖的是既脏又破旧的烂棉絮或被单，人们称为“油渣”。名曰住店，实际上是找个避风遮雨的地方睡觉。背夫住店后，将自带的包谷面或杂粮交主人家煮成饭，再出点柴火钱。有没带粮食的，临时到街上去买，也有店主人家代卖的。他们多数时间不吃蔬菜，只喝盐开水过日子。

背夫们生活条件极差，吃得不好，睡得不安，白天又要背着沉重的盐巴翻山越岭，路途饥渴交加，汗流浃背，向前挣扎。特别是到下午每前进几步就要杵下来休息，步履艰难。用他们自己的话说是“三步两打杵”硬杵到龙潭的。

龚滩到石垭的盐路多处翻山越岭，道路崎岖，行走十分艰难，石垭到龙潭段多为下坡或平路，稍好走些，因此有铜西、铜鼓一带的背夫最多背二百七八十斤的。他们从龚滩出发，三步两杵，慢慢地硬往前移，每天只能走二三十里路，坚持到家后分成两包，由家人背一包送到铜鼓对面的任家坡山顶上，再由一人背到龙潭，这些人就更为艰苦了。

发往秀山的食盐分为两段运输，在小河设有转运站。从龚滩到小河段由酉阳的二大队或三大队背运，从小河到秀山段由四大队负责运输。因秀山人不习惯背东西，所以他们都是将盐巴挑着走。当酉阳运输跟不上时，秀山的四大队也有直接到龚滩去挑的，但这是少数。

龚滩的码头搬运业

抗日时期龚滩的码头搬运业非常兴旺，200 多人的搬运队伍，一年四季都有活干，搬运工人以银滩坪、小银滩的农民为主，下街也有部分居民以搬运为业的。搬运工组织有“扛运公会”，由罗永成负责，下面有大小夫头几个，分别负责各自的“势力范围”。不是扛运公会的人要想干搬运业那是不容易的，公会内部的人也不能随心所欲超出自己的范围。

据张学诗、王保三介绍，搬运业务大致分为四部分：一、卸船入库。这部分工作量最大，每天都有搬卸的盐巴、货物，由一个夫头负责，组织有百多人的搬运队伍，有几十条扛子，分别从事过担抬秤、递签、抬运（从码头抬到坡上仓库），进仓交签、堆码等工作。二、转运出库。负责盐巴出库过秤，搬运出库，从事这部分搬运的有十多名搬运工。三、过滩搬运。龚滩镇下面江中有一巨石将乌江栏腰截断，形成险滩（即是龚滩），大小船只不能通行，使乌江的航运分为两段，下段到涪陵行木驳船，上段到沿河、新滩，行小木船，因此，供应黔东北的食盐运到龚滩后要住下码头卸船，然后抬到上码头再装船运到沿河。上下码头相距一里多路，这段搬运叫过滩搬运。河岸边修有堆码平台，作临时仓库。驳船卸下的食盐过秤后暂时堆压岸边平台上，上码头有船来，再从临时仓库搬到上码头装船，这部分工作由负责卸船的搬运工完成。四、装船搬运。龚难有购的山货、粮食、花生、木油等产品装船运到涪陵等地，由街上搬运工负责搬运，组织有 30 多人的搬运队伍。

龚滩的盐运业在抗战时期达到高潮，抗战胜利后，湘盐改道，盐运业务逐渐衰退，到 1948 年，陆运总队、水运总队先后垮台，少量盐运业务由各盐号自行维持。

新中国成立以后，党和人民政府十分重视发展交通运输业，先后扩建、改建酉龚公路，使其正常通车，从而龚滩到龙潭的盐运、货运再不用人背了。“喜看公路跑汽车，不见山间走背夫”。现在山路上唯一能见到的就是背夫当年留在石板上的打杵印。

乌江水运得到彻底改善，河道、滩头多次整治，稍为急陡的滩头都安上了卷扬机，船过陡滩用绞盘机往上拉，再不用纤侠拉了，航行于乌江的客、货轮全部装上了柴油机，机动船代替了木驳船；龚滩险滩打通，机动船直接可从涪陵上到贵州思南，过龚滩再不需要转运了。如今从涪陵到龚滩上水，只要一天半时间就可到达。要 20 天甚至一个月的情形已一去不复返了！乌江沿岸再也看不到纤夫的爬行，再也听不到纤夫拉船的沉重的号子声，留下的是江边悬崖峭壁上那些低矮弯曲的纤道，它像历史文物一样，陈列在乌江的“历史博物馆”里，展现出二十世纪前五十年的航运概貌，展现出乌江两岸人民艰苦的奋斗历程。

【注】张宗胜撰，黎洪录自《酉阳文史资料选辑》第 13 辑。

抗战时期的龚滩盐运

抗日战争时期，1938 年南京、武汉相继沦陷，长江航运路线受阻，对湖南省食盐供给改由涪陵转道乌江，利用歪板船运输到龚滩，再从龚滩旱运龙潭经秀山入湘的路线。因此，官方开始在龚滩设立“湘黔岸盐务管理”机构，主办涪—龚段水运及酉、秀入湘段旱运的筹建工作。聘请酉阳县以陈蒿荪为首组成“东川陆运总队”，陈任总队长，在酉、秀、彭三个县组织人力运输，即打杵队伍。秀山组建第一大队，酉阳筹组第二和第三两个大队。彭水组织第四大队（第四大队成立后不到两年就撤销了）大队以下设若干中队，分队和小队，成为抗战后方的一支人力运输队伍。

关于第一大队（秀山）和第四大队（彭水）的情况欠于了解，对第二和第三两个大队的概况略表如下：两个大队部都驻铜鼓，下面各设立四个中队，根据当时的行政分别分各个中队辖区，如第二大队第一中队辖区是三岔坝（现在的铜西），第二中队是铜鼓（含现红井），第三中队是板桥（含双桥），第四中队是小河铺子，第三大队第一中队辖区是先坝、石垭，第二中队是宜居（含董河），第三中队是丁市（含中坝），第四中队是天馆（含卫市）。中队以下设若干分队，视其该行政的大小一般建五至七个分队，再下建若干小队，看其劳动力组合，至少有六个至八个小队，每个小队，定员三十名，但也有超员的，因当时人民生活极端困难，有力无使处，无不愿意参加；而组织方则是韩信用兵，多多益善，这就凭小队长的号召能力了，有时还是有缺额的情况。

龚滩至龙潭每运一次，背运一般往返需十二三天（指上下都有货运），如放空（无回货）只要六七天，石垭的挑运往返只需四天，因不运回货。背运每人力背 80—120 公斤，挑运 40—50 公斤。路上生活食粮自带包谷面、荞粑、麦粑等，落店后由栈房主人代包，只花点火号（宿费）等钱。生活非常朴素，爬山过岭，尤其是翻越桥岩和艾门关两座高山，尽管时入冬季，冰天雪地也要汗流浃背，工作实在异常艰苦。现在还能看到的“打杵窝”，遍路皆是，这些是艰苦辛酸的劳动人民留下的印迹。

总队部在龚滩和龙潭各设一所会计室，专门负责联系领运、交运以及办理结付运费等有关事项。其运费分三处结领，龚滩起运时领部分，经过铜鼓去大队部登记又领部分，到龙潭交清货时结领清楚。

总队部设驻酉城还建有一个监护中队的武装，中队部驻铜鼓，部分武装人员守护总队部，丁市派驻一个分队，负责催促和监护运输工作。

在人事安排上都是启用政界上有威望或现任当政者，为中队职务的，大多是现任乡长，否则，另推荐其亲属或前任乡长担任。分队长和小队长一般是保甲长，从上到下，说穿了，不外乎是些大鱼中鱼小鱼而已，层层剥削，归根到底，吃苦受累，被压迫受剥削的还是广大农民及当时运夫。

1943 年与盐务当局发生矛盾，为了另找靠山，弃盐就军，改属第六战区，受龙潭军警稽察处领导，并按军事编制，授以衔称，成为战区的后方运输队，当时盐务机关已改为川康盐务管理局龚滩盐务局，见此盐运脱节的形势，又才另建“食盐运输大队”，任陈铨为大队长，然而在同一条线路上发展另组盐运队，在最基层运力组队方面，难免产生雷同，有一次运盐队运至中途，被陆运队丁市监护队发觉，强行将所运之盐拦截，经交涉不允退还，故有发生在酉城的二陈斗殴事件。

东川陆运队和食盐运输大队的寿命，都在抗战胜利后的1946～1947年先后告终。

【注】王保三收集，黎洪收录于《酉阳文史资料》第22集。

抗日战争时期酉阳对军人的社会保障概述

抗日战争时期，国民政府对抗战军人及家属制定了一系列的社会保障政策。这些政策规定，对激发军人的抗日激情，增强其战斗力，为抗日战争的胜利起到了不可替代的作用。现就有关军人的社会保障主要政策及酉阳县对抗战军人及家属抚恤及优待情况概述如下。

一、国民政府对抗战军人主要社会保障之规定

（一）抗战军人阵亡的抚恤标准

抚恤分死亡抚恤、伤残抚恤和积劳病故抚恤三种。1942 年 9 月 27 日公布的《陆军抚恤暂行条例》规定：享受抚恤遗族分为：1. 父母，2. 妻及子女，以上均为存者，3. 无上列遗族时，给其祖父母及孙，4. 上列遗族均无存者，给其未成年之胞兄弟妹（给其成年为止），如违反党纪、开除军籍、本人身故者等停发年抚恤金。

抗战时期，根据阵亡官兵，可斟酌晋一级给抚。

从 1942 年起，所有陆海空伤亡官兵恤金，按标准加倍发给。

战时伤残抚恤，主要是根据伤残程度，评为伤残等级，分一等伤、二等伤和三等伤三个等次，每个等次之间的都有详细的规定。

抚恤待遇：空军阵亡上将一次抚恤 2000 元，遗族年抚恤金 1500 元，陆军上将一次性抚恤 3000 元，遗族年抚恤金 800 元；空军上等兵一次性阵亡抚养金 1000 元，遗族年抚恤金 105 元，陆军上等兵一次性阵亡抚养金 100 元，遗族年抚恤金 50 元。

（二）对出征抗敌军人家属的优待

1938 年 10 月 22 日，国民政府公布《优待出征抗敌军人家属条例》共 16 条，对优待对象、优待机构、优待办法及享受优待的次序等作了明确规定。1941 年又对其进行了修订，共有 7 章 57 条，对前条例作了进一步的补充、完善。

优待办法主要有以下几方面的内容：可减免临时捐款和劳练；子女入公立学校肆业者，免收学费，教育部明令各省认真执行《抗战功勋子女就学免费条例》，对抗日阵亡及受伤残废官佐士兵，其子女就学一律去学费、实验费和贴膳宿费；可到公立医院免交诊疗费；出征军人家属困难还可申请救济等。

（三）对抗敌殉难官兵褒扬办法

1940 年 9 月 20 日，国民政府颁发《抗敌殉难忠烈官民祠祀及建立纪念坊碑办法大纲》规定：县政府要建立忠烈祠一所，乡镇也要建其寺庙。入祠忠烈均由原籍填报事迹，经调查核实，由省转内政部核批。规定每年七月七日依公祭礼节举行公祭，追悼忠魂。

此外还对抗战军人的婚姻保障机制，以及对退伍军人的安置等都作了明确规定。

二、酉阳对抗日军人社会保障实施情况

根据相关条例和要求，民国二十八年（1939），民国酉阳县政府成立了“出征抗敌家属优待委员会”，由县长兼任主任委员，民政科长和士绅 3 至 4 人为副主任委员，下设秘书、助理、工役等办事机构，专门负责办理抗战军人的优待事项。1942 年 9 月，“优待会”改组成立为“区、县出征抗敌军人优委分会”，各乡镇也相继成立了“区、乡镇优委分会”。优委会具体做了以下三项工作。

（一）对阵亡将士的抚恤。据《酉阳县志》记载：酉阳对在上海保卫战中牺牲的田干周一次性发放抚恤金 2500 元（法币）。民国三十年（1941）《四川省民政统计》：酉阳抗战川籍官兵伤亡受恤人数 167 人，其中官佐 14 人、士兵 153 人。

（二）对抗战军人及家属的优待

优待金的标准不是很统一，有的给征属发 20 元，有的发 30 元。1939 年酉阳给每户征属发优待谷 3 石，优待金 559 元。1940 年至 1941 年，给每户征属发谷 2 石，后改为每月发 3 斗，发足 9 月止。民国二十九年（1940）四月二日，酉阳县政府民国二十九年春季行政大会会议记录，对于优待出征军人及家属有两项：一是精神上的安慰，壮丁出征由县政府给予“光荣之家”门牌挂抗敌出征军人家属门前，以示激励。二是物质上的优待，发放优待谷及优待金，给予抗战出征军人家属，由兵役协会专司办理，现受优待者有 1300 多人。《四川省民政统计》：酉阳民国二十七年十月至二十九年四月优待出征军人家属积谷 2110 市石。民国三十一年（1942）八月县政府呈报省政府的报告称：“本县自二十七年开始征兵，以

截至现在计出征壮丁已达乙万贰仟名在右。经兵役协会发出优待金约6530余元，优待谷2884石……尚有一部正在备报。”1942年至1945年，改发优待金200元、600元、5000元，一次发给。民国三十四年（1945）七月督导员李涤非在《四川省酉阳县社会运动工作报告》对过去工作总结中称：“扩大征募慰问金，实施慰问征属及出征军人，并发动人民代征属耕种”。对指导事项明确“督导优待会，办理优待慰劳出征军人运动”。

根据国民政府颁布的《革命抗战功勋子女就学免费条例》及教育部颁布的补充条例和相关审查细则，从县政府给学校的明令中可以显示其是遵照执行的。民国三十年（1941）十一月，县政府令龙潭中心校：各级学校对抗战阵亡将士遗族子女“应予优先收录，以示优待”，“名额有限时，要酌量扩充”，如学习“程度不足，应即设法补习，其资质不宜入中学者，尤应指导其投考师范及职业字校，以期各得其所，而遂其进取之志”。民国三十年（1941），四川省政府明令酉阳县立简易师范学校：驻美华侨统一义捐救国会指定专作教育阵亡将士遗孤捐款211668元，实查上报，以便办理。是否有遗孤或有多少，不得而知。

县政府还组织慰问活动。据《酉阳县志》：“民国二十九年（1940）酉阳县政府同酉阳专署、团管区司令部举办话剧、京剧，并筹募食盐、肉、布鞋等慰问驻军和征属。”1941年7月7日，县政府在县体育场召开慰劳大会，给征属310户发优待金1200元，还拔出春节劳军费200元买生猪1头，慰劳第二补训处补充团在营壮丁。1943年元旦节，县政府对驻酉伤残官兵举行慰劳仪式，给官佐每人发慰劳金100元，士兵50元，还观看了文艺节目表演。

此外，还成立在乡军官分会。酉阳于1937年成立“陆军在乡军官分会”，由县长兼任会长，设专门机构，配专职人员，主要对退役的在乡军官人员进行优待和慰劳。

据《酉阳县志》："民国二十七年至三十五年（1938—1946年），全县共发给抗敌军人家属优待谷共计 4586 石（24.86 万公斤）优待金共计 1098.34 万元（法币）。"

（三）对抗战阵亡将士的悼念和纪念活动

1. 向抗日忠烈默哀致敬。1938 年春，在台儿庄战役牺牲的川军师长，后被国民政府追认为陆军上将的王铭章的灵柩途径酉阳时，酉阳各届人士举行隆重的悼念会。数万人自发列队在川湘公路两旁向抗日忠烈默哀致敬。

2. 建纪纪念碑一座。民国二十八年（1939）九月，驻酉国民军第二军 103 师为纪念抗战中为国捐躯的酉阳籍将士，经各届人士集资投劳，在川湘公路龙潭车站对面建起了一座"抗战建国阵亡将士纪念碑"。

3. 建"忠烈祠"，祭祀忠烈英灵。民国二十九年（1940），县政府将"赤帝宫"改建成为"忠烈祠"。祠内正中置孙中山半身塑像，两旁为数十名抗日阵亡将士姓名牌位，春秋两季，祭祀缅怀。

【注】彭清玉收集整理。

主要资料来源：

1. 县志编委会：《酉阳县志》，重庆出版社，2002 年 8 月出版。
2. 县委党研室：《中共酉阳史》，重庆出版社，2012 年 9 月出版。
3. 酉阳军事志办公室：《酉阳军事志》，内部版，2004 年 12 月。
4. 县志办资料档案永久卷第 35、43、100 号。
5. 酉阳民国档案永久卷第 765 号。

中国青年军在酉阳征集情况

1944 年，国民政府鉴于湘桂战事危急，蒋介石提出“一寸山河一寸血，十万青年十万兵”，发表了《告知识青年书》，号召知识青年从军。同年 12 月，12 万人入伍编组成 3 个军 9 个师，一律美式装备，由美国政府供给，由美国军官任教练。由于组建较晚，等完成训练成军的时候抗战基本结束，没有显示其功绩。

为征集知识青年入伍，国民政府制定了一系列优惠政策，首先成立了全国知识青年志愿从军指导委员会，成立了“青年训练总监部”。其次是国民政府及部门颁布了相关政策、法令。国民政府颁布了《知识青年从军征集办法》、《知识青年从军优待办法》、《知识青年志愿从军优待办法实施细则》，教育部颁布《志愿从军学生学业优待办法》、《从军知识青年退伍后参加考试优待办法》等，对知识青年入伍条件、政策等作了较为规范详细的规定。

青年军凡是在 18 岁至 35 岁之间，曾受中等教育，或具有相当知识程度的青年，且体格健全，均可志愿报名。

酉阳县政府成立了“酉阳县知识青年志愿从军征集委员会”，具体开展征集知识青年入伍工作。征集的具体数字，从史料和档案中不得而知，但有一点可以肯定，酉阳青年入伍在编第 6 军 202 师的人数及名单情况。202 师于民国三十四年（1945）1 月 1 日成立。全师总兵力 5963 人，其中四川籍 3060 人，贵州籍 961 人，湖南籍 438 人，其余为其他省籍。据 202 师官兵训练时的通讯录显示：酉阳籍士兵 106 人，主要分在 604 团、605 团和师直属部队。年龄大都在 18 岁至 25 岁之间，最小者 17 岁，最大者 30 岁。具体年龄、通讯地址详见中国青年军第 6 军 202 师酉阳籍官兵通讯录。

【注】 彭清玉收集整理。

中国童子军在西师校登记情况

1921年2月中国成立“中国童子军”第一支队。1926年3月中央青年部创办“中国国民党童子军”，定都南京后成立“中国国民党童子军司令部”，1929年又改为“中国童子军司令部”。1932年4月国民党中央常委通过《中国童子军总会组织案》，10月公布《中国童子军总章》，对童子军的宗旨、训练原则、誓词、类别、组织、财务等作了明确规定。1934年“中国童子军总会”在南京成立。

童子军分为幼童军（8—11岁）、童子军（12—18岁）、青年童子军（18岁以上）三种。教育课程分初、中、高三级。宗旨是：“以发展儿童作事能力，养成良好习惯，使其人格高尚，常识丰富，体魄健全，成为智仁勇兼备之青年，以建设三民主义之国家，而臻世界于大同。”

抗日战争爆发后，中国童子军积极抗战，他们积极组织战时服务团，担任救护、宣传、慰劳、募捐、运输、通信和维持治安等工作。

从1934年中国童子军总会成立至1941年，总会人员达到57万人。

根据总会各级机关、社会团体和各类学校要成立童子军之要求，按《中国童子军服务员登记办法》，中国童子军在四川省立酉阳师范学校进行了登记，并按课程进行训练和考核。据县政府民国档案记载：全校登记的男中国童子军队员共计 128 人。他们分别是：

白贤禄、张世泽、向泽舜、周乾禄、周万邦、刘遐铃、鞠文光、范家骧、向培融、赵靖伦、冉顺凡、杨家文、倪正国、田应香、舒辉扬、蒋制宜、向泽漪、冉光泽、王世樾、胡昌衡、冉景福、龙世淮、周永昌、田兴虎、左朝立、周树禄、骆基安、易良玉、冉继雍、张朝兴、张述尧、倪世钧、胡必孝、庹绍平、周明富、王德才、冉光元、罗永华、马智兹、刘开泰、王茂祯、向太盛、李育建、昌文波、陈官陆、周贤超、谭定凤、向太吉、周邦国、姚明泽、张世英、李佑藩、汤铭、黄忠君、陈明昭、田 XX、田茂清、陈建德、全官礼、冉武洁、陈世汉、张列清、陈建业、黄永玟、冉景福、梁元辅、付廷和、陆荣扬、刘刚振、冉景炘、王永庸、鲁正和、黄永瑶、向德成、陈春芳、田锡和、黄仁举、石大邦、黄仁恕、冯吉驹、宁永昌、饶后进、石敦富、张泽智、秦有典、周邦易、陈茂宦、滕久长、石敦铭、何守城、陈益先、董延屏、冉儒禄、田应高、陈永豪、何守邦、王振声、萧茂林、张洪科、李际亨、李长伟、陈德禄、冉儒乡、冉垒儒、石敦吕、张朝觐、杨 X 昌、任藩、张绍龄、程国淮、吴和树、冉光旭、黄礼金、陈文熙、王忠纯、冉光全、李祖田、涂克明、廖寿光、陈德明、陈重民、何光明、田维洲、石盛夏、董延元、曹开丰、杨祥简、陈益德。

【注】 彭清玉整理。

主要资料来源：

1. 民国酉阳县政府档案第 784 卷、794 卷、853 卷。

2. 网站关于中国童子军介绍。

抗战时期酉阳成立的各类部分机构简介

1. 川湘公路酉阳县筑路委员会

成立时间：民国二十四年（1935）十二月

当然委员兼主席：赵鹤

当然委员：陈赞咸、吴守三、段长

常务委员：王子履、龚体之

委员：夏登吾、王再光、吴贤仁、陈子郑、陈时波、冉子渊、赵伯章、宋伯云、陈伯亚、任友邻、刘纯嘏、陈用之、陈德敖。

2. 酉阳县抗敌后援分会

成立时间：民国二十六年（1937）九月

主任常务委员：赵鹤（酉阳县长）

常务委员：陈伯亚（县党部常委）、曾义高（保安司令部参谋）

委员：不清

分会主要负责指导各乡支会及抗日募捐、救济难民等工作。

3. 酉阳县动员委员会

成立时间：民国二十六年（1937）十二月一日

民国二十九年九月委员会成员名单如下：

主任委员：冯英

委员：兼组训股股长熊玉书（现任国民兵团副团长）、兼征调股股长骆逸尘（现任酉阳国营区司令）、兼救济股股长杨鸿烁（曾任铜梁永川中学教员）、兼宣传股股长陈子尚（现任酉阳县党部书记长）、兼总务股股长冯英（现任酉阳县县长）。

书记长：段永骞（任秘书）

组训股干事：袁淮阳

酉阳县动员委员会的主要任务是在非作战区，为官兵宣传、军需补充、生产增加、医务看护之训练，及全国总动员计划纲要中规定之事项。

4. 出征抗敌家属优待委员会

成立时间：民国二十八年（1939）

由县长兼任主任委员，民政科长和士绅 3 至 4 人为副主任委员，下设秘书、助理、工役等办事机构，专门负责办理抗战军人的优待事项。1942 年 9 月，“优待会”改组成立为“区、县出征抗敌军人优委分会”，各乡镇也相继成立了“区、乡镇优委分会”。

5. 酉阳县国民兵团

成立时间：1939 年由社训总队改为酉阳县国民兵团

负责人：贺良儒（1939 年任职）、熊玉书（1941 年任职）、杨德滋（1943 年任职至撤销）

县设立的国民兵团，主要是实行军政分治，国民兵团负责管理指挥全县武装力量，县长兼任团长，但调动武装必须由副团长签署盖印始克生效。

主要任务：组训全县适龄国民兵和中签壮丁的入营（常备中队）训练。经入营训练后交师管区补充团。副团长除拟订训练计划外，还负责各乡镇的督察和全县的社会治安。1943 年酉阳县国民兵团部 17 人，其中官佐 10 人，士兵 7 人。分设上校团和 1 人（县长兼任），专职中校副团长 1 人，上尉副官 1 人，团部其他职务若干人；下设上尉保安中队长 2 人，常备兵员 320 人，自卫队士兵 157 人。实有枪支 180 支，子弹 9400 发。团部管区司令部驻酉，主要负责酉秀黔彭四县的兵役工作，先后由夏光壁、骆够尘担任司令。1945 年国民兵团部改为兵役科。1947 年兵役科改为县征兵事务所至 1949 年 11 月酉阳解放。

6. 酉阳县党政秘密小组

成立时间：民国二十九年（1940）

组长：陈子尚

成员：段永骞（县党部执行委员）、冯英（县长）、袁叔平（县政府秘书）、冯励川（县民政科长）、杨汝芹（县教育科长）、陈伯亚（县立中学校长）。

1946 年县党政秘密小组撤销。

7. 酉阳县宣传委员会

成立时间：民国三十年（1941）前后

主任委员：陈子尚

委员：冉琢之（教育科长）、唐兴铭（社会科长）、陈伯亚（县中校长，陈辞职后由张廷晖继任委员）

总干事：汪建光（代理后由陈百先担任）。

8. 酉阳战时食盐监销委员会

成立时间：民国三十年（1941）十一月二十九日

主席委员：杨继荣

常务委员：李克昌、魏庆云、刘百先

委员：蔡松之、刘泽膏、姚伯仁、吴贤人。

9. 酉阳县购粮监察委员会

成立时间：民国三十年（1941）10 月 10 日

主任委员：冉熺

委员：龚体之、段X鹤、任友邻、王羽仲、陈缵琴、刘泽膏、李克昌、陈子驭、刘直夫、陈蒿荪、彭冰如、陈子郑、陈子尚、蔡璞。

10. 龙潭鼠疫检疫站

成立时间：民国三十一年（1942）11月

酉阳县政府奉四川省政府卫生处训令，在龙潭镇设立鼠疫检疫站，主要任务是对川湘公路过往行人进行鼠疫检疫，对疑似者观察留验。该站设医师1人，护士2人，工役2人，其经费由省府卫生处拨给。1944年奉命撤销，财产移交酉阳县政府接收。

11. 酉阳县特种工作委员会

成立时间：民国三十三年（1944）

主任委员：李放六（第八区专员，继任庹贡庭）

委员：李伯昭（酉阳县长，继任肖洪九、施明德、王士峨、曾逸夫）、周钟奇（第八区保安副司令，继任李克猷）、李襄廷、马帝骥、陈子尚（县党部书记长）、蔡璞（三青团干事长）、王羽仲（县议会会长）。

12. 酉阳县妇女运动委员会

成立时间：民国三十年（1945）前后

主任委员：陈涵先

委员：冉式昭、韩兰X、陈梅贞、杜铭芹、王淑珊

13. 义勇壮丁常备队

抗战时期，酉阳设义勇壮丁队、常备队和补充队，由各乡镇抽调人员集中训练，担护起维护社会治安、防范汉奸、组织预备补充前线等职责。全县义勇壮丁总队辖四个区队，12分队，计360人。义勇壮丁常备大队辖四个中队，12个分队，计125人。全县共有

民用枪支 2386 支。

14. 其他机构

抗日战争时期，为了抗战工作需要，酉阳县分别成立了酉阳县捐募委员会、县知识青年志愿军征集委员会、县文化募军运动委员会、县战时工作委员会、难民收容所等机构。1945 年抗战胜利之后，这些机构陆续撤销或消失。

【注】彭清玉收集整理。

主要资料来源：

1. 县志办资料档案永久第 38、45、126 卷。

2. 酉阳县民国档案馆第 353、346 卷。

3. 彭清玉：《酉阳 1912—1949》，重庆出版社，2012 年。

龚滩盐运管理局演变及运行概况

一、组建龚滩盐务管理支局的历史背景

曾仰丰在所著《中国盐政史》中说："盐为人人日用所必需，一举箸间，实为财政命脉所系，国家存亡所关。"因此，盐业是中国历代中央政府十分重视的一个特殊行业，历来属于官营专卖业，垄断性极高。抗战以前，龚滩的盐运业规模不大，各地在这里设置的管理机构有四川的"运销稽征所"、贵州的"督运处"，湖北也曾在龚滩设立过"鄂盐转运室"。

1931 年日军发动"九·一八"侵华事变，东三省沦陷。1937 年 7 月 7 日，卢沟桥事变爆发后，中国抗日战争全面爆发。抗战初期，全国最主要的盐区如长芦、山东，都在很短的时间内沦陷了，1938 年后两淮、两浙、福建、两广、河东等产盐区相继沦于敌手，军民食用的供给，不得不仰赖于川盐和西北盐产，特别是宜昌沦陷以后，湘鄂盐用之需更是十分困难。1939 年 1 月，为了适应战时体制和增产济销的需要，保证全国食盐供应，国民政府五中全会作出盐务"民制、官收、官运、商销"的决议，以加强对食盐的管理

和运输。

1939年国民政府将原设置在龚滩的四川“运销稽征所”、贵州“督运处”、湖北“鄂盐转运室”等盐业管理机构合并，统一于“自流井盐务管理局”（国民党政权官办机构）之下，涪陵设盐务分局，龚滩设支局。

二、龚滩盐务管理支局的内设机构及演变

龚滩盐务管理支局设有会计股、总务股、湘盐接运室、运销股，还有仓库和盐警队共有从业人员30多人。

盐务局的主要业务为：

1. 对各公司、商号转运食盐、销售食盐进行计划分配、执行计划监督，食盐价格管理，查处食盐走私；维持盐业秩序（由盐警负责）。

2. 盐务局自己储备食盐，在市场脱销时进行调剂。

3. 酉阳各乡场设“公卖店”向当地百姓卖盐，满足民需。

在抗战期间，除湖南、贵州在龚滩长期住人转运食盐外，秀山县也设有专门机构，由经理周玉厚常驻龚滩，专门负责本县食盐转运业务。

龚滩盐业支局一直到龚滩解放。1949年11月，主要人员在盐警队的护送下离开龚滩。酉阳专区派费春林同志接管了盐务局。不久陈铨率匪入侵龚滩，盐务局盐巴遭劫。新中国成立后人民政府将盐务局改为“盐务转运处”，后又改为“盐业公司”。

三、龚滩盐务管理支局对食盐的运输概况

抗战期间，武汉、长沙失守后，长江航运和广汉铁路控制在日寇手中，湖北、湖南西部数十县的海盐供应中断。国民党政府被迫用自流井盐供应鄂西、湘西和抗战前线军民。运去鄂西的食盐是顺长江运到万县再转运的；运去湖南的食盐则从涪陵溯乌江而上到龚滩起岸，再用人力背到龙潭，然后装船顺龙潭河经酉水运至湘西里耶、沅陵等地。因此，龚滩和龙潭成了食盐转运和集散中心。乌江水流湍急，滩多浪大，从涪陵到龚滩上水，需要一月以上甚至数月，龚滩到龙潭的陆路运输完全靠人力背运。为加快运盐速度，保证前线军民最低标准的供应，国民党第六战区成立了水运总队和陆运总队，将纤夫，背夫分别编成大队、中队、分队和小队，下达运输任务，由乡、保、甲负责组织完成。规定编为水运总队或陆运总队的民夫缓服兵役。这段时间，爬行在乌江岸边的纤夫达 6 千多人。

水上运输由水运总队和纤夫管理所具体负责，主要线路是由重庆水运涪陵 124 公里，木船上运龚滩 305 公里，人力背运龙潭 135 公里，改木船经龙潭河水运沅陵 287 公里，续运常德 203 公里，全程共 1054 公里。

陆上盐运输。1939 年成立纤夫管理署的同时，还成立了“陆运总队”，由酉阳人陈蒿荪任总队长。随着军用物资增多，运输量加大，陆运总队改为“六战区龙潭军警稽查处直辖川东陆运总队”，仍由陈蒿荪任总队长。具体负责陆上运输。陆运总队辖 4 个大队，秀山组建四大队，酉阳组建二、三大队，彭水组建一大队。酉阳组

建的二大队有 4 个中队，3000 多名运夫，三大队有 3 个中队，2000 多名运夫。他们分别由铜鼓、板桥、小河和先坝、石垭、宜居、丁市、天馆等乡的身强力壮的青壮年组成。背夫们除必备背兜、打杵外，还有一个竹斗笠和小竹席。斗笠捆在盐巴的最高处，下雨时既可使盐不受雨淋，又可使人不淋雨，小竹席在下雨时搭在盐巴上遮雨。为减轻肩部皮肉受苦，他们用棕片缝制成垫肩，背盐时垫在肩膀上。背夫们以小队为单位在龚滩各盐号仓库出盐，盐运到龙潭交货验收后结清运费。一个往返要 10 天以上。发往秀山的食盐分为两段运输，在小河设有转运站。从龚滩到小河段由酉阳的二大队或三大队背运，从小河到秀山段由四大队负责运输。

背夫的生活极其艰苦，今天留在三黛沟一带的打杵印就是历史的见证。

【注】黎洪收集整理。

抗战时期酉阳邮政电信情况

一、邮　　政

邮政机构。酉阳邮政事业发展较早，据《酉阳直隶州总志·武备志》载："古设驿站传命，后世袭之以塘铺名，马步异程。"酉阳"所设塘铺的管理机构，在州城设营，营下分别在酉城、大溪、兴隆、龙潭、龚滩等地设讯，讯下设塘铺"，县境内共有27个塘铺，因地处山区均系步塘，每塘铺间，一般为30华里路程，营派驿卒1至2人，传递公文，酉阳营直隶兵部。

清光绪二十九年（1903）先后在酉阳、龙潭、龚滩设置邮政代办所，1913年升代办所为局，酉阳局地址在中山街银行旧地。3个局均无隶属关系，只有等级之分，都直属川东邮政管理局（重庆）管理。1936年酉阳、龚滩升为二等乙级局，龙潭升为三等甲级局。当时酉阳局有局长、邮差等共10人，所辖地区有代办所6个，设信箱的乡有16个；龚滩局有局长、邮差等共6人，下设代办所7个，信箱2个。1942年后，酉城邮政局迁天主堂（现金汇宾馆）至解放。

邮政网络。1936年设秀山、酉阳、彭水邮路干线。由秀山邮差经龙潭、酉阳送丁家湾（丁市），龚滩邮差在丁家湾接件返龚滩后乘乌江木船下彭水、武隆、涪陵到重庆。酉阳至黔江邮路为慢班。

1936年至1946年，酉阳局邮路有3条：一为酉阳至龙潭；二为酉阳至丁家湾；三为酉阳至黑水坝、两河口去黔江方向。每条邮路定邮差2人，每人每月出差28天。1946年10月25日，县政府商同酉阳邮局试办乡村邮路4条。

1. 从县城出发经小坝、宜居、河东（谢家坝）、河西（浪水坝）、鹅池（学堂坪）、砂石（太极场）至濯水；

2. 从县城出发经涂市、腴地、偏柏、五福、兴隆、鹅湖（马喇湖）至濯水；

3. 从县城出发经泔溪、麻旺、米旺（沙坝）、酉酬、后溪、亮垭至龙潭；

4. 从县城出发经石垭、板溪、先坝（纱帽山）、让坪、南龙（南腰界）、玉屏、井岗、苦竹至龙潭。

清溪、河铺场均通邮，并伸延至后坪。

龚滩局乡村邮路有2条：

1. 从龚滩出发，经小银滩、大岩门、鹿箦头、土风岩、水田坝、砂湾、风坑坝、龙门峡、鹿角（属彭水）；

2. 从龚滩出发，经半沟、金鱼穴、马托坝、天馆、来凤坝、小界山、岭口、中坝、岩于厂至丁家湾。

龙潭局，除酉西北外与酉阳局联合传递，邮路相同。

邮政业务。除商人、军队、政府机关邮件包裹汇兑往返外，老百姓的信函交往极少。主要业务有收递信函（平、挂、快、航空、保值信件印刷品等）兼办汇兑、储金、保险、代办包裹、代订书刊、代售印花税票等。

二、电　信

电信机构。1938年，国民政府交通部第四区电信管理局在酉阳、龙潭两地开设电报局，酉阳始为五等局，后逐步升为三等乙局，龚滩邮政局设电信兼办处。1939 年四川省设电话管理处，酉阳县设电话管理所，管理县属乡村电话，但乡村电话发展缓慢，1939 年至 1949 年线路总长仅 390 公里，长途电话线只有一条。

电信网络。1934 年 1 月，酉阳县长易元明始在酉阳安装乡村电话，1935 年四川省第八区行政督察专员公署和酉阳县政府安装西门子“纱帽头牌”电话机 3 部，酉阳至龚滩单线 1 条，长 90 公里。1936 年至酉阳解放时，酉阳先后架设了酉阳至龚滩、酉阳至龙潭、酉阳至两河口三大干线。又架设了腴地至兴隆、铜鼓至河铺两条支线，经过 70 个乡（镇）的县内电话线路，共长 390 公里。有总机 10 门 2 部、5 门 3 部、单机 31 部。酉阳局为 18 人（含龚滩在内）、龙潭局为 18 人。酉阳、龙潭两电信局的长途电话可通涪陵、重庆，湖南的沅陵、常德，湖北恩施等 20 多个县、市。电报一般采用定时明码话传进行，少数紧急绝密电报，用密码电报进行。解放前长短途电话、电报都为军、政公用，商用亦为少数。

电信业务。民国时期，酉阳设电报局，属交通部第四区电信管理局第九小区，黔江局为小区代表局。故长途电话须经黔江接转，此时电信业务可分 4 类：即长途电话、传呼电话、包月用户（为银行、商界）和电报。均由营业室办理收、传、转业务，县内乡村电话由县政府乡村电话管理所经办，不收取费用。当时皆是党政军公用，老百姓无权使用。

【注】黎洪收集。

抗战期间酉阳金融业及银行运行状况

酉阳县在未设置金融机构前，其资金融通形式在民国初至民国二十年（1931）主要赖于民间借贷，其表现形式有：

“月月会”：是有固定收入者，从其每月收入中交一定数额的现金给会首，困难者可向其借贷，借期最长不超过三个月，到年底全部退还，第二年再借。县境内主要有龙潭的商业公会、龚滩的搬运公会等。

“邀会”：由亲朋好友约会，议定每人邀会金额，在每年正腊月聚会抽签定得会次序，属无利性质，此种邀会也含亲朋聚会欢叙之意。

“打打钱”：是借期短以日计息的高利贷，以场期或天数为限期，最长则为一个月。

“宰头钱和滚滚钱”：后者是利上滚利的高利贷，以天计息，第二天即以其息并入本金计息。宰头钱即将利先扣除到期归还原数，此种高利贷在龚滩、县城较多。

“卖青苗”：是盘剥粮食的一种高利贷，多在青黄不接之时求借，长年累月，寅吃卯粮，被迫卖田典土，一年收成为他人所有，故谓之“卖青苗”。

在民国三十年（1941）后由于农村成立了合作社，民间借贷逐渐减少，金融业主要依赖于金融机构。

一、抗战期间酉阳主要的金融机构

1. 四川省银行龚滩办事处

民国二十九年（1940）冬四川省银行酉阳办事处成立，始设县城，后于民国三十一年（1942）迁往龚滩镇改为龚滩办事处。该处除经办商贾存贷款、汇兑外，曾代理过公库。此外，还负责秀山、黔江两处的资金调拨。成立初职工 5 人，后增至 11 人。抗日战争时期，业务量大增，每年汇出法币 25 亿元以上，年存款额达 2 亿元。

2. 酉阳县银行

民国三十年（1941）二月十三日筹建，民国三十一年（1942）十二月二十四开业，是官商合资的股份有限公司，原定资本 20 万元（官股三成），实有 3 万元（其中官股四成）。该行始设董事长、常务监事各 1 人，经理由董事会聘请，职员最多时 18 人。成立初资本少，业务淡，后经几次扩资和挪用库款，资金稍能周转，业务有了发展。民国三十一年该行在龙潭设立办事处，为当地商贾办理存贷款，代理国库。收支、代发行公债及储备等。民国三十七年（1948）因经济萧条，该行业务渐淡，后挪用公款设“利吉生”盐行经商，当年，县银行已名存实亡。1949 年 12 月邻家失火殃及，连档案账册均成为灰烬。

3. 合作金库

酉阳县合作金库成立于民国二十七年（1938），由省农本局主

办，资本额为法币10万元，

其业务是发放农贷，办理存款，储蓄及汇兑。初因资本不足，业务不甚顺利，后经省合作金库协助改与中国农民银行合资共办，实力得到增强，成为农民银行在域内从事农村金融机构。民国三十一年（1942）因头寸短缺亏本，改组为农民银行委托库。民国三十五年（1946）中央合作金库拟将合作金库业务扩大，因意见不合而未果，终于垮台，其业务由农民银行取代。

4. 中国农民银行龙潭办事处。

民国三十一年（1942）二月在龙潭镇设置。业务鼎盛时期，行员达四五十人。主要办理存款、汇兑、收兑金银以及乡保合作社、农民及工商业户的存贷款等。该处营业五年后，因资金调度不灵，头寸不足，被迫于民国三十五年（1946）撤回重庆，并入中国农民银行重庆分行。

5. 其他银行机构

抗日战争时期，上海复兴实业银行、湖南省银行及交通银行于民国三十年（1941）、民国三十一年（1942）间先后在龙潭设立办事处。复兴实业银行，未及一年即迁走。交通银行主要是为国民党军队撤退龙潭的部分后勤机关调度资金及他们的存款和汇兑业务，日存款额高达200万元（法币）。湖南省银行曾在县域发行过湖南省银行纸币，信誉较好。“二行”均在抗日战争胜利后迁返。

6. 乡、保合作社

民国二十八年（1939），国民县政府合作指导室组建第一批乡、保合作社78个。这些合作社除办理存、贷款外，还兼办购销业务，以融通农村资金，扶持农业生产，活跃农村经济。成立理、监事会，建立任选制。民国三十五年（1946）全县共有县联社1个，乡合作社38个，保合作社296个。民国三十六年（1947）至民国三十八年（1949）期间，其上层机关（县政府合作指导室）指导人员因待遇菲薄不安心或营私谋利，失去了指导作用。乡、保合作社也趁通货膨胀，金融紊乱之机进行投机倒把，徇私舞弊，丧失了信誉，先后大批倒闭，幸存者无几。

二、货币及流通

1. 硬币

银两：在县境内少有流通。民国二十二年（1933）废两改元，县内市场通用银元。

银元：县内流通的银元种类多。有“大清银元”、“袁世凯币”、“孙中山纪念币”以及四川版的龙洋，湖南、湖北铸的银元等，间或也有外国的鹰洋出现。其成色、重量不一致，比价各异，经常变动，交易极为不便。除袁大头、大清银元十足兑付外，其余均按成色高低以 8 折兑付。民国二十四年（1935）实行法币政策，禁止银元流通，银元一度在市场绝迹。

银角（镍制，是银辅币。以 10 角为 1 元，分 5 角、2 角、1 角、5 分 4 种）：在县内流通较多的有龙洋、袁头、小头、川版 4 种。

铜币：亦称铜元（有当制钱 10 文、5 文，当制钱 10 文的铜元 100 枚兑银元 1 元，每 10 枚兑银角 1 角）。县内流通的铜元以湖南、四川两省所铸居多，大清元宝、大清铜币次之。到民国二十年（1931）有四川铸的当制钱 100 文、200 文两种，民国二十四（1935）年实行法币政策后禁用。

制钱：清末民初曾在县内流通。流通较多的有康熙通宝、乾隆通宝、光绪通宝、后又有民国通宝，每枚1文，每1000文为1吊，兑银元1元。民国十年（1921）后，各防区多将制钱铸成铜板而逐渐绝迹。

2. 纸钞

官票：国民政府统一四川前，县内流通的纸钞有“大清宝钞”、“四川军用票”。民国二十四年（1935）法币流通后，上述纸钞均停止流通，以八折兑换法币收回。此外，民国二十年（1931）县内辅币缺乏，商号还单发辅币券，票额为1角。如龙潭的“乾元宝”、“恒发祥”，龚滩的“龚裕顺”等都发行辅币券，在三镇流通。民国县政府曾三令五申明令禁止，但禁而不止，直至法币流通后，辅币券才禁绝。

法币：民国二十四年（1935）后，县内币制改为以中央银行、中国银行、交通银行、中国农民银行发行的纸钞为货币，即法币。法币分主币与辅币两种，初发行时币值较稳定，易于找补，便于携带，群众乐于信用。民国三十年（1941）后，因政府滥发纸币，币值猛涨，交易始以元计价，人民纷纷拒用而收硬币。法币在县内停止流通。

金圆券、银元券：民国三十七年（1948）八月民国政府改革币制，发行金圆券。以1元金圆券兑3000000元之比率收回法币，当年，金圆券在县内充作流通货币。未及一年，其结局与法币同。与黄金白银之比价分别比改制时增四五亿倍，粮食增5千万倍。此时百元券之“金圆券”纸张成本已超过票面价值数倍。民间多以1万元、5万元之纸钞作引火、糊壁折扇之用。市场交易多以物易物或收硬币。

关金券及湖南、四川省钞：在法币流通时，县内也曾使用，以关金券1元兑法币20元之比价在市场流通，未及一年即废。四川及湖南省银行的纸钞，币值与法币同，但民国政府明令禁止使用，在县内流通时间约一年。

四川实行防区制时，酉阳人民深受军阀为筹军饷而自行发钞，币制极不统一之苦。全国统一后又受法币、金圆券、银元券贬值之害。法币流通前，纸钞种类多，时而变值，时而废用，人民提心吊胆惟恐受损。更有甚者以小额之铜币改铸为大额铜币作军饷。王陵基主川时曾发行 50 文、100 文、200 文之铜币，找补极为不便。县内曾有将其砍为四块或两块供找补之用，甚至有的用铝块、竹签、铁片等权作 10 文、20 文作找补用。

民国十四年（1924）起，县内流通法币长达 14 年。流通初期尚为正常，后在 8 年抗战、3 年内战期间四大银行以弥补财政赤字之名滥发纸钞。从初发行的 14 亿元到民国三十七年（1948）废用时止，增发到 8 千万亿元，纸币倾入县境，豪门、士绅、政客争相抢购物资，金、银源源流出，法币急剧贬值。酉阳人民视纸币为坑人之的，争先脱手，有的用纸币囤积物资，有的把纸币变成黄货（金银），有的则以物易物，物价暴涨。较之民国三十五年（1946）与民国三十七年（1948），县境大米 50 公斤价从 8 元增到 2.35 亿元；食盐 50 公斤价从 9.8 元增到 2350 万元；棉花 50 公斤价从 98 元增到 29 亿元。

国民县政府曾在三十年（1941）训示县民不准囤积实物，不准私存金银，严禁金银外流以及铸化铜元等，但都无济于事。民国三十七年（1948）八月至民国三十八年（1949）七月，国民政府又先后发行金圆券，银元券（纸币）在境内流通不到一年时间，就涨了九亿多倍。据原县银行职工陈俊德追忆当时金圆券贬值时说，曾用一背篼另四个荷包的金圆券去寄封平信，而邮局人员不屑一顾令其倒在地上。纸币泛滥，人民生活遭殃。

三、银行业务

1. 存款业务

单位存款

民国时期，四川省行设在县内的办事处、县银行以及中国农民银行和国民党转移暂设在县内的交通银行均办理存款业务，分定期和活期两种，在币值稳定时期，活期周息为8—9厘，定期为月息2—3分。民国后期，币值不稳，少有存款，多积实物。

民国时期的银行存款，按财政部规定，必须缴存存款准备金给中央银行，活期缴存15%—20%，定期缴存7%—15%。酉阳县地方银行存款准备金缴省行办事处代收转存，各银行的存款对象因性质不同而有差异，省行办事处的存款多是龚滩各商号的货款。

省行办事处在民国三十五年（1946）的存款额曾达1.53亿元（法币，下同），而县银行的存款业务是财政性及机关团体存款，中国农民银行则是信用社及合作社的转存款，交通银行吸收的存款，是国民党驻酉后勤机关的经费，日存款平均在200万元。

县人民银行建立后的单位存款是国家银行信贷资金来源的重要组成部分，银行实行现金管理，单位间不准有信用往来，单位和企业的一切收入现金除日常备用外，必须存入银行。

城乡储蓄

民国时期的储蓄，由各县的地方银行和邮政储金会举办，由于认储不踊跃，只有采取自上而下分配任务，硬性摊派。民国二十四年至民国二十九年（1935—1940）国民党中央储金会通知各县兴办六次爱国储蓄，酉阳县采用摊派办法，对机关团体按经费3%，工商企业按资本额多少，摊派额在 100 元到 3000 元间不等，对农村则以土地面积计，每分土地摊派 1 元。直到民国三十二年（1943）才收储 4 万元，仅完成上级分配数的 30%。

2. 贷款业务

国民政府对银行经营放款业务作过多次法令规定，信用放款不得超过所存款的 25%。期限不得超过 6 个月。以不动产为抵押放款，不得超过所存款总额的 15%，期限不得超过一年，贷款金额不得超过抵押或质押估价的 70%。贷款对象主要是：农、工、矿生产事业；日用主要物品的运销事业；对外贸易的运销事业。上述三项放款总额不得少于放款总额的 50%，以一次为限。酉阳县居于运销川、黔、湘三省川盐的集散地，又是桐、椿、茶、漆、桔的产地。因此，县内省行办事处和银行的放款业务主要是经营食盐和山货土产的运销，放款对象主要是经营这些物资的商号，如“同益”、“大业”、“恒发祥”等数家。放款形式主要是信放，时期以 3 个月为限，最长半年。省行办事处曾办过质押放款，以永安保险公司投保的物资作为质押品，贷款利率月息以 3%－6%视其时间长短而定。随着货币贬值，贷款利率日渐增高。对一般居民团体，省、县两行均未办过放款业务。省行办事处在其后期（1948－1949 年）曾办过买汇业务，即：凭商号在涪渝等地钱庄银行的票据给予放款，省行办事处凭其票据与对方开户行办理结算，实质是押放性质。民国三十七年（1948），四川省政府曾拔给酉阳 5000 万元，解决灾后恢复生产“小本贷款”资金，责成办事处办理。贷款对象主要是灾民，每一灾民可贷款 10 万元（法币），但多被乡绅侵吞，贫民所得无几。此外，中国农民银行和县合作金库也曾在民国二十七年到民国三十年（1938－1941）的 4 年中放农贷 30 万元，而多数均被当权者占用，贫苦农民受益者极少。

民国时期，县内银行的放款业务，在初发放阶段较为正规，按照政府明令办理。到了后期，省、县两行趁通货膨胀以权谋私，借户名义贷款经商，或勾结商贸坐地分成。县银行甚至公然以库款自设盐行经商，将放款作为破坏金融秩序，扰乱市场的手段。

四、典当、银楼、钱庄

1. 典当

县内典当始于清光绪年间，起于安徽、江西、湖南一些典当商，他们从外地当铺中购进“死当”（即原主没赎回之质押品，主要是旧衣物）到龙潭开店，始收集旧衣物，后渐转押典。最盛时在民国三十年（1941）有35户，较大的有黄先庆、刘辅臣等7家，曾组织估衣同业公会。押典形式有多种，信誉各一。至酉阳解放前，业务逐渐清淡，纷纷转业或关闭。

2. 银楼与金号

县内银楼始于民国初期，从加工手饰演变而来，多集中在龙潭镇，先后发展了李久溢、陈兴林、李小方、熊真如、邱集林、谢成杰、罗恒泰7家，其中有陈、熊、罗3家业务较兴旺，还雇请工人。民国后期，国民政府对金银实行统管，这些银楼先后被取缔。以收兑和买卖金银为主的“老宝盛”和“余天宝”两家金号也设在龙潭。“老宝盛”是与华侨合资经营的，开业时间较久，直到1937年前遭匪抢劫而倒闭。“余天宝”是独资，开业三年后，业务渐清淡，抗日战争胜利后不久即迁返安徽老家。

3. 钱庄

民国二十八年（1939），国民党马昆山师长用军饷囤积食盐所获之利润作资本，在县内龙潭开始建“源通”钱庄，其贷款利率高达月息3分。民国二十九年（1940）马离酉，该钱庄即停办。但全县未经批准的地下钱庄颇多，均是大的商号兼办。他们既经商又办存贷款及汇兑业务，有的还签发本票，如龙潭的“福民”（是重庆益民钱庄开办的），“祥发云”、“盛裕泰”，龚滩的“天字”、“同益”商号等。这些商号签发的本票还可在市场流通。他们还在重庆、涪陵等地银行、钱庄立有账户，他们的本票可在该地兑现，从中收取汇水。类似的商号还有“大业”、“裕通”、“新晟”等。国民政府虽明令制止，非法开设钱庄但仍禁而不止，直至酉阳解放才告终。

【注】黎洪收集整理，主要资料来源于《酉阳县志》、《酉阳县文史资料》。

抗战时期龙潭镇见闻

龙潭镇位于湄苏河（又名龙潭河）旁，毗邻湘黔，东有木桶盖，西临青华山，南与秀山接壤，北同麻旺坝子相连，形成几十里长的带状平坝。这里雨量充沛，气候温和，土地肥沃，是一富饶之地。镇上居住着土家族、苗族和汉族人民七八千人。自清末民初就有“小南京”之称的龙潭镇至抗日战争时期外省难民纷纷拥入，使其人口达到5万余。每逢三、八赶场，日用百货、农副土特产的交易繁忙，供销兴旺。这一时期龙潭的经济繁荣，文化发达，在川黔湘鄂四省边区享有一定声誉。

龙潭镇的水路交通有湄苏河可通小木船至湖南常德，外地巨商大贾挟巨资来龙潭购买土产、山货，如桐、茶、漆、倍、朱砂、水银、中药材等由湄苏河经酉水运往常德、长沙、汉口再转至各地出售；来龙潭时运花纱、布匹、日杂百货与镇上座商易其土特产品。龙潭的陆路运输于抗战前的1936年修筑了川湘公路，经济交流更加活跃。

卢沟桥事变后，龙潭商业更呈繁荣景象，特别是桐油、生漆、盐巴最为突出。文化、教育、交通、手工业也得到相应发展。下面就我所知予以回忆，供同道参详。

政权机构设置及演变

龙潭镇属二区，设区长 1 人，副区长 2 人，文牍、户籍各 1 人，区丁 3 人。1938 年设警察所。镇有正副镇长各一人；原里、闾、邻长改为保甲制，全镇共 7 保，保设正副保长，甲设甲长。

1939 年春，国民党中央军李延年部队一〇三师（师长何绍周）三〇八团（团长李荩宣）进驻龙潭剿匪，酉阳县政府在龙潭设临时办事处，派主任 1 人，负责接洽剿匪部队；成立龙潭、渤海、宣旺、井岗等乡联合办事处，设主任 1 人，副主任 3 人，下属总务、军事、组训室 3 股，分设股长 1 人。同年 8 月镇公所裁撤，设立龙潭联保办事处，包括苦竹、宣旺乡，作为推行"管、教、养卫"三位一体新县制的试点。

12 月新县制正式施行，苦竹乡归还原建制，宣旺乡合并龙潭镇，共 17 个保，镇公所迁入龙潭中心校办公，设正副镇长各 1 人，镇队副 1 人；镇队长由镇长兼，中心学校校长由副镇长兼；下设民政、文经、警卫股。1940 年 12 月因龙潭政务繁重，教务非轻，政教实行专任，各自分开。

国民党基层组织于 1940 年春设立酉阳县党部直属第七区分部，一年后组建第二区党部，包括龙潭、渤海、麻旺、亮垭、苦竹、井岗、玉屏等乡的党员共 40 余人，李葛民任书记。

三民主义青年团重庆支团酉阳分团于 1943 年春在龙潭组建直属第四区队，辖三个分队，有团员 30 余人。

第六战区龙潭军警宪稽查处于抗战时期成立，驻龙潭万寿宫。他们的主要任务是调查共产党的地下活动；维护地方治安；禁烟、禁赌、禁娼。凡违令者将遭拘禁、罚款。他们声称罚款用来修大众桥，其实是中饱私囊。

酉阳县政府在龙潭设有警察所，抗战时期有警兵、杂工 30 人左右。

商会当时有机枪1挺，连枪数支，步枪20多支。广收商务税，十分富有。

抗战时期龙潭的商业

1936年川湘公路修成，龙潭便成为水陆交通方便的场镇。抗战军兴，人口逐渐骤增，机关企业林立，运输频繁，本地做生意的几乎满街皆是。特别是以桐、茶、漆、倍贸易营业额最为庞大，其次是朱砂、水银、兰靛、青麻、黄丝、猪鬃、牛皮、野兽皮、金银花、马蹄香、麝香、黄连、杜仲、常山等土特产。特别值得一提的是水运方便，使龙潭逐渐形成商旅场镇。经商居民多由黔、湘、鄂、皖、闽等地迁来，落户入籍的占十之八九。外省商人建立的会馆有五匠公会的“巧圣宫”，屠宰公会的“龙王庙”，船帮公会的“水神祠”，江西会馆的“万寿富”、“禹王宫”，福建会馆的“天后宫”、“万寿宫”，衣帮公会的“轩辕宫”，文化教育的“文昌宫”，农民聚会的“五谷庙”，慈善事业的“成仁善坛”和“育婴坛”等。会馆之多，可见商人不少。

抗战时期各地商人来龙潭经商者，大多是收购桐油、生漆、倍子和山货、土特产、药材等运往常德、长沙等地，再购买花纱、布匹、日用百货、陶瓷、铁锅等装船运到龙潭销售。当时龙潭各种贷物琳琅满目，购销兴旺，所以龙潭有“货龙潭”之称。各商号、行业交易项目甚多，数字庞大，繁盛可观。

桐油、生漆、倍子业：抗战前夕军阀割据，匪患频仍，商贸曾一度衰退，远不及清末民初。“七・七”事变后，外省工商业者流亡来龙潭贸易者络绎不绝，商贸往来又呈现复苏景象，从 1942 至 1943 年的桐油、生漆、倍子运出量可见一斑。

生漆 2 万余件，每件 100 斤；

桐油 3 万余件，每件 130 斤；

倍子 1 万余件，每件 300 斤。

盐业：抗战前由散商经营，抗战开始后，散商合资组成分销店、公卖店，后改为“新记”购销店，地址在袁梵僧住宅，经理人有袁梵僧、吴植森、吴照临等。1942 年酉阳“陈记”盐店渗入龙潭，龙潭盐店亦作相应调整，把龙潭与酉酬合营的分开管理，新记盐店由吴照临经理，经销龙潭食盐；利民盐店由魏庆云经理，经销酉酬区食盐。此间，渝涪帮来龙潭设庄，各自争夺运销市场，一时盐业崛起，盐号林立。除原有的同裕盐号（商会会长熊德清主持）外，还有“大业盐号”、“久大”盐业公司、湘西边岸、川湘盐务处、“裕淮”盐号川东分处、川东陆运总队（陈蒿荪主持）等。

估衣估絮业：为邻近各县所没有，为江西帮所独踞。他们从常德、长沙的当铺购买旧衣服、旧棉絮加以洗刷或缝补，于夏历八月初一在轩辕宫集合后开张营业。早上各衣铺烧香烛、放鞭炮、热闹庆祝开业。当天价格优惠，迎来远近购衣絮顾客。至翌年三四月，将收购的桐油、生漆、倍子和其他土特产运去常德等地，五六月再购回旧衣絮，周而复始。

交通运输业：抗战时期随着商业复兴，水陆交通运输量的增加，带动着运输业的发展。最兴盛时期有汽车数百辆，各码头停泊船只数百只。

为加快船只溯河而上速度，时常需要拉纤。纤夫沿沙滩、河岸而行不分寒暑，他们手足触地爬行，时常需越沟壑、爬悬崖，十分不便。为改善拉纤条件，在东岸半岩壁上修有一纤道，路迹至今尚依稀可见。工程由当时住在中油房李家院内的“水利委员会”主持实施。纤道修通后，船行速度加快，货物周转时间缩短，促进了商业的繁荣。当时运输货物下水主要是山货土特产、盐巴，上水主要是日用百货，花纱布匹；陆运除盐外，汽车主要是拉军用物资，粮食等。从事运输业的有中茶公司、川湘联运处、中国运输公司、材料运输队、湘谷转运处、苏浙皖运输公司、汽车二团、商车公会等。

水运码头剧增，由下而上有猫儿岩码头、仁和栈、中码头、大码头、江西潭码头、中油房码头、甘家河码头、猪行坝码头、陈家河码头、赵家河码头、大众桥码头等，沿河西岸长数华里。

汽车修理业：上述各公司处、队大多设有修理车间，汽车损坏后自行修理。然而有少数公司和商车老板的车辆损坏得在外面开设的修理厂修理。抗战时龙潭以江浙人盛连魁开的修理厂为巨擘（地址在今 107 地质队对面)，其次是卢柏森的“鸿飞修理厂”（今龙潭小学墙边)，其他则系小型修理厂。

补胎行：有湖南老板胡银佳，雇有师父河南人孙银山等，卖汽车零件和修理，兼卖木炭（当时汽油昂贵，汽车有以木炭为燃料的)，规模较大。湖北人氏张阿奎开的补胎行，规模较小。

木船制造和修补：龙潭原无造船厂，但住有造船工人，在人手不足时到酉酬、后溪或秀属石堤去雇请。修造整补船只一般都在江西潭河沙坝或猪行坝码头进行，一年四季都有修造整补业务。

金融业：抗战时期龙潭所设的银行有“中国银行”、“交通银行”、“农业银行”、“复兴实业银行”、“四川省银行”、“湖南银行”等，至于各行金融的多寡，措施的底蕴，难于得知。

旅社：商旅云集。熙来攘往，市场繁荣，推动着旅店业的发展，计有谢胜荣开的“川湘旅社”，江苏人蒋老三、蒋老二开的

“江苏饭店”，刘纯富、周相植开的“大同旅社”，湖北武汉人熊庆阶开的“桃园旅社”，赵香甫开的“新华旅社”（后由田应屏改为“凯江旅社”），江浙人开的“龙潭旅社”、“花园饭店”，两广人氏开的“南园旅社”（后更名为“蔚园”）。上述旅社，兼营饭食业务，卖炒菜、客饭，包酒席。

饮食业：有天津人开的“华北老乡馆”，江浙人开的“一条龙”、“又一村”，舒沛然的川味馆，江苏人经营的“斯味美”，杨顺臣营业的“一品食堂”，这些较大的饮食馆承包酒席，卖炒菜，客饭。面馆有李祯元、黄仕珍两家较突出，业务旺，其他的小饮食业就不胜其记了。

行栈：有高万金客栈，梁炳臣客栈，以住油、漆客为主；芮志全、黄仕达客栈以住桐油客为主，谢晋臣漆行住漆客，张西甫客栈住油、漆客；张礼和、杨福泰、王启西行栈住油客。阳子三、吴明魁、吴明亮、石祥兴行栈住漆客。这些行栈主多是掌秤杆、量斤两，代油漆客买卖从中取手续费的人。只有田、吴、谢几家有资本收购生漆到常德、长沙等地出售。

理发业：理发业在龙潭很多，也很平常。值得一提的莫若于1939年抗战时流亡来龙潭的江苏人王余林，他租笔者住房，开设“江苏理发店”，雇有理发师傅6人，该店技术新颖、发型各异。彼时来龙潭者职业、籍贯、习俗不同，公司、厂、处、队职员、商车老板、汽车司机、修理工的家属，争妍斗艳，衣著华丽，有的短袖旗袍，赤臂露腿；有的一身珠光宝气，这些人多来该店修饰，业务兴隆。

茶馆：龙潭茶馆历史悠久，喝茶是当地人习俗，进茶馆者，各阶层人士都有。一杯清茶，信口开河，天南地北，扯无气风箱；有谈生意者，有看折子戏者，有赌博混日子者。茶馆从开门直到半夜

12点。茶楼营业旺盛的莫过于甘翼祥经营的“临江茶楼”和中山公园李世武经营的“望江茶楼”。以炎暑天业务最旺，供人们消暑乘凉。复兴桥数家茶铺服务质量差。

江苏人张明新将“龙翔茶楼”顶到手，改为“胜利茶楼”，请酉阳人廖西平说评书；邹相臣开的茶楼请涪陵人徐海云说《怀书》。他俩说的书，都是武侠神怪志异，谁也没读过，每天中午、晚间烟瘾（鸦片）过足，肚饱肠油后，假编胡造，信口雌黄，索取听众费用。

其他行业：业务不旺，资金微薄，靠以手工业维持其生活的有：染布业刘东臣、冉启林、刘祖道、郭洪福；熊回春、李殿扬。中药店；吴焕然、吴顺臣戥秆店；陈新铭金银首饰店；陈德益、潘达夫帽铺；荣华堂、范恒生毛笔铺；曾绍华、龙学海织篾铺；李云清、林品三、吴昌友雨伞铺；江浙人合伙开的纯系手工操作的卷烟店；武汉人巫昌禄开的烛行、皮革铺；范方杰、董禄堂、范某、余某开的西药店；李朝全开的缝纫店等。

资本雄厚的商号及经营者有：龙潭帮经营生漆的田子三；经营桐、倍、漆、花纱、布匹的“洪镒盛”商号，老板李克武、吴光廉；经营盐务及土产品的吴植、吴照临父子；谢采芝经营的山珍海味，糕点铺“恒升彩”；经理魏庆云经营盐务兼营桐、倍、花纱布匹“合兴长”；经营桐倍兼花、纱、布匹和锅铁，瓷器有詹鼎元、詹玉书父子和杨晓林；百货商店——绸缎布匹商号“龚裕顺”；杜克元开的“仁生元”中药店；河北人徐长工开“老宝盛”的金银首饰店等。

江西帮大商号以估衣估絮为主，兼营桐、茶、漆、倍、花纱布匹的刘甫臣、黄保生、黄先庆、黄保田、杨肇春；开各种纸类、对联和其他土特产的“袁同和”商店。

清末民初就已兴旺的要数“董恒顺”商号。该号兴盛时数十艘木船截运洋纱，由猪行坝码头一包一包（24 坨为一包）地能摆到该号门内（即今区医院对面封火桶处）。

赵连昌商号与董恒顺商号紧邻，中西式封火桶子的印子屋，经营绫罗绸缎和布匹，气魄大。

开中药店的“保和堂”，传说买珍贵药材只有在他家才能买全，资本较赵连昌雄厚。

上述三个商号因其后裔玩公爷派头，或好鸦片，或好赌博，家道于民国初年就中落了。

抗战时期龙潭镇的教育

四川省立龙潭中学始建于 1926 年春，至抗战时期，经历任校长的努力，学校校舍、师资、教学仪器已有一定基础。尤其是师资多来源于成渝等地，他们学历高，教学经验丰富，故抚育出的学生成绩优异，外出升学多能考上名牌学校，学生来源除酉、秀、黔、彭外，还有湘西、黔东各县的有识青年。抗战军兴，华东、华南、华北一带的流亡学生不断转入，使该校规模扩大，随着学生人数增多，班级增加，流亡来龙潭的知识分子被聘任教师，给学校带来了活力。为了满足青年入学需要，招生由一年一次变为一年两次；同时创办了高中，使省立龙潭中学发展成为完全中学。抗战期间，流亡来龙潭的女青年也猛增，因而龙潭中学又创办了初中女生部。此时的省立龙潭中学无论从规模上或教学质量上都大大超过了前十多年，得到了飞速发展。这期间的学生分布在全国各地乃至海外，笔者所知有定居美国的刘原信，在东南亚某中学任校长的甘德后，现居中国台湾的陈德荣、段兴杰、张道隆、胡德昆等，可谓桃李满天下。

龙潭小学的前身为“龙翔书院”，1907 年改为“公立两等小学堂”。1912 年改为“酉阳县立第二小学”。1934 年改为“酉阳县立龙潭小学”。1939 年实行政教合一的“管、教、养卫”三位一体的新县制，每乡镇设中心小学一所，再改为“龙潭镇小学”。

抗日战争时期龙潭小学勃蓬发展，春秋两季招生，每年级分上下班。全校一般保持 14 个班，学生约 500 人。1940 年以后，由于外省来龙潭定居的子女及躲壮丁的学生纷纷入学，发展到 16 个班，学生约 700 人。教师 25 至 28 人，多为龙潭和附近知识名流担任，同时也聘请有外省籍流亡人士担任教师。

每周要作纪念周，每天要升降旗。下午放学时各班学生要唱“谢谢老师”的歌。感谢老师一天的辛勤教诲，然后鱼贯离校。学校还有由学生担任的“巡查团”，主要是检查清洁，防止打架或吃零食等。

除正常上课外，经常开展抗日宣传活动，演话剧、双簧、舞蹈等。学校办有《中心旬刊》，重视体育锻炼，每天下午多打排球，师生相互练习，或与外单位比赛，因而龙小的排球颇有名气。

1938 年下半年实行“联保制”，把龙潭镇、苦竹乡、宣旺乡（今龙东乡一带）组成龙潭联保办公处，共 29 个保，龙镇 8 个保都设有保校。只有第一保（瓦厂湾）无保校，在成仁善坛（今铁器社）设立“龙潭分校”，校长吴良臣（副镇长），教师不到 10 人，学生近 300 人。

实行“管、教、养卫”三位一体的新县制后，龙潭镇只有 19 个保（包括宣旺乡），在场外均设有保校，每校教师一人，共计学生 600 人。

1943年第六战区川湘联运处兴办员工子弟学校一所，学生160余人，每星期六出演抗战话剧或歌舞节目。

龙潭开私塾馆的有白万富、孙朝立、孙耀庭、田小培、邱某某（女）、郭楷堂、陈志贤（女）、吴鸿昌、石维高、石含璋、熊寿峰、郭绍扬、郭瑞扬、龚元端、张昌锡。他们收的学生少则十几人，多则三十几人，无暑假，只放年学，过了元宵节，便招收学生开学授课。

上述15位先生中吴鸿昌、郭楷堂是前清秀才，石含璋、郭绍扬、龚元端是童生。他们教《四书》、《幼学琼林》，串讲典故和音义，教学生学对对联，五天一次作文，教学亦颇认真。当时新学和私塾还存在着斗争，实行新县制后，每个私塾馆要上算术课，由省立龙潭中学初中毕业班学生担任。吴雁峰老先生的私塾馆由伍成宪、段兴杰任算术课。年近古稀的吴先生对毛头小伙看不顺眼，老气横秋地出了个上联："千里鸿飞，小雀焉能习舞"，要不懂平仄的小伙子对伍、段二人将此联拿回学校，向武汉大学毕业的授课老师刘住帆请教。刘对曰："四邻虎视，老牛岂敢称雄?"二人次日将对联交与吴老先生。吴看后，吹胡子瞪眼睛，十分恼怒。这一斯须小事反映新旧文化之争在抗战时期的龙潭仍然存在。

抗日宣传活动

"七·七"事变后，在全国人民抗日热潮的影响下，龙潭各阶层人民也不例外。当时国民党的口号是"抗战必胜，建国必成"，"救亡图存，支援抗战"，"有钱出钱，有力出力"。龙潭所有机关团体、学校、铺户商号以及外省流亡迁来的难民、机关单位一致同仇敌忾，组织各种不同形式的文艺宣传队、歌咏队、舞蹈队，五天一场进行街头宣传。方式是先跳舞唱歌，然后宣传抗日，编排有街头精悍话剧配合宣传演出。有时在庙宇戏台上演抗日剧目。秀山县被敌机轰炸后，龙潭小学曾组织400人的旅行团到秀山进行书面、口头慰问，满街贴标语，传单，画漫画。抗日宣传活动的主要内容有：话剧《中华民族的子孙》、《塞上风云》、《加大理发店》、《双簧》、《放下你的鞭子》、《送郎参军》及《金钱板》、《莲花落》等。

歌咏宣传：《大刀进行曲》、《九·一八》、《枪口对外》、《义勇军进行曲》、《黄河大合唱》、《在敌人后方》、《打回老家去》、《神枪手》、《流亡三部曲》、《万里寻兄》、《长城谣》及民歌、小调。

上述歌曲大多数人们能记会唱，有几首歌词很动人，像《流亡三部曲》、《万里寻兄》、《长城谣》等笔者至今还依稀记得。

1942年，龙潭人口猛增，行业兴盛，车水人流，街市繁荣。第六战区京剧宣传队——江防队，为激发人们抗日热忱，在军区礼堂（今之人民市场后马路供销店一带）演出戚继光、郑成功民族英雄的剧目非常受人欢迎。

江浙善画虎名家关元鲲在龙潭镇街市的庙宇墙上画大幅抗日壁画多幅，中山公园孙中山先生遗像就是他的杰作。善画人物、仕女名家张贞一结合抗战画了多幅民族英雄人物。二位先生都曾在中山公园、军区礼堂举办过作品画展，以宣传抗日救国。

为纪念“七·七”抗战5周年，龙潭举行了纪念活动。省立龙潭中学、龙二小、龙潭分校在军区礼堂出演抗战节目。笔者当时曾在分校任义务美术教师，记得高、中年级排演一出《小红鸟》歌剧，六年级学生石敦玉演小红鸟姐姐，江苏流亡来龙潭的学生周素珍演乞儿，另一学生演红鸟，唱词动人，激发学生抗日救国。小演员们配合融恰，演得认真，收效甚佳。纪念“七·七”这天，外省迁来龙潭的和龙潭本地的单位、各机关团体，在大操场举行纪念大会，四处贴标语，“打倒日本帝国主义！日本帝国主义滚出去！……全国人民团结起来，一致抗日！收复失地还我河山！”并散发传单和告民众书。晚上举行火炬提灯游行，每人手执写有抗日口号的三角彩色旗，一路高呼口号，高唱抗日战歌。长蛇阵式的游行队伍路过街市，到处灯火辉煌。当夜群情振奋，彻夜不眠。

抗战时期龙潭的文艺剧社

抗战时期龙潭的剧社团体，有唱高腔的“集成堂”，名辰河（沅水）腔，为“元曲”遗韵，如每出有“驻马厅”、“风如松”、“浪淘沙”、“滚绣球”等曲牌。是坐统子司鼓的领腔，唢喇帮腔，以冉贤侯、杨隆盛为代表，嗣因二人不合，分为两个堂——集成堂（吴雁峰坐统子）、维新集成堂（杨隆盛坐统子）。

汉戏：又名弹戏。是丝弦，有集贤社、群英社、聚英社、胜利社等组织，代表人物除唱高腔冉、杨二人外还有董希仁、周前程、张西圃、陈德渊，李文斌等。

京剧：为王彦超组织的。他善拉胡琴、颇有名气，王贵稷、冉流光二人经他细心指导，都拉得一手好胡琴。叔父辈王穆生、王季于都工“谭派”，因而在龙潭组织京剧社，由他坐统子，教入社人氏严茂楷、蔡玉泉、冉流光、熊仲谟等，每天在严又康家或钟植夫家约集同道清唱打圈子，常有外地人氏参加清唱。

钟振声京剧班以正旦张小毛腔调清韵抑扬，演的《三娘教子》、《西厢记》、《长亭送别》和武旦郑丽娟演的《盘丝词》博得好评。

上述高腔，弹戏社团，在夏历四月初八的“老郎会”——戏神菩萨生——定要约集同仁醵资聚餐“打圈子”，又名“打围鼓”，“打玩友”，整日围坐清唱，乐器唱腔，节奏和谐，音韵铿锵，听者醉心。除“老郎会”外，每年开春和除岁前照例是要聚会或在三伏炎天玩友们“打围鼓”度暑。有时也应允有喜庆丧葬人家下请柬约去“打围鼓”，不受请者分文，相传迄今。

高腔，弹戏虽未粉墨登场，但颇耐听众寻味。兹举二例唱丑角者，他们粗通翰墨，顺口溜惯，打诨插白，触景生情，妙趣横生，令人发噱：高腔“集成堂”唱丑角为陈祺国先生。有一次“打围鼓”唱《齐天庙·招告》（又名《仁宗认母》），李后在庙外喊：“大老爷申冤！”陈便顺口打诨：“你这瞎眼婆娘，称烟（谐申冤）到上街张茂兴家去称丝烟（龙潭老丝烟铺），这里是招冤的地方，不是卖丝烟的铺子。”惹得哄堂！“聚英社”唱丑角的为李珍武先生，有次唱“醉解黑蛮书”、他唱番邦使臣王敖，出场的下马四句诗是：“杀的杀来反的反，金毛狮子滚潼关，非是我国不进贡，只因他国不和番。”他改唱成：“反的反来杀的杀，当今皇帝搭扑爬，非是我国不进贡，只因他国不来拿！”令全场大笑。

抗战时期龙潭各剧社也在各处庙宇戏台上票戏，所票的不外乎是古典剧目，如《李白醉解黑蛮书》，《三娘教子》，伍员《拦路会友》，瓦岗寨的《三家店》，《三国演义》的“走马荐葛”，《薛刚哭城》等。

记得有一湖南人来龙潭收买娃娃鱼，到外省谋利，因此得绰号“娃娃鱼”。他爱汉戏，肚里戏本多，来龙潭便和当地玩友打得火热，每天合伙在“天后宫”戏台上票戏，有次演“芦花荡”他票周瑜，虽不会小打，还是票得出色。

上述龙潭高腔，弹戏确具有鞭挞正反美丑灵魂，揶揄社会邪恶现象，激扬高尚道德情操，倾吐豪爽侠义言语，寓刺于谐，唯妙唯肖。为龙潭人民所喜闻乐道，相约听唱，至今猷然。笔者素性酷爱文艺，也参加了“集成坛”，就是无喉音，难学唱，只能协助打小乐器。

八年抗战，中国人民备受艰苦，至1945年8月15日，日本投降，抗战胜利了。龙潭人民庆祝抗战胜利，鞭炮轰天，人民兴奋！不到一年，蒋介石撕毁停战协议，大打内战，人民又受苦雨凄风、离丧之痛。直至1949年10月中华人民共和国成立，全中国人民站起来了！国运日隆，人民安居乐业，无战祸，兴建设，真是“国以殷盛，民以富强”，事实俱在，有目共睹，不用笔者罗嗦。

【注】张观泉编辑，黎洪收录《酉阳文史资料》第15集。

抗日战争时期军队驻防酉阳概况

酉阳地接川鄂湘黔四省，是出入川境的咽喉要地之一，向为兵家必争之地。民国时甘明蜀在《酉属视察记》云：至酉秀黔彭四县在政治上及军事上之价值，可记之处甚多。兹节录秀山耆老龚士煌等所上意见书一段于下：

“……查四县幅员，纵横皆将千里，崇山四塞，河流远达，春夏之涨，由龚滩以至于涪陵，不待终日；由秀山至常德（湘属）不过两日；于贵州则居肘腋间；于湖南则有建瓴之势。前清经理疆界，独以四县归四川者，盖上至渝涪，下至夔万，皆与酉属接近。苟无夔门，则四川之险将不足恃；无酉秀，而夔门亦失其效；是以于酉属之内，驻以重兵，镇以副游，盖不独为四川计，并以制湘黔而使之不敢妄动也。洪杨之乱，石达开以十数万众至宝庆，胡文忠公林翼，虑其入驻酉秀，则左扼长江，右挹洞庭，将不可制。请于清廷，移曾文正公国藩督川以制之。而达开见不及此，徘徊施南年余，无所展开，卒以走死……”观此可以见酉属在政治上、军事上之重要也。

抗日战争以来，军阀争霸，盗匪抢劫，酉阳成了势力争夺之地，休整之所。

1930 年，刘湘派其整编师穆瀛洲——原川东边防军第二路司令来酉驻防，师部设钟多镇。穆部对酉东土匪，未作什么进剿措施，张绍卿、田百谷仍避入酉东山区，成为两不相犯的态势。该师既属来酉休整，恐亦无任何受命，一年即撤去。

在这一时期地方王子履主持的酉阳县团务委员会，势力逐渐发展，在团委会直辖的中区，就有一个常备大队，由田品三军官教育团毕业的陈翊任大队长，下辖三个中队，人枪在300以上。王凭此实力作政治资本，左右酉阳政务，常与地方土匪势力交战。

1932年刘湘调魏辅臣师入酉。魏原是川北大土匪，绰号“魏豺狗”。生性凶恶残暴，对老百姓横征暴敛。是年彭水、黔江、酉阳联英会兴起。魏师伙同县团委会的团防镇压联英会，历时半年才结束。联英会秋毫无犯，而军兵则烧杀掳掠，使人民生命财产的损失，不计其数。

1932年，二十一军独立第二旅一团三营来龚滩，营长李伯裔，上、中、下街各驻一连。营部仍在市镇公所，该部不问地方事，出操之余，常组织球队与地方青年比赛篮球，对烟、赌放任自流，因而此时多数青年都陷于烟赌的深渊。约半年时间，李营动员政法商团及士绅等乐捐款项续修“民众公园”，招人开茶馆、卖小吃，并将其名改为“中山公园”。

1933年秋，刘湘派其独立第二旅旅长田冠五为酉秀警备司令，司令部驻龙潭，防堵贺龙红军。

1934年秋，刘湘将酉秀黔彭四县划为特区，委王亦潜为特派员，公署驻酉阳，兼所在县县长，其主要目的是对付红军。王抵酉城时，由县团委会召集全县民团及各乡青壮年数千人齐集县城，召开盛大的欢迎会，誓师剿共。王到任不久，即派员向酉东张绍卿、田百谷、饶裕德等进行招抚，只张绍卿因宋伯灵、冉殿臣的说降，愿受招安，报请刘湘加委为二十一军混成旅旅长，受穆瀛洲节制，穆利用张部进击田、饶二部，均被消灭，田百谷、饶裕德仅以身免，后张即随穆部开赴重庆。

1934年4月3日贺龙率红三方面军自湖北来凤出发，转战酉阳、黔江一带，5月上旬攻打彭水，后渡乌江至思渠，6月1日占领沿河，2日由沿河经沙子场进入酉阳县境，4日进驻南腰界。红三方面军司令部驻余家桶子，开创“黔东特区”——南腰界革命根据地。

9月，刘湘驻下川东陈明千师，派达凤岗旅由彭水进入龚滩，其徐团驻丁市，前锋进入铺子、双河之线，堵截红军。实际未见到红军的影子，不过虚张声势。不久撤回原防，向刘湘报捷。

10月26日，红二、六军团会师于酉南之南腰界。28日主力撤离南腰界，于蚂蝗井宿营。29日行军至阳雀岩时，遇田冠五部一个营的兵力和酉阳“剿共”义勇大队陈翊两个中队的阻击。田营一触即溃。是日红军宿营板溪洼。30日进入酉阳县城穿城而过，宿营小坝等。11月离酉阳县境进入湘西。

1935年8月，酉阳划为四川省第八行政区，设行政督察专员公署于酉阳。赵鹤为第一任专员兼保安司令及县长，他的使命仍为清乡剿匪、兴筑川湘公路。他带来一个保安大队。酉阳县属一个义勇大队，是其依靠力量。

同年，中央军借剿共为名，实现收川，大举调动部队入川，使“四川王”刘湘既无法招架，也无理由拒绝。陆军第十五师王东原部进驻酉阳，到处兴筑碉堡，挖砌工事，准备对红军围追堵截。军委会别动队第十五中队也奉派来酉，实行打土豪劣绅。中队长郭宝华、副中队长马昶、队员田伯谦与专署政训室主任黄尔宜等决心清除地方恶势力。王夷（子履）见势不妙，先主动将团委会撤销，自剪羽翼，但终未幸免。1936年夏，别动队调离时将王逮捕，途经羊角碛时，暗杀后投入江中灭迹。王的老对头蔡千卿，亦于是年底死于重庆。

同年张绍卿又二次返回他酉东老巢，仍打着二十一军混成旅的旗号，把原来的大小喽罗收集起来，进驻龙潭镇上，以武力作后盾和专署抗衡。

1935 年蒋介石势力入川，别动队十五中队来酉，龚滩住队员丁治华、李立青、谈文龙、方泽高 4 人于镇滩寺，宣传蒋的政策，推行新生活运动，成立青年劳动服务团和儿童团，接受军事训练。另外推行币制，规定中央银行、中国银行、中国农民银行的钞票为法币，其他各省出的为地方券。1936 年春别动队离去。

1938 年 9 月，省政府遴派文武兼资的余安民为八区专员，负责解决张绍卿部土匪。先带来保安第八团（杨焕），后又增派来保安第十三团。酉秀两县各有 1 个常备大队及区常备中队，共有 3 个团的兵力。张部号称人枪两千，但能调动的主力不足千人，余安民遂于龙潭召开会议，决定痛剿，声势咄咄逼人。张匪却不听那一套，公然声称“听便”。余遂挟其雄厚兵力，向羊角脑至渤海王家河之线部署兵力，着手进剿。结果经有名的田湾一战，竟遭惨败，保安八团全军覆没，团长杨焕阵亡，各都损失惨重。此次剿匪惨败之原因系作战计划被坐探侦获，使保安团被动挨打。

1938 年夏，乌江河水猛涨，由贵州沿河取陆道来一个营的军队，全部为深灰色军装，武装精良，外省籍人。他们佩戴白底蓝字臂章，印有“别巡”二字。该部态度生硬，在小摊上估吃霸赊。三日后由沿河下来 3 只歪板木船，也是别巡队的人。次日，勒令船主推船过滩。本来滩口水急浪高，江中有巨石横亘，平时都不敢妄行，更何况涨水！而别巡队不听劝阻，强行要渡。解缆开船，下到滩口，船飞速向西面明崖撞去，顿时破裂下沉。下河小船立即围拢抢救，淹死船夫 1 人。其余船主央请商会经理求情免推，而别巡队不从，以“贻误行军计划担担不起”为由，坚持估推，又下三只均撞岩破碎，共淹死船夫 5 人。失事船主呼天喊地，别巡队却若无其事，转至二河坝将 5 只未卸载的大船用枪威逼连夜卸载，天将亮就载别巡队而去。

1939 年余安民赶到重庆行营，痛陈酉阳剿匪失败经过和酉东匪患的严重，如不及时剿灭，将影响抗战大局。是年春，国民政府将从前线换下来休整的李延年第二军，进驻秀山剿匪。其九师郑作民部驻龙潭，一〇三师何绍周部由里耶进入酉酬后溪至湖南龙山带。对张部采取钳形攻势。二军参谋长赵师奇部署就绪后，立即采取军事进攻与政治瓦解双管齐下的策略，严格编查户口，实行芝保连坐，凡通匪窝匪者就地枪决。酉阳团委会委员王羽仲被捕后，经迭电孙科才获释。酉东联防主任白树庭与白南轩大胆去为张绍卿说情，被何绍周立即拘捕枪决。又将专署顾问冉殿臣（田湾之战有通匪嫌疑）、龙潭商会会长熊德清先行处决。并日夜不停地围村、封林、搜山。张在米汤窝的碉堡，用一尺多厚的石条砌成，经用山炮数发，立即粉碎，守敌全部被歼。张绍卿化整为零四处躲藏。李军又进一步开展政治攻势，号召民众起来配合剿匪，为民除害。张的大小头目，有的投诚，有的突围远去，有的被铲除。至年冬剿灭殆尽。张绍卿躲藏在泔溪山上岩洞里，被他手下的龚子安乘隙击毙。然后去麻旺场向 308 团李团长报功。二军剿匪结束后，于当年冬调离酉秀。

张绍卿死后，杨树臣、李老菊搜罗其残部武装活动于酉东一带。湘西瞿伯阶、彭春荣也重新拖起了队伍。国民党军委会又任命宪兵司令谷正伦为湘鄂川黔边区绥靖主任，公署设湖南芷江，负责边区剿匪。在川湘公路沿线的秀山、酉阳，曾派驻过宪兵营，营部设在龙潭，有一连兵为负责保卫龙潭的中央机关安全，此时的龙潭镇成为前线的后方，商贾往来，车辆繁多，工商业盛极一时。川湘路全线畅通无阻。在1940年至1941年间，曾有过短暂的安谧。龙潭镇的繁荣兴盛，则一直保持至抗战胜利。

1939年，二军进酉秀剿匪，郑作民师在龚滩驻育梁营，不久去清溪场以恶霸地主陈德福父子通匪为由，烧了几幢民房，要捉拿陈德福之子陈永辉、陈永耀弟兄。二人潜逃在外，梁营便将陈德福捆送秀山军部。“限期交出二子，否则枪杀老太爷”。二子得悉，派人到秀山打通关节，行以万元重贿，才将其父保释回家，也不再追兄弟二人下落。老者到家，杀猪宰羊，大排宴席，犒劳梁营官兵，又谢光洋500元，一场风波才得了结。

1941年冬，川湘鄂接壤地带匪风复炽。黔江第六战区长官部，派其属下的高膕东部进酉秀剿匪。召集两县党政负责人传达剿匪任务，要求地方各主要负责人竭力配合，不得贻误战机。高将其两个师共五个团的兵力，开赴酉酬、后溪、可大、偏柏、五福等地，构筑工事，以守为攻，步步为营。高军原系东北军，对酉东的高山深谷，特种地形的战斗，自非所长。土匪兵力薄弱，根本不会灯蛾扑火，主动进攻，而是利用熟悉地形，夜间偷袭窜扰，使高军一无所获而去。从此，边区土匪猖獗。

1942年夏，被日军打垮的185师（石祖煌）来酉休整，剿杨树臣、李老菊，该军纪律最差，百姓甚厌恶。休整后离酉而去。

1943年，抗战处于紧要关头，前有日寇的肆虐，后有土匪横行，形势危急。第六战区派罗广文部进酉阳剿匪。罗只带一师兵力，要求酉阳专署专员李放六等配合清剿。兵分两路，一路以三个团的主力出于麻旺、酉酬、五福一带以清剿为重点；另一路派两个团出击南路桐麻岭、川河盖一线，截击秀山饶文轩部的窜扰。所到之处不见匪踪，于是就烧民房，剿老百姓。南线在让坪一个村就烧了 20 多家民房；东线在五福息宁姑村一次就杀了男女老幼 30 多人。这种“剿匪”部队，实在比匪更坏。

1944 年冬，罗军调走，六战区又派朱鼎卿的八十六军进驻川湘边境剿匪。此时川湘边土匪，以八面山为根据地，把酉阳、秀由、龙山，永顺、来凤等广大地区连成一片，酉东的杨树臣、李老菊也与瞿伯阶、彭春荣等合伙，来对抗朱军的围剿。朱鼎卿于 1945 年 2 月自秀山出发，率主力直攻八面山头，匪众不战而逃。战局便由追退战转而为兜圈子的运动战，达两个多月。

朱部在八面山兜剿中，进驻酉阳的李世林师也于渤海的王家河设指挥所，以一个团进出于酉酬、后溪进剿杨树臣、白太祥部。白太祥被赚斩，杨树臣掌握地利，分散偷袭、破坏。于是李世林采取“迁村并寨”，设“良民点”的办法，企图隔断杨树臣与民众的关系，将酉东五六个乡的几万人口，迁并为二十几个“良民点”，地狭人多，人畜杂处，疾病流行，死亡数以百计，危害人民莫此为甚！直到李师撤走，此一扰民、害民政策才停止，各地居民陆续回到家园。

1944 年，由涪陵来龚滩一个税警连。士兵们耀武扬威，压迫人民。在地方赌钱、抽大烟、斗殴，肆无忌惮地胡作非为。一日，三个警兵在街上公开调戏妇女，被一批青年看见后围着痛打一顿。三个警兵回到连部大放厥词胡诌一番，全连士兵全副武装上街，如狼似虎地抓了罗永庆等 5 人连夜拷打。地方盐号、法团、区署出面调停，放回 4 人，另一人打得遍体鳞伤才放回。不久该连调离。（参看酉阳文史资料第十四辑）

1945 年，李世林走后，十三师（师长靳立三断手）来王家河接防休整，不久离去。

整个抗日战争时期，酉阳驻军不断，战火不断，人民苦不堪言。

【注】黎洪根据冉伯瑜、沈家祥《民国时期酉阳驻军概况》整理。

抗战期间酉阳人口状况及简析

抗日战争（1931 年 9 月 18 日—1945 年 8 月 15 日），又称第二次中日战争，是中国反抗日本侵略的一场大规模战争，战场主要在中国大陆。从 1931 年“九一八”事变开始，日本通过一系列局部事变不断蚕食中国领土，1937 年 7 月 7 日，卢沟桥事变后中日战争全面爆发。1941 年日本发动太平洋战争，中国与美国、英国结成同盟共同对日本、德国、意大利三国轴心作战，中日战争成为第二次世界大战的一部分，中国战场成为太平洋战争的主战场之一。1945 年 8 月 9 日，苏联加入对日作战。1945 年 8 月 15 日，日本宣布向同盟国无条件投降，以中国的胜利而告终。

一、人口数量与分布

1. 人口数量

抗日战争时期酉阳人口数如下：

1934 年总户数 63386 户，总人口 506540 人（男 270759 人，

女 235781 人）。

1935 年总户数 60401 户，总人口 362620 人（男 195182 人，女 167438 人）。

1937 年总户数 64820 户，总人口 386819 人（男 209075 人，女 177744 人）。

1938 年总户数 60401 户，总人口 366357 人（男 197891 人，女 168466 人）。

1939 年总户数 60401 户，总人口 362357 人。1940 年总总人口 505622 人（男 273173 人，女 232449 人）。

1941 年总户数 63384 户，总人口 506540 人（男 270759 人，女 235781 人）。

1942 年总户数 76323 户，总人口 502811 人（男 266088 人，女 236723 人）。

1943 年总人口 500826 人。

1944 年总户数 74995 户，总人口 499606 人（男 266370 人，女 233236 人）。

1945 年总户数 60371 户，总人口 421487 人（男 226172 人，女 195315 人）。

2. 人口分布

《酉阳县志》载：酉阳县的人口密度，在民国时期的 1937 年，每平方公里 39.4 人。根据这一指标可推算酉阳在抗战时期各年人口密度如下：

1934 年，每平方公里 51.6 人。

1935 年，每平方公里 36.7 人。

1937 年，每平方公里 39.4 人。

1938 年，每平方公里 37.3 人。

1939 年，每平方公里 36.9 人。

1940 年，每平方公里 51.5 人。

1941 年，每平方公里 51.6 人。

1942 年，每平方公里 51.2 人。

1943 年，每平方公里 51.0 人

1944 年，每平方公里 50.9 人。

1945 年，每平方公里 42.9 人。

全县各地人口分布因其自然条件和物产的差异而有所不同。东部酉水流域属高丘地区，土地肥沃，水利资源条件较好，盛产粮食，经济林木有油桐、油茶等。西南部属低山区，主产粮食和乌桕、油桐等经济作物。东西两部人口密度相对较大。县的中部和北部属中山地区，土地瘠薄，物产匮乏，是人口密度最小的区域。

城镇人口主要集中在钟多、龙潭、龚滩三镇。特别以龙潭为盛。

二、民族构成

酉阳县 1983 年经国务院批准为“酉阳土家族苗族自治县”。在这之前的清代，少数民族人民遭受歧视，以后的民国政府对少数民族也不重视，从那时的人口统计资料中看，没有民族成分、人口等情况反映。1981 年 4 月 15 日至 12 月 31 日，酉阳全县开展了民族成分普查，普查结果表明，酉阳有汉族、土家族、苗族、回族等 17 个民族。在抗日战争时期，虽没民族成分的具体划分，其实酉阳的民族构成也绝大多数由上述民族组成。

三、人口主要来源

酉阳人口来源具有多样性。考古资料、史料等表明，其来源大致有：

一是巴人分支。酉阳古属巴国之地。《后汉书·南蛮西南夷传》关于廪君的神话故事至今在酉阳流传，涉及古代巴人姓氏。“巴郡南蛮郡，本有五姓，巴氏、樊氏、瞫氏、相氏、郑氏。”番光旦《湘西北的“土家”与古代的巴人》一文对以上五姓进行过详细考证：“巴”作为姓氏，似乎在巴人区域没有流传，可以和“樊”一起说到的是范氏和繁氏，“瞫”姓与现今土家族区域内的谭、覃、潭等姓氏相近，“相”后来演变为土家族的大姓向，“郑”与现今土家族人中的郑姓关系尚待考证（见《中国少数民族社会历史调查资料丛刊·土家族社会历史调查》，民族出版社 2009 年出版，第 82—86 页）据此，可以确定自古以来“范、谭、覃、向”等姓氏乃古代巴人后裔，是原始的土家族。“酉阳冉氏、田氏、白氏、李氏、彭氏当系巴人后裔”（见《重庆世居少数民族研究》，重庆出版社 2011 年出版，第 77 页）

二是“湖广填四川”及其他迁入。主要指元末明初和明末清初的两次大规模的湖南、湖北（即湖广行省）、广东（主要是客家人）等省的居民迁居到四川、陕西南部各地的移民潮。根据考证表明，还有江西、福建、广西等十几个省份的居民迁入四川。外籍人迁入酉阳现在都还有很多史料和文物足以说明。如我们多数姓氏的家谱大都载有始祖由“江西、贵州、湖南”等迁来等内容。现在还保留的陕西商人在龚滩修的“西秦会馆”、龙潭江西会馆的“万寿宫”、南昌义地，两湖会馆的“禹王宫”等建筑就是外地人来酉阳的历史见证。陈俊德在《民国时期酉阳县商业贸易概况》一文中称“龙潭镇居民占百分之九十以上是外省外县人，他们来自湘、鄂、黔、陕、皖、闽、赣各省。”又如《皇清待赠大户侯刘甫廷府君墓志》载：“始祖本籍江西宁江新渝县人，自明迁居西蜀酉，由清化至陈家□□□、刘家堡等处，始创红砂井焉，迄今已历十二世……”（此碑现在酉阳县红井乡红砂村二组）

根据酉阳地方史志文献及家族谱牒，得知酉阳冉氏源于中原，于三国魏晋南北朝时期迁居今重庆奉节一带，于南宋建炎年间因平复金头和尚之乱而封官得职，并世代传袭，进而在酉阳及周边地区繁衍。

《酉阳直隶州总志·风俗志》载：“无如境内居民土著稀少，率皆黔、楚及江右人流寓兹土。”（见《酉阳直隶州总志》，巴蜀书社2009年出版，第508页）

三是历代外地人流寓酉阳。《酉阳直隶州总志·流寓》载，自唐至清，历代皆有寓居酉阳者，在清代就有彭梧凤、华大炎、滕之伦、汪颖、李光爽、熊暄、周梦渔等20多人流寓酉阳。（见《酉阳直隶州总志》，巴蜀书社2009年出版，第442—444页）

四是抗战时期外地人避难来酉阳。张观泉在《抗战时期龙潭镇见闻》中说：“（龙潭）镇上居住着土家族、苗族和汉族人民七八千人，自清末民初就有小南京之称的龙潭镇至抗日战争时期，外省难民纷纷涌入，使其人口达到5万余人。”（见《酉阳文史资料》第15辑142页）可见当时外来人口之巨，在某一特定的集镇，外来人口是本土人口的几倍。

以上四个方面的来源，是酉阳人口的主要组成部分，酉阳人民具有多元性和包容性。

四、人口的性别结构及发展趋势和成因

西阳由于地处偏僻，文化落后，人们重男轻女的封建意识较其他地方更为浓厚，因此，总人口中男女比例长期失调。男性多于女性。其实这一时期男女性别比例远远高于我们今天能够计算的数据，因战祸连年，男人死亡较多。再就是从1934—1939年，酉阳人口呈负增长趋势，特别是1935年较1934年减少了28%。1940年以后，由于日本帝国主义的侵略，大片国土沦丧，酉阳县处于后方，国民党军政后勤人员及沦陷区人民大量迁入，使酉阳人口骤增至505622人。表面看酉阳人口在增加，其实除去外来人口，酉阳人口也极有可能是负增长。1945年抗日战争胜利后，迁入户陆续返回原籍，酉阳人口复趋于稳定。

酉阳人口呈负增长的根本原因，是由于在这段时间处于军阀混战、割据称雄的防区制时期，战乱频繁，社会极不安定，长时期的兵灾匪祸，导致大片土地荒芜，且又苛捐杂税层出不穷，以及抗日战争，抽壮丁损失了相当数量的男性人口，相比之下女性人口则比较稳定。

【注】黎洪收集整理。

抗战建国阵亡将士纪念碑

抗战建国阵亡将士纪念碑，位于重庆市酉阳土家族苗族自治县龙潭镇永胜下街中山公园。

抗日战争时期，酉阳龙潭为抗日的大后方，靠水运和川湘公路为交通，成为抗战物资运往前线的中转站。前线的一些工厂、移民纷纷迁至龙潭，国民党军队也经常驻防龙潭。1939 年撤离抗战前线回后方休整的国民党第二军李延年所属一〇三师驻防龙潭，为纪念为国捐躯的抗日战士，师长何绍周与龙潭各届人士集资投劳，在川湘公路龙潭车站对面修建了石结构四棱稚顶通高 3.8 米，通宽 0.64 米，成梯形四方上踏道各三级的“抗战阵亡将士纪念碑”。碑座的东西面刻有师长何绍周题的“倭奴肆虐，破我金瓯。七月七日，最后关头，领袖决策，全民奋斗。前仆后继，敌忾同仇，复兴民族，扫荡狂寇，收复失地，争取自由。桓桓《国殇》，执讯获丑。成仁取义，声播亚欧。丰碑永奠，用表勋猷。云霄万古，俎豆千秋”和“惟我将士，民族之先。牺牲热血，固我金汤，勒石记勋，百世勿忘”。南面碑座刻有参谋长赵纫题的“抗战必胜，建国必成，前仆后继，固我金汤”。北面碑座上为酉阳甲午科举人、龙潭抗敌动员委员会委员王大章拜题的“舍身取义，御倭救亡，人尽如是，邦乃其昌”。

1988 年被定为县级文物保护单位。

人物类

人物简略

(1) 国民党党政军人物

傅翼（1888—1952），字西屏，酉阳土家族苗族自治县钟多镇人。1906 年，赴成都考入四川陆军速成学堂第四队。1911 年辛亥革命爆发后，驻防西藏的他经印度返回四川，依附于川军刘湘。1931 年，转投二十一军第三师，同年被任命为参谋长。1938 年 4 月，任七十八军新十五师副师长、师长。6 月，率部进驻湖南岳阳地区，从此走上了抗日前线。1938 年至 1944 年，在保卫长沙收复常德的几次战役中，率部有效地阻击侵华日军以长沙为中心的战略攻势，配合主力，指挥若定，战功显赫，国民党军委会盛赞“川军能打”，荣升为七十二军军长。1945 年 3 月，傅翼率部在九宫山地区奉令阻击北返之中共南下支队王震部，小有接触，中共南下支队安然越过九宫山，渡过富春江北返。8 月，日军投降，抗战胜利。9 月，傅翼部奉令进驻大冶黄石港石灰窑，监视中共李先念部。对此，傅翼愤慨地说：“我们八年抗战，民贫财竭，人民需要休养生息，需要治好创伤，需要和平团结，兴邦立国，重振家园，现在又要把我们逼上烽火道!”1946 年，七十二军改编为整编七十二师，傅翼任师长。一次蒋介石的召见，因话不投机，被免去师长职务，改任武汉行辕中将参议。1947 年，蒋介石发动全面内战，傅翼愤而向武汉行辕提出辞呈，返回重庆赋闲，以诗书自娱，不过问政事。1948 年，重庆友人劝其出山任职，傅婉辞不就。1952 年病逝。

陈菊僧（1889—1961），又名陈先菊、陈巨琛。酉阳土家族苗族自治县钟多镇人。1916 年赴北京，考入北京高等师范附属中学读书。1919 年，参加了反帝反封建的“五·四”爱国运动。1920 年返回酉阳经商，不久投入川军邓锡侯部任过传令兵、差遣、中尉副官、连长、营长等职。1934 年脱离部队任大邑县财务局长。1939 年又返回酉阳，先后任酉阳县政府财务委员会委员长、田赋征收处主任、财政科长、银行董事长等职。1949 年 11 月，酉阳解放前夕，发起组织治安委员会，被众人推选为治安委员会主任，宣传共产党的政策和中央人民政府的约法八章。陈主动打开自己的粮仓将所存粮食悉数献给解放军，支援人民解放军过境。1950 年 2 月任“酉阳剿匪委员会”委员，次月增补为酉阳县人民政府副县长。1952 年任涪陵专署扫盲办公室主任，尔后，调任涪陵专署民政局副局长。1956 年曾到北京出席中央召开的民政先进工作者会议。1958 年返回酉阳，任酉阳县政协副主席。1961 年病故。

赵世炯（1894—1972），又名赵子章，酉阳土家族苗族自治县龙潭镇人。1907 年毅然离家考入成都中学读书，与郭沫若同窗好友。1910 年又考入北洋政府交通部在唐山办的交通讲习所有线工程系学习。1915 年到国民政府交通邮电部任职，当年接四弟赵世琨和五弟赵世炎到北平读书。1919 年把全家接到北平，此时全面承担起弟妹的学费和全家人的生活。1927 年去上海掩埋赵世炎的英雄躯体。1928 年到杭州任电信局工务处处长。抗日战争时期，任西南和西北长途电话网工程第九队队长，负责修建从昆明到缅甸的长途电话线。1945 年代表中国技术员到缅甸接受日本投降。解放战争时期，在南京国民政府邮电部任职，负责上海到杭州再到福州的长途电话工程。1949 年在杭州被调任中国人民解放军通信营教员，是年 10 月经邓颖超同志介绍，到中华人民共和国交通部计划司任职，尔后又到中华人民共和国邮电部任职。1962 年离休，1972 年 10 月 3 日在上海去世。

陈蒿荪（1900—1950），酉阳土家族苗族自治县县城龙洞沟人。1916 年北平高等师范院校附属中学毕业，同年随王勃山赴广州入元帅府卫士队任卫士，1918 年回川任靖国联军川东边防军总司令部少校副官，1920 年由四川陆军讲武堂毕业后任连长、营长和团长。1923 年任酉、秀、黔、彭四县联合清乡司令部军官教育团副团长，1925 年任国军三十师六十旅参谋长，1928 年任四川省合川县护商处处长，1931 年任四川省温江县征收局局长，同年调任二十八军十混成旅参谋长。之后，毕业中央军校成都分校后，调配四川省保安处任上校附员兼任第八区第八团剿匪督察员。1938 年任战时食盐运输处川东陆运总队长，运夫多时达 7000 多人。解决了往返于龚滩到龙潭的川盐济湘、湘粮济川的人力运输问题；至 1945 年抗战胜利结束。1946 年，陈蒿荪和王勃山一起，作为国民党国民大会代表，去南京出席会议。因同王勃山反对蒋介石独裁阴谋而拒绝参会。1950 年陈被县人民政府判处死刑。

田干周（1901—1937），名祖杰，酉阳土家族苗族自治县麻旺镇人。1937 年 8 月 13 日，日本侵略军大举进攻上海，制造了历史上有名的“八·一三”事件。田干周时任国民党第四十三军二十六师七十六旅少校参谋，在中国共产党“八·一”宣言、“停止内战，一致抗日，组成抗日统一战线”的号召下，所在部队投入了保卫大上海的战役，负责上海大场镇的防务。在日本侵略军的连续攻击中，部队伤亡很大，旅长阵亡，田干周奉命代理旅长，上级令其“撤出大场镇”。但田接电令后，立即回电军部：“决不退出，愿与阵地共存亡”，并继续阻击敌人，持续到10月。最后，大场镇沦于敌手，田干周在激烈战斗中英勇捐躯。

冉衢（？—1939），酉阳土家族苗族自治县麻旺镇人。1922年遵父母之命完婚，新婚3月即别母离妻，赴成都求学，后保送至黄埔军校学习。1936年毕业后，他本欲改学交通，时值抗日战争爆发，眼看敌寇入侵，山河破碎，遍地烽火有国亡家破之危，遂抱着“凡有血性青年，都应加入国民战争保家卫国。何况本属军人，更应尽保国卫民天职”之志积极投入抗日战争，转战于川、湘、鄂、皖、赣、浙等地，战功显著，擢升为副师长，驻防常德一带，参加了保卫长沙的一、二、三次大会战，给日军以重创。1939年，率部与日军激战于常德县境时，日军使用毒气弹，企图冲破冉部阵地，一举攻占湘西全镜。冉部与日军开展殊死搏斗，终于保全了阵地，但冉衢不幸中毒气为国捐躯。

田阡陌（1903—1961），酉阳土家族苗族自治县渤海人。成都“讲武堂”毕业后，在国民党二十军中任排长、连长。抗日战争爆发后，随军赴上海，与日寇鏖战达三月之久。由于他作战勇敢，指挥有方，被晋升为营长。在江西罗盘山遭遇战中，敌人的弹片打入他腹内，仍高呼：“弟兄们，人在阵地在”，直至晕到在地，才被抬下送到后方医院治疗。1942年被升为副团长，率部转战江西的武宁、修水和湖南的浏阳、平江一带，参加震惊中外的三次长沙会战。抗日战争胜利后，调任贵州省沿河县县长。他秉公执政，铁面无私，廉洁奉公，不受贿赂，深得民众的好评，广大民众自发性地为他树了20多块“德政碑”。当他届满离开沿河时，在他必经之路两傍的人家，都摆张桌子，桌子上放盆清水和一张镜瓶。表示他清如水，明如镜。1948年任酉阳民众总队副队长，1949年率队起义，不久任酉阳民政科副科长。1950年4月，在酉阳县第一届第一次各界人民代表会上，当选为酉阳县第一届人民代表会议常务委员会主席。1961年在酉阳病故。

唐建勋（1905—1985），字芝声，酉阳土家族苗族自治县李溪镇马子洞人。早年读过私塾，1932年6月弃学从军，受训毕业于宜都三峡军官学校。1934年任二十五军上尉副官、上尉连长，1937年在蔡廷楷的十九路军任步兵连长，参加过“八·一三”淞沪抗战。1938年7月回到酉阳，历任让坪乡联保主任、乡长，酉秀联防办事处主任、龚滩镇镇长、区署指导员、常备大队队长，代理警察大队长等职。1948年12月任酉阳县常务二中队中队长。1949年11月10日在护送民国末任酉阳县长曾逸逃往彭水的途中，于铜西三岔坝率部起义，并于次日在丁家湾截获了曾所带财物，随后唐应约率部120余人前往酉阳向解放军起义投诚。在整编加入中国人民解放军后，参加了川东剿匪战斗，获川东军区“二级战斗英雄”称号。1950年参加抗美援朝。服役转业后，曾当过人民教师，任过县文化馆馆长等职。1985年4月病故，享年80岁。

陈德邵（1905—1991），酉阳土家族苗族自治县麻旺镇人。龙潭中学甲班毕业后，曾在该校附设平民学校任教。他面对内忧外患的现实，立志弃笔从戎，于是考入了军官学校，毕业后任干训队长、考官等。1937 年 8 月任国民党二十军一三三师少校连长，奉命赴上海抗日。他率领全连在上海陈家行、蕴藻浜与强大的敌人浴血奋战，坚持了 80 多个昼夜后，奉命撤到安徽的安庆休整。军师部确认他“忠心报国”，调他去战地参谋班学习，回部队后任副团长。1939 年至 1941 年，他参加了震惊中外的三次长沙会战。在会战中，因指挥有方，被升为一三三师代理参谋长，三九九团团长。他率领的团共生俘日本鬼子 300 多名，击毙 500 多名，缴获大量战利品，受到师、军、集团军的嘉奖。1943 年后，他率部转战修水、平江、浏阳、常德等地，配合了湘西会战。到抗战胜利时，由于他战功卓著，被升为二十军副参谋长，少将高参，少将副师长。成为酉阳抗日英雄。1949 年在四川宣汉率部起义，参加了中国人民解放军。1952 年转业到重庆建筑公司工作，1991 年逝世。

陈子尚（1912－1990），酉阳土家族苗族自治县钟多镇人。1928 年在成都读书时加入中国国民党，历任国民党酉阳县党部干事、书记长，酉阳参议会议长，三青团酉阳分团部干事长，四川省第八行政区特务委员会秘书，兼酉阳分团部干事长，四川省第八行政区特务委员总干事，酉阳《党政周刊》编辑，酉阳“清共委员会”主任，酉阳“防共宣传队”队长，酉阳“清剿抚导委员会”负责人等职。1949 年 11 月 17 日率县国民政府工作人员向中国人民解放军投诚。历任酉阳县第一届、三届各界人民代表会议常务委员会副主席，第二届各界人民代表会议常务委员主席，政协酉阳第四、五、六届常务委员会副主席兼《酉阳文史资料》主任等职。1990 年在酉阳病故。

赵 鹤（生卒年不详），四川盐宁县人，陆军速成校毕业。曾任排长、连长、营长、团长、旅长。1935 年 8 月 29 日任四川省第八区行政督察专员兼酉阳县县长。

余安明（生卒年不详），四川崇庆县人，保定军官学校毕业。曾任营长、团长、旅长、师长、参赞、司令。1938 年 9 月 12 日任四川省第八区行政督察专员兼酉阳县县长。

史 良（生卒年不详），四川富顺县人，先后毕业于黄埔陆军军官学校第三期、中央陆军军官学校高级班、中央训练团党政训练班第一期。曾任北伐右翼总指挥政治部中校科长、陆军第 20 军政训部兼少校主任、营山县县长、委员长行辕参谋团政训处上校科长、四川省保安处政训少将副主任、四川省政府顾问、峨眉军官训练团及中央军校第三分校政治教官。1939 年 7 月任四川省第八区行政督察专员。

冯 英（生卒年不详），四川西充人，黄埔陆军学校毕业。曾任中校秘书、上校谘议、中校主任秘书、训育教官、上校训育主任教官、上校副处长。1939 年 2 月任酉阳县县长。

李伯昭（生卒年不详），四川三台县人，中央军校高教班毕业。曾任军训处处长、兵役处科长、军部副官长、县长等职。1942 年 10 月任酉阳县县长。

肖洪九（生卒年不详），四川开县人，中央军事政治学校及中训团党政班毕业。曾任开县救济院院长、开县财政科长、国民党开县党部书记长，四川剿匪第五路城万警司令部政训处长，四川省第九区党务督导员。1944 年 6 月任酉阳县县长，1946 年 4 月调任长寿县任职。

（2）中共人物

赵世兰（1896—1985）女，酉阳土家族苗族自治县龙潭镇人。1919 年随家迁住北京，在弟弟赵世炎的启发下，逐步接受了共产主义思想的教育，发奋自学，于 1923 年考入北京国立女子师范大学。1925 年参加了共产党领导的北京学生反对段祺瑞卖国关税协定和妇女解放运动。1926 年 3 月在上海加入中国共产党。同年，党组织又派她回到北师大建立党的组织。1927 年参加中国共产党第五次全国代表大会，会后，留在湖北省委任秘书，兼任武昌市委妇委书记。是年底，赴苏联莫斯科共产主义劳动大学学习，学习期间，她因反对王明错误路线而遭到打击和迫害，但她即使受处分，也毫不妥协。1930 年从苏联回国，留在中央工作，并任上海沪西区委宣传部长。1931 年调任中央红色救济会党组成员兼营救部部长、中共中央组织部训练班主任。1932 年任江苏省委秘书、秘书长。1933 年按照党组织指示回到四川，先后在成都、南充、广安以教育工作为掩护，从事地下工作。1937 年在成都动员各阶层妇女进步力量，成立了四川省“妇女抗敌后援会”和“成都妇女救国会”，并担任中共成都市委委员兼妇委书记、川康特委妇女委员等职务，领导成都市的妇女抗日救亡活动。1938 年，她领导成立了《大众壁报》社，并兼任社长。1939 年到达延安，参加中央妇委工作和党校学习。尔后，她回到重庆，进入四川省委，主持妇女工作。1946 年她遵照邓颖超的指示，秘密成立了“中国妇女联谊会重庆分会”。同年底，她回到冀中解放区参加土改工作。1947 年 7 月，她参加了中共中央在河北西柏坡召开的土地会议。中华人民共和国成立后，她历任中华人民共和国妇女联合会常委，中央国家机关党委委员，燃料工业部人事司司长，煤炭工业部党组成员、部机关党委书记。是党的第八次全国代表大会代表，第一届、三届全国人大代表，第三届全国政协委员，全国妇联第一至三届执委。“文革”中受到迫害，于 1969 年 1 月 8 日在北京含冤去世，终年 73 岁。1985 年 1 月 8 日冤案终于得到了彻底平反昭雪，称她为：“中国共产党的优秀党员、共产主义事业的忠诚战士。”

赵君陶（1902—1985），又名郁仙，女，酉阳土家族苗族自治县龙潭镇人。1919 年随家迁到北京，自学考入北京女子师范大学，在五哥赵世炎的影响下，积极参加学生运动，成为该校学生组织“女星社”成员。1925 年进入上海大学社会学系学习，结识了中国共产党的早期革命活动家李硕勋，结为终身伴侣。1926 年，加入了中国共产党，同年 10 月，任湖北省妇女协会宣传部长，兼《湖北妇女》周刊主编。1927 年她跟随李硕勋参加了南昌起义后回到上海，从事地下工作。1930 年任中共中央妇委会秘书。1931 年周恩来派李硕勋赴粤赣边区，担任红七军政委和广东省委军委书记，赵君陶前往协助李硕勋工作。

1931 年 9 月 16 日，李硕勋在海口英勇就义。1932 年秋，赵君陶遵照爱人“善育吾儿，设法送之返家中”的遗嘱，带着儿子李鹏和女儿李琼从上海回到四川，先后在合川、金堂中学任教，其间兼任女生部训育主任。1937 年秋，参加成都教育界抗日救亡协会，从事抗日活动。1938 年在简阳女中任国文教师兼班主任。1939 年在周恩来的关心下，到重庆参加战时儿童保育会，并任直属第三保育院院长，用伟大慈母的爱培养下一代。1946 年到延安，先后在延安大学、中央教育研究室工作。1948 年 8 月调到东北行政委员会直属保育委员会工作，后调哈尔滨第四中学任校长。1949 年 3 月，出席了全国第一次妇女代表大会。此后，曾任中南局教育处处长、南开大学党委委员、工农速成中学校长等职。中华人民共和国成立后，先后担任化学工业部教育司副司长，北京化工学院党委成员、副院长等职。全国第四届、第五届政协委员。“文化大革命”期间，她遭到林彪、江青一伙的迫害，身体受到严重摧残，1985 年 12 月 14 日在北京逝世，终年 83 岁。悼词中称她为：“我党早期的革命活动家，忠诚的无产阶级教育家。”人们送给她的挽联上写道：“革命六十年松柏精神留人间，育才半世纪桃李芬芳满天下。”

刘　仁（1909—1973），原名段永鹝，酉阳土家族苗族自治县龙潭镇五育村人。1923 年毕业于酉阳龙潭高等小学堂，1924 年考入北京师范大学附属中学。1927 年加入中国共产党，先后在北京、上海、武汉、天津等地从事党的地下工作，领导工人运动。1930 年任天津市组织行动委员会书记时，不幸被捕，被关进天津市第三监狱。在狱中，他坚持斗争，迫使天津当局法院于 1932 年宣告他无罪释放。1933 年至 1935 年，刘仁在内蒙古、河北、北平等地秘密从事党的军运和群众工作。1935 年被派往苏联学习，1937 年回到延安，担任中共中央党校秘书长兼班主任。1938 年冬，到晋察冀抗日根据地工作，先后担任晋察冀中央分局委员、秘书长、组织部副部长、城市工作委员会书记、晋察冀中央局城工部部长兼敌工部部长等职。在中央局的领导下，对晋察冀根据地的开辟和党的建设，对重建、扩大敌占区的党组织，做了出色的工作，为党中央和根据地输送了大量药品、军火、电讯器材等重要物资，还为中国共产党加强同朝鲜兄弟党之间的联系和合作，开展国际统一战线，作出了贡献。

解放战争时期，刘仁担任中共华北局组织部副部长、城工部部长，负责国民党占领区的城市工作。在党中央的领导下，广泛建立统一战线，组织地下党员和人民群众同国民党开展斗争，掀起反饥饿、反内战的轰轰烈烈的学生运动，形成了反对国民党政府的第二条战线，有力地配合部队夺取了人民解放战争的胜利。1948 年他及时向中央汇报了敌人妄图偷袭党中央、毛主席所在地西柏坡的重要情报，中央立即采取了措施，粉碎了敌人的阴谋。他还为紧密配合解放军解放天津，促成北平和绥远的和平解放，做了大量工作。

新中国成立后，刘仁先后担任中共北京市委组织部长、市委副书记、市委第二书记，中共中央华北局书记处书记。在党的第八次全国代表大会上，当选为中央候补委员。担任中共北京市委领导时，协助第一书记彭真长期主持市委的日常工作，为首都社会主义革命和建设事业献出了全部精力。“文化大革命”期间，刘仁遭到林彪、“四人帮”的诬陷、批斗并关进监狱。1973 年 10 月 26 日 21 时 30 分，刘仁同志在北京含冤逝世，终年 64 岁。1979 年 2 月 21 日，中共中央为刘仁同志举行追掉大会，彻底进行了平反昭雪，追悼大会由聂荣臻同志主持，林乎加同志致悼词，称刘仁同志是“中国共产党的优秀党员、久经考验的无产阶级战士、北京市人民的好领导”。

黄德全（1911—1946），又名黄德，号自立，酉阳土家族苗族自治县龙潭镇永胜街人。1925 年龙潭小学毕业后考入四川省立五中读书。不久因父亲病故，无力负担学费，只好辍学，帮助母亲操持家务。后得爱才心切的教师陈赞庭的全力资助，继续就读。1928 年中学毕业后组织几位有志青年筹办了“四川省立五中附设平民学校”，专收穷人的孩子上学，对贫寒者给予补助，深得社会各界人士的赞许。由于反动学盟和地方绅士的刁难，学校办了两年就被迫停办了。1930 年，黄德全得同乡甘兀立的资助，考入川东第一师范学校读书，并参加了校内外的社会活动，尔后被中共川东师范支部吸收为共产党员。1933 年毕业后被党组织派到长寿傅河镇、云阳东城等地以教师身份作掩护，从事革命活动。1939 年他历经艰险的旅程，冲破敌人的重重关卡，步行到达延安，进入抗日军政大学和中央宣传部速记班学习，为召开党的“七大”作准备。因“七大”延期，调中央办公厅秘书处任行政秘书兼文化教员，在王首道直接领导下工作。1945 年随李富春到东北工作，任中共辽阳县委委员、七岭子区区委书记。1946 年 10 月 19 日在算盘峪小西沟与国民党军队的战斗中壮烈牺牲。1951 年 5 月 14 日，中央人民政府授予黄德全革命烈士的光荣称号，毛泽东主席亲自签发了“中央人民政府革命牺牲军人家属光荣纪念证”。

葛　莱（1913—1989），酉阳土家族苗族自治县钟多镇葛家花园人。酉阳高等小学毕业后考入天津南开中学读书。1936 年冬，在北京参加“中国抗日民族先锋队”组织。1937 年 5 月，在太原参加牺盟会组织的军政训练班。同年 10 月加入中国共产党。抗日战争时期，历任山西青年抗战决死队队员，浮山县人民武装自卫队总队长、指导员，中共特别支部书记，浮山县牺盟会特派员，中共太岳二地委学校书记、地委组织科科长，中共安泽县委副书记、书记等职。解放战争时期，历任中共岳北地委委员、地委党校书记，长治地委委员、宣传部长等职。新中国成立后，历任中共山西省委直总党委会副书记、书记，省党校副校长、副书记，华北人民大学筹建负责人，山西省哲学社会科学研究所所长，省直机关五·七干校校长、党委副书记，山西省图书馆馆长、名誉馆长等职。曾当选为中共山西省第一、二、五届人民代表大会代表，山西省第五届人民代表大会代表。1989 年因病逝世。

王彦立（1913—1993），又名王贵虔，酉阳土家族苗族自治县龙潭镇人。1927 年龙潭小学毕业后到上海立达学园读中学。他在上海复旦大学经济系毕业后又借读于四川大学。1937 年 12 月在四川大学加入中国共产党，曾先后任过四川大学、复旦大学地下党支部书记。抗日战争时期，他曾任四川省银行重庆分行总务主任，重庆川康银行襄理，成都启明电力公司副经理、经理。在地下党组织的领导下，长期从事党的统一战线工作，1947 年加入中国民主革命同盟，从事国民党上层人士统战工作，为川西地区的和平解放和成都地区免遭战乱之苦，作出了积极的贡献。新中国成立后，曾在成都电力部门、民主建国会、中共成都市委、四川省委工作，先后任过成都市人民委员会委员，政协成都市委员会副主席，全国人民代表大会第三、五、六届代表和四川省人民代表大会第一、二、三、四届代表，四川省人民委员会委员，四川省工商联主任委员，四川省第七届人民代表大会常务委员会副主任、全国工商联常委，四川省商会名誉会长，民建四川省委名誉副主席。1993 年 9 月 3 日在成都逝世，终年 80 岁。

胡其谦（1916—1990），酉阳土家族苗族自治县龙潭镇人。1931 年龙潭小学毕业后考入四川省立五中，1934 年秋考入重庆川东师范学校。1938 年 3 月毕业任教不到半年，就毅然由万县步行数千里奔赴延安投身抗日斗争。同年加入了中国共产党，次年入马列学院学习。1940 年至 1949，历任陕北公学总校组织干事，中共中央组织部党务股干事，中共靖边县委组织部副部长，三边专署保安分处干事，中共三边地委组织部干事，中共安边县县委组织部部长，中共西北局组织干事，中共西北党校秘书科科长，中共西北局统战部干事，中共陕南区党委秘书、研究室副主任。新中国成立后，历任西南军政委员会民政局副局长，西南钢铁公司副经理，重庆钢铁公司党委副书记，市冶金局副局长，重庆市第八届、九届人大代表常委会委员。1990 年 3 月 13 日在重庆医科大学附属第一医院逝世，终年 74 岁。同志们献给他的挽词是："革命生涯五十余载历尽坎坷路，刚直不阿七旬老人穷索马列真"，这是对他一生的真实写照。

【注】 以上人物由彭清玉收录整理。

人物名录

1. 川湘公路酉阳段伤亡民工应领烧埋抚恤费情况统计表

单位：元

乡镇别	民工姓名	伤亡情形	应领烧埋抚恤费数	已发数	尚欠数	备考
兴隆乡	邹长清	被石压毙	65.00	65.00	无	
	吴国宣	被石压毙	65.00	65.00	无	
	朱辞海	被石压毙	65.00	65.00	无	
	倪世仲	被石压毙	65.00	65.00	无	
	周长锡	因公受伤	30.00	30.00	无	
	唐黑二	因公受伤	30.00	30.00	无	
	杨通盛	因公受伤	30.00	30.00	无	
	覃长海	因公受伤	30.00	30.00	无	
	谭世显	因公受伤	30.00	30.00	无	
濯水镇	胡汉书	因公病故	45.00	15.00	30.00	

续表 1

乡镇别	民工姓名	伤亡情形	应领烧埋抚恤费数	已发数	尚欠数	备考
清溪乡	田景耀	石伤毙命	45.00	45.00	无	
大湖乡	冉启良	因病身故	45.00	45.00	无	
让坪乡	任　秋	因公病故	45.00	15.00	30.00	
火石乡	石胜义	因公病故	45.00	15.00	30.00	
	石　寿	因公病故	45.00	15.00	30.00	
清溪乡	田维福	因公病故	45.00	无	45.00	
后坪乡	刘连河	因公病故	45.00	15.00	30.00	
清溪乡	田兴旺	因公病故	45.00	15.00	30.00	
	吴清喜	因公病故	45.00	15.00	30.00	
火石乡	庹绍先	因公病故	45.00	15.00	30.00	
	李长寿	因公病故	45.00	15.00	30.00	
	张绍云	因公病故	45.00	15.00	30.00	
	陈泽生	因公病故	45.00	15.00	30.00	
鹅湖乡	蓝祥芳	因公病故	45.00	15.00	30.00	
酉酬镇	姚万福	因公病故	45.00	15.00	30.00	
舖子乡	谢登华	因公病故	45.00	15.00	30.00	
大湖乡	周见堂	被石打毙	65.00	65.00	无	
钟灵乡	石登申	因公病故	45.00	15.00	30.00	
大河乡	付亮安	因公病故	45.00	15.00	30.00	
清溪乡	刘寿明	因公病故	45.00	15.00	30.00	
板溪乡	冉大伦	因公病故	45.00	15.00	30.00	

续表 2

乡镇别	民工姓名	伤亡情形	应领烧埋抚恤费数	已发数	尚欠数	备考
清溪乡	田宗云	因公病故	45.00	15.00	30.00	
西酬镇	唐伯友	因公病故	45.00	15.00	30.00	
濯水镇	罗钦应	因公病故	45.00	15.00	30.00	
下罾乡	刘金科	因公病故	45.00	15.00	30.00	
南界乡	冉瑞尧	因公病故	45.00	15.00	30.00	
双桥乡	李心棠	因公病故	45.00	15.00	30.00	
板溪乡	何久清	因公病故	45.00	15.00	30.00	
舖子乡	田书元	因公病故	45.00	15.00	30.00	
鹅池乡	任顺发	被石压毙	65.00	15.00	50.00	
腴地乡	罗清云	因病身故	45.00	15.00	30.00	
丁市镇	刘万和	因病身故	45.00	15.00	30.00	
井江乡	张老四	因病身故	45.00	15.00	30.00	
铜鼓乡	袁启发	因病身故	45.00	15.00	30.00	
上罾乡	冉瑞发	因病身故	45.00	15.00	30.00	
鹅池乡	黄顺德	坠岩身故	65.00	15.00	50.00	
	倪月亭	因公病故	45.00	15.00	30.00	
大湖乡	李子云	被土压伤	30.00	无	30.00	
清溪乡	陈永华	被土压伤	45.00	15.00	30.00	
大河乡	齐祖林	因公病故	45.00	15.00	30.00	
五福乡	唐开富	因公病故	45.00	15.00	30.00	
火石乡	夏锡元	因公病故	45.00	15.00	30.00	

续表 3

乡镇别	民工姓名	伤亡情形	应领烧埋抚恤费数	已发数	尚欠数	备考
	严清泉	因公病故	45.00	15.00	30.00	
舖子乡	何　明	因公病故	45.00	15.00	30.00	
	左援富	因公病故	45.00	15.00	30.00	
下罾乡	冉正澄	因公病故	45.00	15.00	30.00	
大湖乡	何辛未	因公病故	45.00	15.00	30.00	
酉酬镇	唐明达	因公病故	45.00	15.00	30.00	
火石乡	张泽选	被石压毙	65.00	15.00	50.00	
双桥乡	杨轮光	因公病故	45.00	15.00	30.00	
铜鼓乡	陈光亨	因公病故	45.00	15.00	50.00	
沙子乡	杨科三	被土压毙	45.00	15.00	30.00	
大河乡	张学五	因公病故	45.00	15.00	30.00	
宜居乡	黄连三	因公病故	45.00	15.00	30.00	
腴地乡	田发生	被土压毙	65.00	15.00	50.00	
双桥乡	陈先东	因公病故	45.00	15.00	30.00	
先坝乡	陈上桂	因公病故	45.00	15.00	30.00	
	陈先科	因公病故	45.00	15.00	30.00	
大河乡	胡作山	被土压毙	65.00	15.00	50.00	
	李洪顺	因公病故	45.00	15.00	30.00	
腴地乡	罗青云	因公病故	45.00	15.00	30.00	
沙子乡	陈　香	因石压伤	30.00	30.00	无	

续表 4

乡镇别	民工姓名	伤亡情形	应领烧埋抚恤费数	已发数	尚欠数	备考
古竺乡	冉老富	因公病故	45.00	15.00	30.00	
濯水镇	段华清	被石压伤	30.00	30.00	无	
腴地乡	冉　二	因公身故	45.00	15.00	30.00	
大湖乡	曾云臣	因公身故	45.00	15.00	50.00	
	李道棠	因公身故	45.00	15.00	30.00	
宜居乡	冉隆桃	因公身故	45.00	15.00	30.00	
	吴良科	因公身故	45.00	15.00	30.00	
	冯昌林	因公身故	45.00	15.00	30.00	
大河乡	付亮采	因公病故	45.00	15.00	30.00	
	李宗生	因公病故	45.00	15.00	30.00	
	冉长生	因公病故	45.00	15.00	30.00	
黑水乡	张云廷	因公病故	45.00	15.00	30.00	
泔坪乡	吴宗清	因公病故	45.00	15.00	30.00	
	李清元	因公病故	45.00	15.00	30.00	
沙子乡	杨科森	因公病故	45.00	15.00	30.00	
先坝乡	侯锡美	被石压伤	30.00	无	30.00	
	金福祥	被石压伤	30.00	无	30.00	
多福乡	龙永顺	因伤身故	45.00	15.00	30.00	
铜鼓乡	陈序烈	因公病故	45.00	15.00	50.00	
西酬镇	谭文星	因公病故	45.00	15.00	30.00	
龙潭镇	李文成	因公病故	45.00	15.00	30.00	

续表 5

乡镇别	民工姓名	伤亡情形	应领烧埋抚恤费数	已发数	尚欠数	备考
双桥乡	许树艾	因公身故	45.00	无	45.00	
古竺乡	冉昌富	因公身故	45.00	15.0	30.00	
	郑仲举	因公病故	45.00	45.00	无	
铜鼓乡	董延森	因伤身故	45.00	15.00	30.00	
	吴明文	因公病故	45.00	15.00	30.00	
清溪乡	唐明蛟	被石打毙	65.00	65.00	无	
	唐万祥	被石打毙	65.00	65.00	无	
	王朝清	被石打毙	65.00	65.00	无	
后坪乡	刘寿平	被石打毙	65.00	15.00	50.00	
	张现汉	被石打伤	45.00	无	45.00	
	侯世贵	被石打伤	45.00	无	45.00	
	龚明枢	被石打伤	45.00	无	45.00	
舗子乡	简茂炳	因公病故	45.00	15.00	50.00	
大湖乡	何光发	因公病故	45.00	15.00	30.00	
	曾书廷	因公病故	45.00	15.00	30.00	
先坝乡	冉瑞富	因病身故	45.00	15.00	30.00	
大河乡	朱兴林	因病身故	45.00	15.0	30.00	
龚滩镇	陈启友	因病病故	45.00	15.00	30.00	
舗子乡	冉隆坤	因公病故	45.00	15.00	30.00	
旧堰乡	杨光栋	因公病故	45.00	15.00	30.00	
舗子乡	冯吉棠	因公病故	45.00	15.00	30.00	

续表 6

乡镇别	民工姓名	伤亡情形	应领烧埋抚恤费数	已发数	尚欠数	备考
龙潭镇	田锦银	因公病故	45.00	15.00	30.00	
涂市乡	滕传福	因公病故	45.00	15.00	30.00	
大湖乡	白占武	被石打毙	65.00	15.00	50.00	
舖子乡	陈永义	因公病故	45.00	15.00	30.00	
双桥乡	陈先堂	因公身故	45.00	15.00	30.00	
铜鼓乡	许兴辉	因公病故	45.00	15.00	30.00	
涂市乡	石宗藩	因炮炸毙	65.00	65.00	无	
多福乡	王鼎新	因公病故	45.00	15.00	30.00	
旧堰乡	齐纯备	因公病故	45.00	15.00	30.00	
可大乡	宋洪惠	因公身故	45.00	15.00	30.00	
	谢世禄	因公身故	45.00	15.0	30.00	
麻旺乡	冯张氏	被岩打毙	65.00	15.00	50.00	
龚滩镇	罗继福	因公病故	45.00	15.00	30.00	
清溪乡	朱登全	因伤身故	45.00	15.00	30.00	
大湖乡	李中坤	因公受伤	10.00	10.00	无	
下罾乡	冉瑞澄	因公病故	45.00	15.00	30.00	
清溪乡	徐永廷	因公受伤	20.00	20.00	无	
大河乡	谢朝柏	因公病故	45.00	15.00	30.00	
玉屏乡	车二老	因公病故	45.00	15.00	30.00	
龚滩镇	罗仁代	因公病故	45.00	15.00	30.00	
涂市乡	杨泽宗	被石压毙	65.00	65.00	无	

续表 7

乡镇别	民工姓名	伤亡情形	应领烧埋抚恤费数	已发数	尚欠数	备考
钟灵乡	周大海	因公病故	45.00	15.00	30.00	
先坝乡	肖维新	因公病故	45.00	15.00	30.00	
玉屏乡	冉杨氏	因公病故	45.00	15.00	30.00	
麻旺乡	黄万顺	因公病故	45.00	15.00	30.00	
井江乡	赵启炎	因公病故	45.00	15.0	30.00	
古竺乡	何兴发	因公病故	65.00	15.00	50.00	
五福乡	庄金廷	因公病故	45.00	15.00	30.00	
舖子乡	冉隆友	因公病故	45.00	15.00	30.00	
大湖乡	何开元	因公病故	45.00	15.00	30.00	
火石乡	针九香	因公病故	45.00	15.00	30.00	
南界乡	冉瑞茂	因公病故	45.00	15.00	30.00	
大湖乡	郑兴顺	因公病故	45.00	15.00	30.00	
大湖乡	吴国明	因公病故	45.00	15.00	30.00	
鹅湖乡	李恭宇	因公病故	45.00	15.00	30.00	
	任么哥	因公病故	45.00	15.00	30.00	
兴隆乡	姚茂堂	因公病故	45.00	15.00	30.00	
	屠老林	因公病故	45.00	15.00	30.00	
让坪乡	崔召银	因公病故	45.00	15.00	30.00	
南界乡	冉瑞相	因公病故	45.00	15.00	30.00	
鹅池乡	谢维定	因公病故	45.00	15.0	30.00	
	吴国三	被石压毙	65.00	无	65.00	

续表 8

乡镇别	民工姓名	伤亡情形	应领烧埋抚恤费数	已发数	尚欠数	备考
大河乡	袁太柏	因公病故	45.00	15.00	30.00	
大湖乡	熊正乐	因公病故	45.00	无	45.00	
大河乡	石敦富	因公病故	45.00	无	45.00	
	毛万树	因公病故	45.00	无	45.00	
	冉启义	因公病故	45.00	无	45.00	
	付元绍	因公病故	45.00	无	45.00	
	谢昌寿	因公病故	45.00	无	45.00	
	曾自才	因公病故	45.00	无	45.00	
	黄福林	因公病故	45.00	无	45.00	
	龙友奇	因公病故	45.00	15.00	30.00	
	龙泽芳	因公病故	45.00	无	45.00	
	倪子和	因公病故	45.00	无	45.00	
钟灵乡	许志荣	因公病故	45.00	无	45.00	
大湖乡	田兴树	被火焚毁	80.00	80.00	无	
铜鼓乡	田陈氏	因公病故	45.00	15.00	30.00	
鹅湖乡	左国富	因公病故	45.00	15.00	30.00	
钟灵乡	田宗应	因公病故	45.00	15.00	30.00	
	冉绍发	因公病故	45.00	15.00	30.00	
两河乡	侯忠鹄	因公病故	45.00	15.00	30.00	
	陆三毛	因公病故	45.00	15.00	30.00	
合计	176		8149.00	3075.00	5065.00	

【注】彭清玉收集整理。

1. 此表原标题为：酉阳筑路委员造列自（民国）二十五年一月二十八日起至（民国）二十六年二月底止各乡伤亡民工姓名及应领烧埋抚恤费已发尚欠数目表。

2. 此表原阿拉伯数字为汉字。

3. 此表来源于原县志办资料档案永久卷144号。

2. 中国青年军（第6军202师）酉阳籍官兵通讯录

姓　名	年龄岁	通讯地址	备注
段中平	20	酉阳龙潭	任少尉干警事
倪正国	19	酉阳小坝乡	以下为604团士兵
刘文运	20	酉阳中山街60号	
田锡和	20	酉阳小坝乡	
张慈先	22	酉阳黑水坝	
庄宗银	18	酉阳五福乡大溪口	
刘遐余	19	酉阳濯水转鹅湖乡	
杨先富	19	酉阳堰水乡	
陈永豪	20	酉阳涂市乡	
周永昌	22	酉阳濯水转鹅湖乡	
冉茂艮	21	酉阳宜居乡	
冯积驹	19	酉阳中正街85号	
陈德福	18	酉阳中山路1号	
石敦化	21	酉阳小河转让坪乡	
吕钰	28	酉阳龙潭镇中山街93号	
陈永贵	19	酉阳铜鼓乡翰林坝	
吴和光	20	酉阳铜鼓乡	
张泽昌	20	酉阳县堰水乡转张家坝	
刘必全	19	酉阳铜鼓乡邮转朱家沟交	
王积章	17	酉阳中正街120号转	

续表 1

姓　名	年龄岁	通讯地址	备注
刘昌岑	20	酉阳濯水乡邮转鹅湖口	
张洪宪	20	酉阳黑水乡转张家坝	
王世樾	20	酉阳渤海乡	
陈德树	20	酉阳小河邮转小圩坪	
高永俊	22	酉阳两河口高家彦	
陈茂诗	25	酉阳铜鼓乡邮转	
杨明仁	20	酉阳中正街 98 号，酉阳涂市乡公所	
向培融	20	酉阳濯水乡转鹅湖乡	
王新荣	20	酉阳濯水乡转鹅湖乡	
陈茂全	21	酉阳中山街面 219 号转	
杨胜儒	19	酉阳小河转让坪乡	
翁昌权	26	酉阳龙潭镇上街交	
吴子昌	20	酉阳涂市乡大溪	
朱传瑞	20	酉阳中山路 223 号	
黄　龙	20	酉阳丁市镇转	
冉月光	20	酉阳铜鼓乡邮转	
王俊君	21	酉阳中正街杨吉林转涂市乡	
何朝陆	20	酉阳濯水乡邮转鹅湖口	
冉光庭	20	酉阳小河邮转	
李国忠	19	酉阳铜鼓鼓乡	
石德元	25	酉阳县河街 88 号	

续表 2

姓 名	年龄岁	通讯地址	备注
张华昌	20	酉阳忠水坝坝邮转	
冉绍富	20	酉阳中正街 110	
冉子清	22	酉阳县铜鼓乡	
林久璠	19	酉阳五福乡	
石胜华	20	酉阳龙潭镇中山街 28 号转	以下为机一连
何开明	19	酉阳濯水邮转鹅湖	
胡发荣	19	酉阳中正街 86 号	
全官礼	20	酉阳濯水邮转鹅湖乡	
滕久长	20	酉阳县涂市乡	
杨禄齐	20	酉阳五福乡大溪口邮转	
冉光元	20	酉阳城内葛园能	
张尚礼	20	酉阳五福乡大溪口邮转	
冉伯卿	22	酉阳濯水镇上街交	以下为 3 营
杨世蘭	30	酉阳龙潭镇下北街	
冉光光	26	酉阳县苦竺乡公所转深溪坝	以下为 605 团
余国祥	21	酉阳县龙潭镇中正街 154 号	
陈茂林	25	酉阳铜鼓乡邮局转	
陈德全	26	酉阳县政府转涂市乡公所交	
白长柏	18	酉阳县 X 溪乡邮	
田光禄	19	酉阳县后溪乡邮交	
冉茂权	25	酉阳黑水坝邮交	

续表 3

姓　名	年龄岁	通讯地址	备注
王茂鑫	20	龚滩食口店交	
冉　森	18	酉阳龙潭绍同街 50 号	
冉耀光	20	龚滩上街达观路	
向清贵	17	酉阳龙潭中正街 31 号	
周国武	21	酉阳尤江山街交	
姚祖模	19	酉阳县龙潭中正街 49 号	
陈鸿先	19	酉阳铜鼓乡王家坡	
万选仁	20	酉阳龙潭绍周街 49 号	
董世珍	25	酉阳铜古大井坝	
杨世清	20	酉阳龙潭中山街 95 号	
冉熠光	29	酉阳龚滩镇上街	
李文贵	20	酉阳丁市镇转后坪乡 XXX	
冉文龙	22	酉阳 XX 镇上街 XXX 转	
冉崇文	22	酉阳 XXXXXXXXX	
冉崇 X	25	酉阳 XXXXXXXXX	
吴　崑	20	酉阳龙潭中山街 34 号	
冯吉达	25	酉阳河舖乡转交	
潘福泽	29	酉阳两河口建 X 路 2 号	
刘必欧	23	酉阳铜 X 乡转红砂井	
刘原光	23	酉阳龙潭中山街 45 号	
刘裕琨	19	酉阳渤海乡邮转耿家店	

续表 4

姓 名	年龄岁	通讯地址	备注
冉光栋	24	酉阳中山街邮转	以下为 606 团
夏鸿业	23	酉阳钟多镇中 XX 路转 XXX	
刘征若	21	酉阳中山路 148 号转舍人家	以下为师直属部队
邱脉忠	20	川东龙潭镇中山街 85 号	
田祖琏	20	四川酉阳	
熊健萍	25	中山街 134 号 XXX 转	
李德源	24	丁市邮转	
马明遂	20	两河口 XXX	
吴秀银	22	酉阳县党部转交	
邹廷凤	21	酉阳让坪乡公所	
陈德建	19	黑水邮转大涵洞	
周家建	19	川东酉阳龙潭延年路 61 号	
吴和树	19	酉阳铜鼓乡	
冉辅臣	22	酉阳钟多镇第 244 号	
杨祥简	19	酉阳水车坝邮转	
杨光全	19	酉阳堰水乡黑水坝邮转小竹园	
庄宗书	19	酉阳五福乡大溪口王 XX 转	
万东清	20	酉阳龙潭镇中山街 XXX	
陈茂和	20	酉阳第三区 XXX	
秦惠明	18	酉阳南河口邮转	
徐庶臣	20	秀山妙泉乡邮转	籍贯：四川酉阳

续表 5

姓　名	年龄岁	通讯地址	备注
张沛隆	20	川东龙潭中山街 48 号	
庹秀廷	18	新八乡 X 永昌收转	
杨光印	20	黑水坝邮家屋基	

【注】彭清玉收集整理。

1. 此表来源于民国档案第 402、515 卷。

2. X 为字迹无法辨认。

3. 时间为民国三十三年六月（1944 年 6 月）。

3. 抗战时期参加工作在酉阳离休干部一览表（排名不分先后）

姓 名	籍贯	出生年月	参加工作时间	入党时间	原单位及职务	离休时间	去世时间或健在	备注
李叙家	山东省文登县	1929.8	1944.10	1946.7	县委组织部部长	1991.2	2013.11	
孟昭良	山东莱阳刘家庄	1924.5	1945.8	1947.3	县人大副主任	1989.11	2002.9	
刘春峰	山东省沾化县	1920.2	1945.1	1946.8	县农机局副局长	1984.4	2012.4	
马玉龙	山西省太原市	1921.12	1945.10	1947.10	县商业局股长	1985.12	2007.6	
王学武	河南省博爱县	1921.9	1944.8	1949	县农产品采购局组长	1984.7	2010.3	
张锡发	山东省楼霞县	1915.7	1945.7	1950.2	县百货公司干部	1982.4	2007.6	
张黄孩	山西省武乡县	1922.6	1945.7	1948.10	县精神病院院长	1983.12	2009.1	
刘福聪	山西省中阳县	1924.1	1945.9	1948.6	县公安局副局长	1982.4	健在	
翟保民	河南省濮阳县	1930	1942.2	1950	县中药材公司副经理	1983.4	健在	
李联朝	河北省元氏县	1928.1	1945.8	1946.1	县工业局萤石船队队长	1983.2	健在	
廖洪良	四川省丰都县	1919.1	1938.8	1938.9	县百货公司业务员	1984.9	2004.4	
吕传河	山东省滕市	1930.11	1945.2	1948.1	县粮食局粮站副站长	1985.2	2012.9	
高富邦	河北省邯郸市	1924.2	1944.10	1949.8	县检察院副检察长	1986.9	2005.5	
王盛敬	山东省平度县	1919.2	1945.7	1945.12	县政府顾问	1983.6	2003.11	

姓　名	籍贯	出生年月	参加工作时间	入党时间	原单位及职务	离休时间	去世时间或健在	备注
张守业	山西省左权县	1915.3	1943.7	1944.10	县纪委副书记	1981.1	2001.1	
韩先儒	山西省武乡县	1926.7	1945.7	1946.3	县委老干部局局长	1986.11	1999.3	
王秀田	河北省海兴县	1922.3	1945.3		县供销社双河社干部	1982.11	1998.10	
张文德	山西省柳林县	1922.8	1939.12	1940.7	县食品公司经理	1984.1	1996.6	
于志忠	河北省赞皇县	1920.7	1945.8	1945.12	县工交部副部长	1986.11	1995.1	
代守业	安徽省临权县	1919.9	1945.9	1948.10	县交通局股长	1984.6	1993.3	
吴三海	山西省昔阳县	1901.12	1937.11	1939.9	1972年离职休养（钟多镇）	1984.9	1992.1	
马子清	甘肃省天水市	1914.2	1945.6	1948.10	航运站站长	1985.8	健在	
杨正文	山东省掖县	1918.4	1938.8	1946.12	酉阳师范校党支部书记	1982.8	2002.2	
王　庆	江苏省阜宁县	1921.3	1942.8	1945.12	县化工厂厂长	1982.11	2001.8	
李振鸿	山西省曲阜县	1919.10	1945.7	1946.5	钟多区粮站副站长	1982.8	1991.2	
王克荣	山东省茌平县	1922.11	1940.3	1940.3	县商业局副局长	1985.12	2010.6	
王　勇	河南省林县	1922.8	1944.2	1945.10	新疆建设兵团干部	1981.7	1992.1	异地安置

【注】彭清玉收录整理

此表为2014年元月由县老干部局提供。

回忆文章

回顾抗日战争，怀念傅翼将军

（陈岳生口述，田祖智整理）

傅翼将军四川酉阳人，曾在王陵基的第三十集团军当过师长、军长。抗战前他的经历我不甚了解，抗战中，我是他的部属，他驰骋沙场英勇抗日的事迹，至今犹能回忆一些，这里只是一鳞半爪，以飨读者。

1941 年，我从军校毕业，分配到长沙第九战区长官部任见习，不久分配到七十二军任下级干部，同去的同学共 15 人。当接到到差的通令时，内心忐忑不安。原因是该军属杂牌部队，受人歧视不说，还会被这个部队怀疑我们去是监视他们而不受欢迎。同时，该军所属各部分散在赣北鄂南敌后及湖北前线开展游击战争，行动无常，境况艰苦。但是，军人以服从命令为天职，身不由己，乃决然离开长沙前往江西修水报到。

军部驻在修水渣津小镇。参谋长韩明热情接待我们并亲自安排食宿。第二天上午，傅翼军长在他的办公室接见我们。他气宇轩昂，面带笑容，见面先招呼：同学们辛苦了。寒暄数句后，神情逐渐严肃起来。他说，如今国难当头，热血男儿当奋勇杀敌，我们要负起驱逐日寇，还我河山的民族重任。他谈起国恨家仇，民族义愤不可遏抑。要我们下到连队去，尽快提高士兵军事技能，大胆工作，恪尽职守。并且叮嘱如工作中遇有困难，直接向他书面汇报，表示根据实情及时解决。傅军长召见后不久，我去新十三师三十九团一营任排长。师长唐郇伯、团长邛仲丕及营连长官都热情欢迎我们，以前的种种顾虑顿时为之冰释。

在傅军长及师团长官的热情接待和激励下，我也有一腔热血，发誓要报效国家。我与士兵同操练，共生活，把所学的军事知识教给他们。当时我初出茅庐，作风特别纯正，不酗酒，不吸烟，不打麻将，对人忠诚坦率，对工作认真负责，官兵甚为敬佩。

1941 年初冬，赣北气候恶劣，寒气凌人，晚上雨雪霏霏，操场上覆盖着一层薄薄白雪。士兵无棉衣御寒，个个瑟瑟发抖。我提前收操，提笔向傅军长写信："当此天寒地冻之时，士兵号寒于操场，棉服关锁于仓库，睹此怪状，何忍坐视。窃思部队主官为士兵父兄，士兵是主官子弟，如主官视士兵如草芥，则士兵视主官如寇仇，情理昭然，毋须赘述。值此国难方殷，民族危殆，士兵効命疆场之际，若不关心士兵，坐视困难于不顾，则抗战前途何堪设想，吾人用兵作战又何以克敌制胜。言念及此，忧心如焚，因此正言不讳，恳切陈词。尚希英明军座察纳微言，速解士兵无衣御寒之苦，则官兵幸甚，抗战前途幸甚。"此信送出后，不几天大批棉服拨发到连，官兵欢欣如童稚。我向大家晓以傅军长之关怀，官兵纷纷表示要苦练本领，英勇杀敌，报效国家，恪尽军人职责。

1941 年 9 月，日军进犯长沙，七十二军参加了第二次长沙会战，当时我在长官部见习，长官部命令新十五师及新十四师一部对通山附近之敌进行佯攻，以牵制武汉之敌用于长沙方面。当时傅翼将军是新十五师少将师长。为了确保达到牵制目的，他率领官兵勇敢冲杀，克服了一些据点，迫敌北撤。日寇在溃退途中又被新十三师包围，重创日军一个联队。新十三师三十九团获“老虎团”称号。后因军长韩全朴驰援平江不力，军长被撤换，傅翼升任中将副军长，王陵基兼任军长，统率七十二军者实际为傅翼将军。

1941年底，日军10万余人沿粤汉路向长沙地区进犯。傅翼率七十二军在湘北新墙与日军先头部队作战，阻击日军前进。后集团军总部命令七十二军确保平江、浏阳至长沙大道的交通，并对长沙之敌实行球心攻击，发动第三次长沙战役。傅翼军长率新十五师、新十六师和新十四师的一部在长沙东北地区与敌展开激烈战斗。因长沙警备司令张德胜临阵脱逃，军心瓦解，长沙失陷。不久，日军退出长沙，在撤退中遭到七十二军和二十军杨汉域部的痛击。在湘北福临铺、汨罗一带击毙日军近千人，击毁战车四辆，击伤敌机一架，缴获火炮三十余门，轻重机枪五十余挺，三八步枪六百余支。战后军委会派蔡劲军中将前来平江两军驻地慰问，夸赞“川军能打”。

1943年秋冬之间，侵占宜昌地区之日军，向常德、汉寿地区窜犯，企图截断六、九两战区联系及川湘交通。由于该方面国军力量较弱，敌人突然袭击，形势即告紧张，长官部电令七十二军发兵增援。11月27日，傅军长率部西征，冒风履雪，日夜兼程。行军至益阳，电悉常德守军在五十四师师长余程万指挥下终以牺牲惨重，粮弹俱竭而于12月2日放弃常德。在日军于3日陷常德的当夜，战区司令长官薛岳急电傅翼率军，克日收复常德。七十二军在日军的疯狂轰炸扫射下，一边前进，一边备战，5日到达常德石门桥。是夜即接替预十师攻取德山，经通宵激战，德山终未攻克，翌日凌晨撤回石门桥。长官部改令七十二军进攻常德西城，部队立即转移至桃源三汊港。7日拂晓前全军一万九千余人安全渡过沅江，集结于桃源木塘坪。傅军长授命各师团部队进入阵地，向西门发起攻击，并组织敢死队架云梯攻城，战斗十分惨烈。激战一昼夜，在友军配合下，8日上午日军溃逃，收复常德。至是六、九两战区部队共庆常德会战胜利。

1944年夏，日军主力分为两路，同时向长沙、衡阳方面发起进攻，来势极为猛烈。总部限令七十二军军长傅翼率新十五师师长江涛和军直属部队，以上栗市为目标挺进。到达上栗市后，傅军长向总部报告无敌踪，遂在萍乡占领阵地，准备迎击敌军。此时总部将三十四师交与傅翼指挥。果然日军来攻萍乡，激战两昼夜后日军自动退回醴陵。傅军长率部在浙赣线的长春铺、油塘铺、老关一线侧击日军南犯，以减轻衡阳威胁。先后在醴陵江湾、泗汾、仙岳山、萍乡、老关、凤仙岭、茶陵、船湾等地进行大小战斗百余次，歼敌六百余人，同时我军也付出了百余人的血肉代价。

傅翼军长生活朴素，不尚奢华。在军中经常一身士兵服，常同幕僚士兵一起开餐。记得他于每顿饭后要用生水漱口，以淘去牙缝饭粒，漱后就饮入腹中，左右见了发笑。他说，一粥一饭当思来之不易，这事在军中传为佳话。他关心士兵生活，通令各师连队成立生活管理委员会，挑选优秀士兵充当伙食委员。规定每星期要打一次牙祭，伙食账目日清月结，当众公布。如发现谁个从中揩油，严惩不贷。士兵穿衣他也视作大事一件，责成各级军需处室早作准备，四月一日换夏服，十月一日换棉装，如有迟误即行追查责任。

傅军长治军严明，军令如山，谁个贻误戎机决不姑宽。记得1941年秋，在岳阳老鸦山与日军作战，新十三师某营营长，因作战不力，延误时间，致使日军抢先占领山头造成战斗损失，对这位曾经追随他十多年屡建战功而提升起来的营长，不徇私情，断然将其就地处决。他告诫部属：要爱兵如子，养兵如虎，练兵如钢，打起仗来才能冲锋陷阵，勇往直前。

傅军长知识渊博，学而不倦。他研读过《三国演义》、《孙子兵法》，熟读唐诗宋词，军中称他是一位文韬武略的将军。我长期在他麾下工作，时常在《扫荡报》、随军简报上看到他写的诗文，喜读不厌。他在行军作战时常在马背吟咏，多有写作抒怀。作品气势磅礴，足以提高士气和战斗力。只惜年长日久，他的许多诗作我大多遗忘了，能回忆得起的有二首。1943 年增援常德，部队由平江渡汨罗时，傅军长即兴吟诗一首。诗云："平城战骑跃，千军渡汨罗，泽畔吊屈子，离骚谱战歌，旌旗耀日月，风雷动山河，精兵统十万，生擒洞庭鳖。"另一首是 1945 年增援赣南，雪过井岗山抒怀："井岗高万丈，漫天雪花飘，茅檐生玉烛，悬岩铸银镖，冰凝铠甲厚，雪拥马蹄高，抗日军令重，未敢脱战袍。"这些豪迈壮丽的诗句，深受广大官兵喜爱。

1944 年 8 月湘西沦陷后，日军进窥黔桂，直下独山，威胁重庆。当时七十二军陈兵赣西山区，与后方联系断绝，补给困难，加之地瘠民贫，士兵生活极其困苦。正当艰险危难，进退维谷之时，南京汪伪发出密电，诱劝三十集团军王陵基率部附逆，许以江西省主席及江西和平军总司令要职。王陵基接到密电惊喜交加，复又虑及此乃一身功罪名节之大事，何去何从犹豫不决。乃召集参谋长宋相臣、七十二军军长傅翼于私邸密商。王宣读密电内容后，要宋、傅二人深思熟虑发表意见。彼此沉吟良久，傅军长首先发言道："当年跟随总座出川抗日，家乡民众以锣鼓鞭炮相送，切望我等保卫国土，驱逐日寇；如今投汪附逆就是卖国求荣，充当日伪鹰犬，必受国人唾骂，成为千古罪人，有何面目再见我巴蜀父老！这条路千万走不得，请总座三思而行。"接着宋相臣发言："我的看法与西屏兄大相径庭。蒋介石对川军一贯歧视，拿我等充当战争炮灰，一视被消灭而后快；现在又与后方隔绝，补给失援而困于山区，与其坐以待毙，不如另求生路。何况，总座与汪先生早在日本即有旧交，相信不会受骗。若将来和平建国成功回到家乡，巴蜀父老还会赞扬我们是识时务明大局的俊杰。此事机不可失，请总座明鉴决断。”王陵基见二人意见相左，各执一端，遂终此商议，要他二人再作周全考虑，步趋一致后再作决定。于是“三角会议”不欢而散。不久，王陵基单独召见宋相臣，对宋说道：“目下时局艰危，关于‘密电’一事要放弃己见，顺从傅的主张。而今傅翼军权在握，‘本钱’攒在他手里，他不同意，你我将他奈何！关住夔门是一家，我们还是要同舟共济、度过难关为是。”宋相臣听后心有转机，也不敢擅自越轨独行其是，去负大逆不道之罪责。于是投汪附逆之念遂告止息。

1945 年抗战胜利，七十二军奉二方面军命令，接收鄂南地区的通城、崇阳、蒲圻、咸宁等县日军投降任务，我与傅平仲（当时任新十三师三十九团三营营长）被委任为受降先遣联络官。在前往蒲圻途中，傅平仲感慨地说：“去冬汪精卫那一诱降密电，如不是我大叔（指傅翼）竭力抗争，果真投汪附逆，现在我们就都要受国法审判了，哪有资格来接受日军投降啊！”

于是他将上述情况一一告诉了我。我听到这一鲜为人知的秘闻，不禁心惊胆寒，久久未语。回想起来，要不是傅军长大义凛然的爱国气概和抗战必胜的远见卓识，我们的一切都将被葬送。

抗战胜利后的受降工作一告结束，七十二军由鄂南横渡长江深入大别山。军部驻麻城的宋埠。三十四师与新十三师分别驻扎鄂东麻城、浠水、黄安、罗田各县，监视中共李先念部队，待大整编完毕后进行内战。傅军长对此曾愤怒地说：“我们八年抗战，民贫财竭，人民需要休养生息，需要治好战争创伤，需要和平团结兴邦立国，重振家园，现在龟儿子又要把我们逼上烽火道。”他一气之下，向武汉行辕主任程潜辞职，弃甲退隐，寓居重庆。

此后，七十二军继任军长杨文泉，在山东战场作了解放军的俘虏，再任军长余锦源领衔寄居重庆。淮海战役后，新任军长郭汝瑰于 1949 年 2 月率七十二军入川，驻川南备县补充新兵，准备在西南地区与共军决战。当重庆解放后，郭汝瑰审时度势，于 1949 年 12 月在宜宾起义，使万余国民党官兵弃暗投明，走上光明之路。

【注】陈岳生，湖南桑植人，原国民党七十二军三十四师一〇一团上校团长，1949 年 12 月起义。历任湘西州七届人大代表，政协桑植县常委。（黎洪录自《酉阳文史资料选辑》第 13 辑）

退守安庆到激战罗盘山

陈德邵

1937 年 12 月，杨森率二十军到达安庆后，正式就任第二十七集团军总司令仍兼二十军军长（未另设总部），军部驻安庆城内。一三三师除以一个营担任枞阳镇警戒外，其余部队驻安庆城郊区，一三四师驻西路弯一带营房。中央直接指挥总部，总部除指挥二十军外，另与新四军郝耀庭纵队协同对日作战。

安庆城内散兵游勇、难民、学生云集，秩序紊乱。尤其是过境的散兵游勇，除了骚扰地方，到处滋事外，还不时涌入安徽省府，索粮讨钱。我们部队到了那里后，即出布告安民和制定整顿措施，并协助地方政府妥善安排收容和转送伤兵。军部还令警卫营经常派队巡逻。后由运新兵和武器的返回轮船，将伤兵、散兵、学生、难民等，分期分批运往江西、武汉、四川等地。

安庆经常挨炸，原因是安庆城东有一小型飞机场。敌机每次轰炸武汉，安庆是必经之地，敌机炸过武汉以后，若有剩余炸弹，就全部扔在安庆，大部分是炸我们的机场。有一次杨森想惩罚一下日本人，便同其幕僚商量，找木匠做了几架木头飞机，停在机场上。

那天敌机过境，见到了我们的“机队”，当即有一架匆匆地折回去调兵遣将。数十分钟后，三架敌机迅即赶到，轮番俯冲轰炸，炸得是那样认真，那样激烈，把我们那几架木制飞机，炸得支离破碎，一时也难以计算出他们投了多少炸弹、扫射了几次机关枪。一三三师驻在附近的三九九旅当即集中高射炮向俯冲下来的敌机猛烈射击，有一架敌机中弹起火坠毁，人机均成灰烬，其余两架高飞东逃。这一战果，使全安庆军民欣喜若狂，欢声震野。敌机刚飞走，群众就扶老携幼地往机场跑，足有数万人，跑去看敌机残骸。大家正在指手划脚，兴高采烈议论的时候，突然，第二批敌机又来了，于是人人争先恐后，急急奔逃。残暴的敌人见有这么多人，怎肯放弃肆虐屠杀的机会，于是连炸带射，当场炸死二三十人。

我们在安庆进行了整补，先将沪战后剩余官兵恢复原来建制，加上增设单位：军设警卫营，师设卫生队，旅设警卫排，团设追击炮连、警卫、通信各一排，营设重机枪连。1937年12月底至1938年初，由叙泸师管区和广合师管区拨来六个补充团，还有自愿参军的爱国学生数百人，同时补充二十军，武器亦陆续运到，大多数是德造、捷克造，少数是本国制造的。在动员和组织民众方面，二十军的政工人员在新四军郝耀庭纵队的大力支持和各县府的具体协助下，也取得了显著的效果。例如，后来一三三师在淮南一带作战中，无为县人民踊跃参加粮弹运输和伤员后送工作。石涧铺人民还将阵亡营长张玉辉等的遗体二十余具，安葬在石涧铺区政府所在地附近，并竖立纪念碑。怀宁县政府又为阵亡营长张玉辉等举行隆重追悼大会。

1938年7月，杨森率二十军由武昌乘火车至长沙，然后步行到浏阳、醴陵等县，一面主持整训，一面指挥对日作战。

1938年秋，日军向武汉进犯的同时，另以一部沿赣鄂公路前进，妄图从鄂南包围武汉。当时第八军军长李玉堂指挥第三师，在江西武宁县东北的罗盘山、棺材山地区阻敌西进。由于敌众我寡，杨森奉令派一个师受李玉堂指挥。一三三师师长杨汉城接受命令，率领该师由醴陵出发，经浏阳、铜鼓、修水至武宁、蒲田大桥附近集中。这时，罗盘山、棺材山战斗要地，已陷敌手。军长李玉堂令一三三师向这两地进攻。由于日军武器精良，又居高临下，我三九七旅屡攻受挫。师长杨汉域乃改用白天固守据点，夜间猛袭的战术，几次攻下罗盘山、棺材山。但次日敌军用重炮轰炸后，又猛烈反攻，在伤亡过大的情况下，几次得而复失，形成拉锯式战斗。杨汉域另以三九九旅七九七团（团长陈亲民）由罗盘山以西经过第三师阵地，攻击日军侧背，三九七旅同时向当面之敌佯攻，牵制敌人。陈亲民团乘敌不意，重创日军。午后，日军集中步、骑兵，在炮兵掩护下，向陈团反扑，副团长滕君甫，亲临前线指挥，以身殉国，部队一度后退，杨汉域即令通信连长陈德邵（兼代参谋）率领该连冲锋枪排，前往督战。我部立即执行，并亲往第三师联系，请其协同陈亲民团围歼侵入山谷日军。经两部共同努力，激战约一小时，日军即狼狈溃逃，陈团入夜返回原防地。继因三九七旅伤亡过大，杨汉域以三九九旅接守该旅阵地。该旅坚守要点，入夜，即以精锐小部队，分道奇袭强弩之末的日军，使无力再犯。最后一三三师在军长李玉堂的领导和第三师的配合下，经过二十五昼夜浴血奋战，终于重创日军，从而粉碎其从鄂南包围武汉的阴谋，完成了任务。三十集团军王陵基接防后，一三三师回湖南平江，归还建制，整顿补充。

【注】黎洪收录于四川省政协《川军抗战亲历记》，四川人民出版社，1985 年。

起义将领陈德邵抗日战争史略

齐贵祥

原国民党二十军副参谋长、少将副师长陈德邵系酉阳县麻旺乡人，于1949年底率师在四川宣汉起义，参加中国人民解放军。我是陈德邵的老部属，又是老同乡，曾任二十军上尉书记，一三三师上尉书记等职，对陈的一生经历略知梗概。唯历时已久，回忆不全。现就其抗战事迹略述于下。

1937年卢沟桥事变，抗战开始。8月，日寇侵犯上海。国民党二十军整编为一三三师、一三四师，辖8个团赴上海抗日。当时，由于形势需要，调一三三师少校参谋陈德邵任连长。我军到上海的陈家行、蕴藻浜与日寇第三、六师团精锐部队接触，以劣等装备对敌人的飞机、大炮和坦克，多次短兵相接，拉锯式的肉搏冲锋，杀得尸横遍野，血满战壕。血战80昼夜，住在掩蔽部和交通壕里，同阵亡官兵交织在一起，和衣而卧，曲肱而枕，从未洗过脸，从未洗过脚，连吃饭也只能用手在饭桶里抓起吃。有一次，伤员老班长刘义顺不吃饭，眼盯着死在身边的战友直流泪。陈见此情景，恐影响士气，乘机向官兵们讲：“兄弟们，我们要化悲痛为力量，坚决打败鬼子，为死难的弟们报仇！我们决不让鬼子践踏我们的父老姐妹！”陈的话未落，刘义顺就喊：“连长，把我的伤口再裹紧点，枪还给我，我要参加战斗，为死难的兄弟们报仇！”陈答应了他的要求。伤员刘义顺裹伤出战的动人行为，振奋了全体官兵。我们在如此艰苦的环境，如此艰险的残酷战斗中英勇顽强地浴血奋战，鏖战了近3个月之久。

经我官兵数月顽强的抵抗，日寇伤亡惨重，锐气受挫。可是敌强我弱，众寡悬殊，我军亦伤亡了大批官兵，全军只剩下几千人。奉命撤到安徽的安庆休整补充。

军部确认陈“忠心报国”，调去战地参谋班学习。回部队后升任副团长。

日寇占领上海后，继续进攻，先后占领安庆的罗盘山，江西武宁、修水，湖南的浏阳、平江等地。陈奉命沿途堵击，任务是拖住敌人，迟滞日寇向长沙推进。从而迎得我九战区在长沙各战略要地布防的必要时间，为第一次长沙会战奠定基础。

1939年秋，陈奉命参加第一次长沙会战。长沙是战略要地，军家必争。为了打好这次战役，需要大批勇敢善战的指挥员，上司调陈任一三三师代理参谋长，协同师长夏炯在长沙外围的崇阳、全丰、朱漆厂一带堵防日军。陈派兵秘密占领附近高山阵地，组织9个轻装突击队，分数路偷袭正在酣睡之日军。以4个突击队摸黑穿插到日军宿营地中心，隔断日军兵力，采取各个击破的战术；待穿插完毕，信号发出，9个突击队全部猛攻，打得鬼子昏头转向，人马互相践踏，乱成一团。激战至次晨，鬼子死伤百余人，丢马10余匹，向龙门厂逃窜。陈又派两个团将敌围住，激战至下午4时，日军主力窜到长寿街一带，昼夜往青梅湾逃窜。我军以一部急往长寿街，把该地与献钟之敌分别包围。官兵以排山倒海之势猛冲，杀得敌人首尾难顾。战至10时许，敌我双方均伤亡惨重，但我军士气高昂，仍继续猛攻，日军被迫分数路溃退。陈抓住战机，不让残敌逃脱，急令三个团取小道直插江西桃树港，抢占敌人必经之路——南楼岭，截断敌退路；又派一个连向红桥溃逃之敌追击，追得鬼子溃不成军，抱头鼠窜。这时公路两旁高山上民众见日寇惨败的狼狈相和我军紧迫不舍的英勇气慨，大声高喊："日本鬼子跑了，抓活的！"民众的呼声就像冲锋号令，鼓励着我军前进。至桃树港途中，敌一部沿公路北逃到朱漆厂；一部沿修（水）平（江）公路北窜；一部向全丰方向溃逃。陈又指令一部取小路直插白沙岭，向苦竹岭方向前进，阻击敌人。

陈于次日即到桃树港以西附近，得知日寇数千人亦正向这里窜来。陈急令一部先敌占领南楼岭战略要地，一面防止通城日军增援，一面阻击北窜日军。在白沙岭与敌主力展开激战，使日军伤亡惨重，被迫逃回通城老巢。我军追至麦市地区，师部住桃树港温泉，与敌对峙，监视日军动向，使其不再出外侵犯。

我部官兵的英勇奋战，为第一次长沙会战胜利结束作出了贡献。

1941年9月，第二次长沙会战开始，陈任133师399团团长。

陈团奉命星夜赶到岳阳岁仙桥附近参加战斗。他侦知敌步骑兵及后勤部队2000余人配有10余辆坦克看守在大荆街的粮弹仓库；另有敌工兵数百人押着民工数千人抢修新墙河至大荆街之公路。根据这一情报，陈团配合师一工兵排轻装带雷夜袭大荆街仓库，派三九八团夜袭筑路日军，并阻击新墙日军增援大荆街。陈以第三营为突击队，以七连连长吴天佑率全连及团便衣队穿插敌仓库地区，负责烧毁敌粮弹仓库；又第二营一个连掩护工兵排埋地雷，并担负第三营左侧之安全；团其余部队构成主阵地工事。当晚穿插敌仓库的突击队以速战速决之势一举摸掉敌人警卫和迅速消灭守库之敌，用事先准备好的各种易燃物点燃粮弹仓库；迫击炮猛射露营酣睡之日军。顿时，大荆街黑烟滚滚，弹药爆炸声震耳欲聋；敌人一片混乱，互相践踏，想冲出去却无能为力，死伤枕藉。此战生俘鬼子10余人，缴获枪弹甚多，当时上报师、军和二十七集团军总部有案可考。

与此同时，三九八团亦击溃抢修公路之敌工兵部队，被拉民夫也乘机逃回了家园。

日寇不甘失败，于8时又纠集步骑兵千余，在坦克掩护下向陈团攻击。陈以主力把敌人压入预埋地雷和放置集束手榴弹地区，炸得敌人人仰马翻，血肉横飞。陈即用火力猛击混乱之敌，日寇伤亡惨重，于10时许向新墙溃退。我之主力追至大荆街，肃清残敌，控制该地。

是役经22昼夜激战，陈团生俘鬼子200余人，缴获战利品甚多，当时有报捷在案。

日寇因粮弹奇缺，无力持续鏖战，于9月30日在飞机掩护下突围北窜。日寇妄图打通粤汉铁路南段，从海上运送补给的战略阴谋，遭到惨败。

第三次长沙会战是在1941年12月下旬，敌纠集第三、六、十三师团大举进攻长沙。陈团担任新墙镇沿新墙河以南至鹿角的守备，与北岸日军对峙。日军以12万兵力在飞机、坦克、大炮的掩护下，大举进犯长沙。我九战区指战员表示与长沙共存亡的决心，大振士气。为了迟滞日军，为我军在长沙布防赢得时间，上级命令二十军在汨罗江以北、新墙河以南、洞庭湖以东，关王桥以西阻击日军7天之后，再跟踪追击，协同友军第十军、五十八军围歼日军于捞刀河、影珠山一带。敌军于22、23日分别进入新墙河北岸。

我军点燃沿河照明，协同友军猛射涉水日军。是役，敌采用“火牛阵”战术，于战前抢劫民众水牛百余头，将牛尾上绑着鞭炮，临阵时点燃，鞭策其前进，以此扰乱我军和踏响地雷。陈团凭借防御工事，猛射牛后敌人，逐次有计划地转移，诱敌至布雷区后一举全歼；“火牛”经我枪炮轰击，回头乱窜，反而扰乱日军阵营，致使忙乱地踏进雷区，死伤累累，鬼子和牛尸横遍野。次日敌转向黄沙街、左塘冲、龙风桥主阵地；我三连从鹿角撤至黄沙街以北，与敌遭遇，连长王化南为掩护全连转移壮烈牺牲。时营援兵赶到，击退敌人，抢回阵亡官兵尸体，救回伤员。

25日，敌增加兵力，在飞机、大炮掩护下向左塘冲阵地扑来。陈团官兵沉着应战，待敌进入有效射程和深水外壕时，集中火力猛烈射击，多次粉碎日军进攻。激战至下午，敌伤亡众多，只用炮击，不再冲锋。

26日，敌一都分向左塘冲佯攻，一部步骑兵2000余人向龙凤桥九连阵地冲来。陈令第三营追击炮增援，打断敌后续部队，敌阵混乱，误入雷区，被雷群炸得血肉横飞。陈急令营长任和清率部出击，敌人狼狈逃窜。

经过三天两夜激战后，我部连夜转移到洞庭湖边各大村庄。日寇集中几个团于汨罗江上，架设多座浮桥，企图过江向长沙推进。20军主力占领关王桥、洪源洞、向家洞，侧击南下日军；陈团白天侦查，夜间袭击敌后勤部队，直至第九天（1942年元旦）才乘隙转移与总部取得联系。

陈团在新墙河与敌激战时，敌另一部向三九八团王超奎营猛攻，该营9个据点陷入敌手，营长王超奎壮烈牺牲，副营长杨义臣高呼：“弟兄们，我们要为王营长报仇，抢回据点！”经再次奋战，夺回王营长尸体，奉命撤到关王桥。敌另一部向一营古华山阵地进攻，陈亲率一、三营及团直属赶至增援。经半天激战，击退敌人数次进攻。八连长蔡炳雍负伤不下火线，坚持战斗，士气大振，敌攻不下，向东突破三十七军防线，绕道古华山以东北窜。二营向东逼进汨罗江时，敌正在过浮桥；陈率一、二营攻击浮桥东南高地敌人，多次组织冲锋，逼得日军争先恐后挤过浮桥。桥被踏坏，鬼子纷纷落水。陈抓住战机，亲临前线督战，并抢过机枪，身先士卒向落水鬼子扫射，一面高喊："弟兄们，痛打落水狗!"官兵们见此情景，一涌而上，万炮齐发，只见鬼子尸首顺流而下，死亡惨重。官兵们英勇鏖战，钳住敌人拼命撕杀，五连连长熊国全被敌刺死，机枪连长吴云程被刺成重伤。至傍晚，师主力赶到，我部才顺长沙至岳阳老路星夜前进至新墙河地区；敌龟缩至岳阳老巢。

是役陈团缴获机枪 10 余挺，步枪 100 余支；在浮桥下捞得机枪 5 挺，步枪 50 余支；生俘鬼子百余名；击毙鬼子不计其数。当时有报师、军、集团军材料在案。长沙各报亦登报告捷。第三次长沙会战结束。

1943 年冬为了策应六战区湘西会战（常桃会战），九战区令二十军抽出一部挺进临湘西部奇袭铁路沿线日军，破坏交通通讯，阻止日军主力和物资运往湘西。军部派陈团附工兵连推进临湘东南山区，奇袭临湘至羊楼司铁路沿线日军，破坏铁路和通讯。该团乘夜深入据点林立的敌占区，以三营占领战略要地，掩护一、二营及工兵连围攻铁路沿线日军，并炸毁桥梁，破坏电杆、电线。日军遭到突然袭击，不知深浅，均龟缩在据点内。陈令第二营曾绍良佯攻十字路口以东据点并破坏通讯；一营长任怡指挥该营及团便衣队在三营和山炮的掩护下，进攻临湘火车站。各部一鼓作气，攻下车站，破坏了交通设施，焚毁了大批军用物资，铁路运输中断。当时师长周翰熙指挥错误，命令陈团留在据点林立的敌占区，攻击临湘城，既不派兵增援，又不牵制忠坊之敌。于是日寇从岳阳调兵千余当晚经忠坊到临湘隘口，截断陈与师的联系，配合各据点日军将陈团包围。陈团处境危险，他用旋磨打圈的方法，以一部攻十字路口据点，掩护全团主力强行越过铁路线，转入敌后龙潭铺以南，选择羊楼司西南日兵力薄弱的地方强行突围，返回桃树坳，陈团突围胜利。

不久，师又令陈团再次深入敌后，袭击临湘车站及路口铺日军。他侦知日军有重兵把守，配有重炮一连，进攻不易，便用“围点打援”的战术，以王朝浒营攻杉木尖中线据点日军，团主力埋伏于杉木尖中途；另外组织九个突击队夜袭临湘车站及路口铺一带日军，诱敌至我伏击圈内歼灭。不出所料，日寇真进入伏击圈。陈急令四方围攻。经两天两夜激战，敌人大部分被歼，残敌逃回临湘城，不敢增援杉木尖。

第三天，陈探知进犯湘西日军经洞庭湖至岳阳登陆，数千人已到忠坊，判断必截断其后路，立即电告师部。答曰：“敌人不会有此行动。”次晨，日军数千人乘大雾分两路向陈团围拢。师长急令撤回。陈令王朝浒营先敌撤到杉木尖以南高地，掩护全团撤退。敌尾追不舍，且有敌机轰炸，只得且战且退，途中又有一支日军扑来，截断退路。陈令曾绍良营全体突围，他与曾提起轻机枪身先士卒，反复冲杀 7 次，均未打开退路。曾绍良壮烈牺牲，官兵伤亡惨重。陈改变策略，把敌注意力引向南方大路，以一营佯攻牵制敌人，掩护二、三营及团直由高地北面小道向东突围；以罗荣武的八连抢占黄草尖高地，居高临下射击日军，协同一营战斗，掩护二营撤退。此时临湘杉木尖各据点之敌阻击陈团东进；二营亦与尾追之敌展开激战，在这紧急关头，陈率团直特务排及三营打开北来包围之敌，分两路由黄草尖北测山麓东进，占领要地掩护二营突围。激战至午后 4 时，全团大部分到达桃树坳。在通往羊楼司途中又有两路日军前来阻击。这时我团鏖战日久，粮弹奇缺，补给中断，必须采取果断措施杀出去，才有生路。陈传令各营官兵，要死里求生，有弹用弹，无弹用刀，杀出重围，到药姑山集中。我团分数路立即突围，喊杀连天，直到打完最后一颗子弹，再凭两千多把刺刀杀出重围，终于到了药姑山。

部队进行整编，陈向师报告：全团已突出重围到达药姑山，现弹尽粮绝，牺牲很大，官兵只剩千余人了。而师里判断陈团被敌包围，杳无音信，无疑是全军覆灭了，正在为陈和全团官兵筹办追悼大会，排长钟体乾已买回纸和蜡烛。陈的报告到了，全体官兵转忧为喜。师部传令嘉奖，立即运送粮弹补给和慰问品，鼓励全团官兵。物品到达后，陈召集全体官兵讲话，鼓励大家再接再厉，号召大家杀下山去，为死难的兄弟们报仇。全体官兵振臂高呼："打下山去，消灭鬼子，为死难的弟兄们报仇!"物资迅速分到各营，星夜打下山去，把全部伤亡官兵抢运到后方。当地民众亦冒着生命危险，乘夜抢运了 64 名伤员到山中防空洞里护理。陈团此次突围历时半月之久，反复迂回冲杀百余公里，在弹尽粮绝的情况下，凭刺刀杀出重围；给鬼子以严重挫伤，显示了中华民族不屈不挠保卫祖国、勇于牺牲的气慨。中华儿女"头可断，血可流，身不可辱!"

此次战斗陈团阵亡二营营长曾绍良、一连连长万高、六连连长胡云、三营机枪连长严厚培以下官兵 267 名；负伤三营长任和清以下官兵 167 名。阵亡官兵均埋在关王桥北一个高地上。陈团奉令撤回已是 1944 年元旦节了。

1944 年 5 月下旬，日寇以 12 万整编后的兵力进攻长沙。经连日激战，我军失利，向山区转移，陈团负责掩护，他以一营配便衣队沿军师撤退路线分别占领军事要地，肃清敌第五纵队，掩护主力转移。敌飞机3架，轮番低空扫射、投弹。陈利用间隙向目标地前进。28日晨进至梅仙。在与敌激战的同时，混入敌特5人，被发觉逮捕。陈为了使之供出敌情，晓以大义，激发其爱国思想；敌特供出了日军兵力部署和作战计划。陈很快报告师、军部，之后派来辎重团一个营为左纵队，向文彬团为中央纵队，陈团为右纵队，分三路自南江桥至梅仙间越过公路向长寿街前进。入夜，一三三师师长周翰熙率师直属和庞贵伦营到陈团驻地。陈面报了敌情和突围计划。周将三九八团屈赞云营交陈指挥，共同攻占梅仙以北高地，规定时间为31日傍晚开始行动。与敌战斗时，陈与中、左两纵队联系，得知安全通过，正向长寿街前进，周师长另选道路突围，陈团脱离敌人，经长寿街至青梅湾集中。因敌增援反扑，激战至6月1日傍晚，陈团才开始转移至青梅湾，此时陈又得知军主力在澧凌上栗市与敌激战，军部命令各部速到上栗市，经几次战役苦战，日寇企图打通粤汉路南段，以便从海上输送军火、物资和兵力的战略计划遭到彻底失败。这段时间，我八路军在敌后打游击，大肆破坏日寇的补给线，牵制敌人，使日寇处于补给中断的困境，对促使日寇投降起着重要作用。

陈德邵幼年读书，壮年任教，正处匪盗横行，民不聊生的时期。他认为“大丈夫当执起干戈以卫社稷，安能久事笔墨间乎”，乃投笔从戎。“七七”事变后，日寇入侵，他义愤填膺，抱着不打败鬼子誓不还家的决心，随军赴上海抗日，继而转战安庆、武宁、修水、平江、浏阳、常德、长沙等地，曾参加震惊中外的长沙会战。他在枪林弹雨中出生入死，在日寇重重包围之中抱起机枪身先士卒杀出重围，与日寇战斗八年之久，直至打败日本帝国主义，取得抗战胜利。

日本投降后，陈德邵调任二十军副参谋长、少将高参、少将副师长等职。1949 年底他率师在宣汉起义，参加中国人民解放军。1952 年转业重庆建筑公司工作，1991 年逝世，享年 86 岁。

【注】齐贵祥，麻旺乡兴复村村民，曾跟随陈德邵从军多年并一同起义。黎洪录自《酉阳文史资料》第 15 辑。

回忆胞兄陈德邵

陈德溥

我的三哥陈德邵，号高卿，土家族，1905 年生于一个封建大家庭里。祖父陈先乐是清朝廪生，民国初年为酉阳州议会副议长。父亲陈茂翔，弃文习武未成，改作商业。我辈弟兄 4 人，他排行第三。童年时代在祖父培育下读私塾多年，对文学有较深造诣。1917 年考入酉阳高等小学堂，为学生会领导人之一，毕业后考入四县联中。四川省立龙潭中学成立后，联中停办，其两班学生并入龙潭中学，编为甲、乙班，他是甲班生。初中毕业后，在麻旺蒙学堂任教，半年后到龙潭陈德元处补习经史一年多，尔后受聘于龙潭中学附设平民学校教书。夏天一个晚上，著名大盗挖墙入室，将其衣物箱子全部盗走，在河边砸开箱子见是书籍，便撕毁于地。兄于次晨控告首犯于龙潭城防司令处，请求处理。他们置之不理，盗犯扬言报复。兄诚恐遭致生命危险，乃将生活米出售，弃职出走。时值四川军阀杨森开办军官学校，他在给父亲的信中写到："大丈夫当执干戈以卫社稷，安能苟且偷生于世乎?"于是他考入军官学校学习，一年后毕业从戎，在袁保初部供职。后杨森部内讧，逼得杨奔回广安，一万余人驻在县内，军糈供应困难，官兵只能吃饭，没有军饷。此时，兄任干训班队长、教官。

蒋介石参谋团入川，特使史良劝说杨森出川剿匪。这时的杨森屈居一隅，北有红军立足于通（江）、南（江）、巴（中），南有重庆的刘湘虎视眈眈，杨部四面楚歌，只得随从蒋意率部沿川西嘉定、雅安，走雷（波）马（边）屏（山）到云南巧家剿“匪”。其间，兄为少校参谋。戡乱后入贵阳休整。

1937年，抗日战争爆发，全军编为一三三师、一三四师辖8个团，开赴上海抗战。兄任一三三师少校连长，在上海陈家行、蕴藻浜与日寇作战。川军以低劣的武器、装备迎战日寇的飞机、大炮和坦克。他们奋不顾身，坚持抗战，苦战80多个昼夜，日夜战斗在掩蔽部和交通壕里，与阵亡官兵交织在一起。坚持近三个月之后，全军只剩下几千人，真是尸横遍野，血满战壕。

部队奉令撤出，赴安徽安庆修补。这时胞兄调战地参谋训练班学习。日寇占据上海后，继续攻占安庆、武宁、修水，直到湖南浏阳、平江等地。1939年，一三三师奉命参加长沙会战。兄一直在湖南长沙周围与日寇作战，直至抗战胜利。之后调去成都高教班学习，再回二十军任军部副参谋长。解放四川时在宣汉起义，加入人民解放军。1952年转业到重庆建筑公司任职，直到古稀之年才退休。1991年4月27日在綦江松藻煤矿逝世，终年86岁。胞兄貌似武人，内具文材，是文韬武略军人。他打战勇敢，文字也很认真。他在晚年得知我在写回忆史时，指点我说：“政协委员要有表率作用，写东西要反复检查，做到文理通顺，无错字句，如‘敦玺之子你的同学’应为‘你的同学敦玺之子，才为通顺’”。

他严于律己，宽以待人，对部属赏罚分明，恩威并施。在广安任连长时，有上士班长夜出奸淫妇女，经告发查证属实将其处死，其遗孤抚恤养育。他生活俭朴，平时着士兵服，不吸烟，不喝酒，不打牌。他半生戎马，百战沙场，职至少将。虽大半生在外度过，但对家乡时刻怀念。当他从我信中知道县里在推广科学种田，产量逐年上升时，他在回信中希望“在此基础上不断研究提高，到本世纪末同全国人民一道达到翻两番的小康水平”，他还嘱托亲友，科学种田“必须要有文化，要刻苦补习文化知识，才能掌握科学种田的技术”，“就是养儿育女，也要有一定文化，才能看得懂简单的卫生书籍，才能抚育好子女”。

他晚年多病，但经常鼓励我与病魔作斗争，争取长寿，以便亲眼看到香港、澳门回归祖国，亲眼看到祖国统一。他鼓励我“要珍惜政协委员荣誉”，多为祖国统一作贡献。

【注】 陈德邵（1833—1991），土家族，男，酉阳麻旺镇人，民革成员，新中国成立前，成都黄埔军校高等教育班、西南参谋班毕业，历任二十军中校参谋、副师长、代理师长，抗战前线，屡立战功，1939 年参加第一次长沙会战，1941 年参加第二次长沙会战，1949 年底，率师在宣汉起义。1952 年转业重庆建筑公司工作。陈德溥，陈德邵之弟，曾任酉阳县政协六、七届政协委员。（黎洪录自《酉阳文史资料选辑》第 13 辑）

附　陈德邵诗文：

经历感怀

学书未就拯神州，抗战八年志小酎。
解放功成归一统，投身建设展鸿猷。
一架飞桥通南北，有我勤劳汗滴留(1)。
两鬓秋霜头已白，且将余热献春秋(2)。

原注：(1) 修建重庆长江大桥，余为负责质量管理人员之一。(2) 为史志撰写抗战亲历记。（黎洪录自《桃花源诗集》第 5 集 17 页）

我所参加的抗日战争

渠吉堂

我是农民的儿子，出生在河北省宁晋县东陈乡中梁村，几岁时父母因病无钱医治双双去世，即随婶娘生活。她家很穷。为了生存，我只得去捡柴、拾粪，给地主看牲口找口饭吃。

1937 年春，我听说井兴县格子岭村住着一支部队，他们打富济贫，到那里有饭吃。我就邀约了同村的曹梅子连夜赶到格子岭村，要求参军，部队有个首长问："小鬼，你们来干什么?"我答道："来找饭吃。"在场的战士都笑了。参军后部队组织我们学习，首长给我们讲革命道理，我才明白这是一支由共产党领导的人民军队，他的任务是要在中国推翻"三座大山"，解放受苦受难的穷苦民众，使我懂得了只有跟着共产党走，我们穷人才有出路，中国才有希望的道理。从此，我便走上了革命的道路。那时条件相当艰苦，吃的是粗粮，睡的是杂草，盖的是破被，穿的是粗布烂衣，根本没有什么津贴，但是心情愉快，干劲十足，全身心地干革命，为建立新中国而奋斗。由于积极肯干，1938 年 8 月我光荣地加入了中国共产党，一心一意在党的领导下，出生入死，南征北战。我参与了大小战役三十余次，其中有举世闻名的“平型关战役”、“百团大战”、“上党战役”、“淮海战役”、“渡江战役”等。我是千百万革命战士中的幸存者，我周身既残存有日本鬼子的弹片又残留有蒋介石、美帝国主义的弹片，这段悲壮的历史我永远不会忘记。

平型关战斗

1937年，日本帝国主义妄图霸占我国领土，阴谋制造了“七七事变”。1937年9月，日军向我晋北一带进攻，企图占领山西，控制华北。敌人以第五师团（板垣师团）为主力，于9月下旬向我平型关进攻，当时在晋北前线作战的林彪指挥的一一五师接受了抵御板垣师团的任务，全师利用平型关的险要地形，设伏待敌入关，出其不意，予以夹击，获得了重大胜利。仅一一五师就歼敌三千余人，炸毁日军汽车三百多辆，缴获炮弹三千多发，机枪四十余挺，战马五十余匹，步枪一千余支，其他军用物资无数。这次战役的胜利，大振了抗日军民的士气，并对以后的抗日战争打下了良好的基础。

平型关战役中，我在一一五师独立团三营九连当战士。首长给我连的任务是埋伏在鱼以嘴一带阻击敌人，要求我连连夜赶到鱼以嘴丫口处埋伏下来，不让鬼子过关。记得那是一个秋天的晚上，天黑得伸手不见五指，山高路险，加上绵绵的秋雨，路滑难行，我们全连战士一步一滑地往上爬，有的不小心滑倒了，后来的人拉起来又走，直到十点多钟才进入阵地，连长立即命令各班到位坚守阵地，挖好工事，一切听从指挥。此时雨虽停了，但是衣服被秋雨淋湿，觉得寒气袭人。大概零点以后，我们连的侦察兵回来报告，敌人已向鱼以嘴进发，连长立即命令我们做好战斗准备。大家聚精会神地目视着前方，两点后我们听见了前山腰有鬼子动静，走在最前面的鬼子放枪试探。我们仍按兵不动，敌人在离我阵地五十米左右时，连长指挥枪响了，全连步枪、机枪齐发，并不断扔出手榴弹，打得鬼子措手不及，从火光中见一些鬼子又冲上来了，这次火力很猛，特别是机枪直向我阵地扫射，我们勇猛还击。连长指挥我机枪班猛压对方的火力，此时我班班长更垠山、李三等同志壮烈牺牲。我们见此情形，义愤填膺，决心为死难的战友报仇，不把鬼子消灭在山腰誓不罢休。正在此时敌人的机枪声暂停了，连长立即喊："同志们，冲啊!"我们一百多人一齐出击，有的用枪、有的上刺刀与敌人展开肉搏战，当场杀死了十几个鬼子。其中有个鬼子向我扑来，他比我矮小，我猛力挫腰，甩他倒地，刺刀一捅，送他上了西天。这次战斗进行了两个多小时。天快亮了，大家兴高采烈的清理战利品，共计歼敌一百余人，缴枪四十余支，轻机枪三挺，重机枪一挺。经过这次战斗，大大地鼓舞了我们的士气，为整个平型关战斗的胜利起到了积极作用。

回忆百团大战

百团大战是一次举世闻名的大战役，是抗日战争中华北八路军对日本侵略军发动的一次全面出击的战役。记得是 1940 年秋天，中国西北国际交通线被截断，日本帝国主义对国民党反动派加紧诱降，悲观失望的气氛笼罩着大后方，我军在党中央的指挥下，华北一带的八路军，于当年八月组织了 115 个团，共 40 余万人，在 5 千里长的华北主要交通线上，突然向日本侵略军发动了猛攻，经过二十余天的激战，敌人在华北一带的交通线陷入了瘫痪，苦战三个半月，胜利地结束了战斗。这次战役共计大小战斗1824次，歼灭了日伪军40余万，破坏了铁路400余公里，公路1500余公里，打破了敌人妄想分割、封锁革命根据地的阴谋，牵制了国民党反动派妥协投降的逆流，进一步增强了全国人民抗日救国的决心。这次战斗中，我在二分区三十团一营二连当战士，我连的任务是在山西阳泉一带，阻击敌人，首长教导我们要根据毛主席的指示方针去办，采取“敌进我退，敌退我追，敌驻我扰，敌疲我打”的原则，我们白天休息，晚上出击，在阳泉一带破坏敌占区铁路交通线，敌人白天把路修好，晚上我们又组织群众去把它破坏掉，使敌运输给养瘫痪，经过四十余天的苦战，我连破坏铁路一百多公里，缴获电线三千余公斤，歼敌五百余人，缴获机枪五挺，步枪五百多支，由于我连英勇奋战，为百团大战全面胜利作出了应有的贡献。

百团大战后的1941年春天，日本鬼子对我根据地进行了报复性的大扫荡。当时我连驻山西辽县（现在的左权县），该县有个红岭村，住着百来户人家，鬼子扫荡了这个村，鬼子一进村就把全村老小一起赶到晒场，日本头目咿哩呱啦的叫着：“谁家住有八路交出来不杀。”一个汉奸翻译对老百姓说：“你们交出八路，皇军有赏。”这时群众无一人答话，鬼子等了二十多分钟，见没人答话，可恶的鬼子头目，下令用机枪把在场的群众全部打死，枪声一响几百人先后倒地，血流成河，真是惨不忍睹，但是鬼子汉奸还不罢休，又进行挨家挨户的搜查，在一家搜出一双目失明的张大娘，几个鬼子一进屋像恶狼一样，抓住无力反抗的老太婆，惨无人道地进行了轮奸，将其活活地折磨致死，然后将全村的粮食、牲口全部抢走，再用火把房子全部烧光才离开了。我连得知情况后，连夜赶去了红岭村，大家看着这悲惨的情景，没有一个不掉泪，此时连长说："同志们，别流泪，眼泪救不了亲人，我们只有化悲痛为力量，把这笔账记牢在心，血债要用血来还，现在的任务是安葬好死难的亲人，找回逃散的父老乡亲，这才是我们的任务。"大家七手八脚，有的挖坑，有的搬尸体，半天时间才把亲人全部安葬好，又把逃出去的十几家人，迁至大山后新挖好的窖洞暂时住下来，把我们带的粮食留下，安排好亲人的生活，才告别乡亲回到驻地，走时乡亲们送我们很远，不愿意离去，同时还称赞说："共产党真英明，八路军是亲人，只有跟着共产党打败鬼子，才能得解放。"

【注】黎洪录自《酉阳文史资料》第22辑。

我与日军斗争的历程

（王克荣口述，陈维德整理）

1937年7月7日，卢沟桥事变暴发，日寇大肆侵略中国。1938年我的家乡山东遭到了日军侵略，日本兵烧杀淫掠，无恶不作。我的家乡也饱受日军欺凌。

入 党

1940年，区组织委员刘序桐经组织安排，悄然住进了我家。当年我18岁，是村上表现进步的优秀青年。刘序桐在我家住了5个多月，领导着周围几个村的革命工作。

一天，刘序桐把我单独叫在一边，他问我："对共产党印象怎么样?""好!""好在哪里?""共产党打日本鬼子，为穷人……""你们这里有没有共产党?"刘序桐试探地问。"我不清楚。"

几天后，刘序桐再次把我约出来，问："你参加共产党不?""参加"，我激动地回答。"可不知道共产党在哪里哟……"。"我就是!”过一会儿，刘序桐镇定地告诉我，他便是共产党啊！我感到惊喜。

然后，我在刘序桐的指导下，在纸上一笔一画地写下了入党申请书。申请书写好后，刘序桐又从怀里取出一张毛主席的画相，小心翼翼地贴在墙上，两人举起右手，“我自愿加入中国共产党，遵守党的章程……”我郑重地向党宣誓。随后，刘序桐烧了入党志愿书，告诫我要保密。并安排我担任村里的临时党支部书记。任务是了解村里坏人的活动情况，并及时向上级报告，组织和发动群众与村里的坏人作斗争。

送信

一天，区委书记李建民同志找到我，要求我把一封重要的信转送到大王路村，交给在大王路村开展地下革命工作的区长。大王路村距我家有 8 公里路程，途中要经过日军的一道哨卡，哨卡有荷枪实弹的日本兵巡逻把守；哨卡不远便是日军构筑的碉堡，碉堡里的黑森森的重机枪正对着关卡，随时可以向关卡里骚动的群众发动攻击。

“卡子不好过”，想起哨卡，我对区委书记说。“不要怕”，区委书记一边告诫我，一边教我把棉衣衣角撕开小口子，把信夹藏在棉衣的棉絮里。我把信藏好后，并且反复使劲抖棉衣，确保信夹藏在棉絮里掉不出来后，我才扛着锄头，把棉衣搭在肩上，假装到关卡那边做农活，大摇大摆地上路了。

一路上，我反复告诫自己，说话胆子要大点，神色不能慌张。“站住！”关卡前，日本兵一声喝叱，要例行检查。我壮了壮胆，很快把自己的“身份证”掏出来，镇定地交给了日本兵。当时日本兵搜身，心里其实慌得很。幸好日本兵把我的身份证一看，便放过路了。

我在村里担任五年支部书记的时间里，一直负责党的信息联络工作，经常为党组织送信。我有时把信藏在衣缝里，经常假装过卡做农活，但更多的时候是用捡粪来掩护送信。我把粪捡在背篓里，把信用油纸包好藏在粪便里带出去。有时外面捡不到粪，我便把家里的粪装起，把信送出去。由于我是本地人，田土在关卡那边，生产劳动需要经常过卡，日伪军都熟识我了，检查也日渐疏忽了，我送信没碰到过危险的时候。

战 斗

现在回忆起来，我和日军交战过两次。

第一次是 1945 年 4 月的某天半夜，大牛村发生了枪响，村民与日军交了火。当时已调到区上工作的我正在附近村庄组织村干部开会，枪响后，我便带领该村村干部和民兵拿着枪支赶来支援。那时候，一个村被日军包围，附近村的民兵都会赶来帮忙，附近村的民兵赶来后，都向日本兵放枪。日军认为是共产党的部队来了，便迅速撤退了。

第二次交战是 1945 年 6 月一天拂晓，大吕村村民由于未给日军交粮，日本兵开进了大吕村。在距大吕村约两公里的地方，日军用小钢炮向大吕村射击。日本兵的行动早被村子里站岗的民兵发现，民兵立即报告了区委。当时区委和区中队就设在大吕村。区委一面组织村民从地下通道里撤退，一面集合队伍，向日军还击。一时间，枪声大作，战斗十分激烈。日军的武器先进，他们的小钢炮打在村外的围墙上，哗！围墙便坍塌一片。日军轻重机枪一起上阵，稀里哗啦地像放鞭炮，响成一片。双方对峙了 3 个多小时，日军在明处，我们部队在暗处，暗处打明处，结果我们打死了 2 个日本兵，5 个伪军。

支持地方建设

1947 年，我加入了部队，任第二野战军三一一师十九团四连指导员，参加过淮海战役、渡江战役。

1949 年 11 月，我加入了中国人民野战军第二野战军成立的西南地方部队，来到酉阳支持地方建设。被安排在酉阳县原黑水区公所任区长，领导并开展剿匪工作。直到我 1982 年从县商业局副局长的岗位上退休。

【注】黎洪摘自 2005 年 9 月 18 日《酉阳报》稍有改动。

抗日战争老兵马玉龙的故事

段儒贤

提起大刀上战场

1945年抗战末期，马玉龙的家乡山西太原正被日军占领。那时候，日军每到一处，气焰都极其嚣张，对当地百姓更是百般欺凌。在任何一个地方，老百姓见到日本人后必须点头向其行礼，如果不点头就会被拉去毒打，很多老百姓都备受欺侮。更让人气愤的是，日军每每看见漂亮的年轻姑娘时就会大呼“花姑娘，包古色古（意思就是当地人称的打亲家）”，凡是被其看中的姑娘，都受尽日军的侮辱，难逃魔掌。

当时正值年轻气盛的马玉龙对日军的种种暴行更是看在眼里，记在心头，深恶痛绝，发誓拼了命也要把侵占在自己土地上的日本鬼子赶走、消灭。在与一群有着满腔爱国热情的热血青年商量过后，提起一把大刀就跟随着驻扎在当地的一支八路军支队前往战场。从此就这样走上了抗战救亡道路。

尽管当时环境艰苦，部队装备有限，甚至连正规军装都没得穿，更没有步枪可扛。可是这一群热血青年依然豪情满怀，奋不顾身的冲上战场抗击日军。

阻击战胜利后有了步枪

想起那次阻击战，痛痛快快的全歼日军，马老更是讲得眉飞色舞。他边说边不住地用手比画，让笔者感受到了当时热气腾腾的那种胜利的喜悦。

那是在他刚刚参加抗日救亡部队不久，马老所在支队接到情报说有几十个日军士兵要来“扫堂”（偷袭八路军）。一听说要与日军打仗，大家顿时热血沸腾，一个个都摩拳擦掌，跃跃欲试。在支队长的组织下，大家用了大半天时间在估计敌人要经过的公路边开挖战壕，然后大家埋伏在那里，守株待兔，只等鬼子过来，一举歼灭。没过多久，果然不出所料，一支鬼子正大摇大摆的走了过来。待鬼子走近，队长一声令下，大家以迅雷不及掩耳之势的速度端起枪“砰砰”的直扫射，随后又冲上前去提起大刀“呼呼”直砍，打得鬼子人仰马翻，应声纷纷倒在麦草丛生的地里。

那次战役，马老所在的抗日支队大获全胜。尽管当时马老右手挂了彩，可他仍然忍痛挥起大刀反手朝敌人脸上劈下去。也就是在那次过后，马老拥有了一枝“洋玩意儿”——步枪。

讲起往事乐在其中

马老没打过多少次战斗，日军就宣布投降了，讲起这，他还有点遗憾。之后，在太行山他被编到刘伯承所领部队。在那里，他们为庆贺抗战胜利跳舞、唱歌、扭秧歌，很是狂欢了一阵，当年并留在那里过了春节。

虽然在抗战战场马老还没有发挥尽兴，但是讲起自己曾经参加过平汉战役，到川东南地区剿过匪，马老脸上流露出得意的神情，他为自己曾经在抗战中立下的汗马功劳，感到无比的自豪，常常乐在其中。

1958 年，马玉龙转业到酉阳县人武部，之后供职于县工业局、水电局等，1984 年从商业局离休安度晚年。

【注】黎洪摘自 2005 年 7 月 3 日《酉阳报》。

船舱听到一闷响

——酉阳老人忆长崎核爆

核心提示：

1945年8月9日上午11时02分，一枚重达4.5吨、代号为“胖子”的核装置在长崎上空1500英尺爆炸。长崎瞬息间被核蘑菇云的冲击波毁灭了。无数人因此而死去，然而，一名身在长崎的中国劳工却幸运地活了下来，现在酉阳安度晚年。

2005年7月23日，重庆酉阳县城。凌晨5点10分，王宗顺和老伴庞素香像往常一样起床了。他们先跑步，爬山，近7点回家做早饭，吃饭后到楼顶采摘自己种植的辣椒、茄子、葡萄，并为玫瑰花修剪枝叶。他的动作既轻又快，完全看不出来已84岁高龄。

被抓到日本当劳工

1921年元月25日，王宗顺出生于山东省烟台市城郊西道平的一个农民家庭。他10多岁时，日本扫荡了他的家乡，他的大姐被日军炸死。

1941年，他跑到大连，以帮人种菜和水果维持生活。1944年冬天，他在一家小旅馆被日本人抓走。日本人给他们换上黄衣服，从老虎滩上船，押送到日本做劳工。轮船上共有100来个中国劳工。这艘被日本人“征用”的英国商船上，还装了满舱的煤炭和高粱米。为防飞机轰炸，船尾装有一门山炮，两挺四管的高射机枪。

由于害怕遇上美国兵舰，船沿着海岸线行驶，走走停停。最后到达日本长崎时，足足走了10多天。

稍有怠慢就被毒打

王宗顺和一些劳工被留在了一个用木头搭建的临时码头，其余人被汽车送走。这个临时码头方圆数百米，周围全是铁丝网，一条公路通向一座长满马尾松的小山，看不到长崎市区。

王宗顺和10多名中国劳工被分到了一条名叫“安东丸”的木船上，负责运输货物。上面还有几个烟台附近长山岛的老乡，这几个船工已来到日本两三年。这条木船10多米长，有三个桅杆。和他一起被抓的中国同胞主要是挖防空洞和用木船运输货物。他们每天的劳动量非常大，日本宪兵就站在旁边监视，稍有怠慢，就会招来毒打。生活也差，一个人每天只发0.5公斤高粱米，连盐都没有，更别谈蔬菜、肉类了。大冬天也只有单衣和短裤衩。晚上没有被盖，他们只好挤在一起，互相取暖。

船舱里听到一声闷响

1945年四五月份，王宗顺等中国劳工被要求在长崎临时港口附近海边挖防空洞。王宗顺分析，可能是战局发生了变化，日本害怕被空袭。

据王宗顺回忆，在日本投降前几天，长崎港口附近高射炮和机枪响个不停，他还看到过轰炸机从天边飞过。“我们在船舱里听到过一声闷响，好像是打雷的声音。”

后来他才知道，这声闷响是美军轰炸机投下了一枚原子弹制造的。当时长崎全城27万人中，当日便死去6万余人，此后不久，又有7.5万人因爆炸的后续效应陆续死去。

由于与长崎有小山和山脊隔断，以及劳工们大多时间躲在船舱里，他们只听到了响声而没有看见爆破巨大的光芒。那天，他与死亡之光擦肩而过，成为长崎核爆炸中的幸存者之一。

他后来还通过新闻渠道得知，有很多在长崎市区的中国留学生、华侨、劳工在核爆炸中死亡。“如果我被派到长崎市区，可能也没有了。”

8月15日中午，王宗顺看到码头上往日高高飘扬的太阳旗从旗杆顶端降下一半，喇叭里还有人喊话。懂日本话的劳工说：日本天皇宣布战败投降了。

“但是，我们谁也不敢动。”回忆起60年前的这一幕，王宗顺说，日本人名堂太多，他们根本不敢相信日本人就这样承认战败，害怕这又是什么花招，吃亏。直到看到日本宪兵队解散，没有人来管他们，30多名中国劳工才一起驾着木船逃到韩国釜山港，然后爬火车到了汉城。

当解放军扎根酉阳

1948年他们被送回天津。当年底，在汉沽的战役中，王宗顺趁打仗之机滚进一条河里，等国民党部队打败撤退时，他被清理战场的解放军战士救了回去。几天后，他被编入解放军部队当了一名战士。先后参与渡江战役和解放黔江战役，剿灭酉阳土匪，立了不少战功。1954年王宗顺转业，在当时的酉阳县苍岭区当了区长。1983年，他从酉阳县劳动局局长岗位上离休。

装哑巴躲避检查

王宗顺老人还向记者讲述了在日本当劳工时经历的点点滴滴。

在日本当劳工，生活苦不说，还得提防日本宪兵随时的盘查。长山岛的老乡告诉他们，日本宪兵经常穿老百姓的衣服，装成中国各地的口音，混到劳工中间，来和他们套近乎、认老乡，借此查看有没有人在卧底。一不小心引起日本人的怀疑，等待他们的就是死亡。有很多人被日本人叫去了就再没回来。

为了不被日本宪兵怀疑，王宗顺装成哑巴，在日本期间几乎不说话。

中朝劳工联合磨洋工

“我们曾经跟日本人斗志斗勇，想方设法阻止他们的物资运送。”7 月 23 日，在自家挂满葡萄的葡萄架下，王宗顺老人还向本报首次披露了 60 年前发生在日本的一些不为人知的故事。

王宗顺老人说，1945 年，日本劳动力严重匮乏，物资供应也很紧张，码头上的木船大量坏掉，无法使用。“本来是可以使用的木船，负责运输的中国劳工却说坏了，日本人只好找人来修理。”而负责修理这些木船的是几名朝鲜劳工，他们也仇恨日本人，全都磨洋工，总是修不好，还说差这样材料，差那样材料，日本人一点也不知情，对此无可奈何。

老人说，有一次他们驾驶“安东丸”运送生铁从长崎到福冈。还未靠岸，船就坏了，他们全部说修不了，日本宪兵最后只好同意他们把船留在福冈，让中国劳工步行回到长崎。

救过饿昏的日本妇女

码头上装卸货物劳动的都是面黄肌瘦的妇女，男人全部出国打仗去了。王宗顺说，她们毫无选择，必须参加政府安排的劳动，哪怕是搬运粮食、生铁这样的重体力劳动，否则就得不到配给的粮食。

一天，王宗顺在船上看到一位不到 30 岁的装卸妇女饿得发昏，直喘粗气。他四下观察，没有发现宪兵，连忙到船上的厨房拿了一点锅巴，递给这位妇女。妇女却没有吃，而是拿布包起来，拿回了家。

“不知道她现在还在不在世？她的丈夫当时也到中国打仗去了。她把锅巴拿回家，家里肯定还有更饿的老人和孩子。”王宗顺回忆说，“日本人民也很可怜，他们也是军国主义的受害者。”

【注】黎洪收录于《重庆晨报》2005 年 7 月 26 日。

国民党在龚滩征兵工作的点滴回忆

罗子南

要知道国民党统治时期的壮丁是怎样征集起来的，若非亲身经受，是不识庐山真面目的。我是那时征兵的参与者，的确了解其中一些内幕。

当时的下层行政机构是乡镇保甲联保制，罗永锡任龚滩镇长，罗和我乃同宗关系，委任我为第二保保长。保内工作，诸如派款收捐，无不上行下效，得心应手。唯独“征丁”问题，感到棘手，虽然政府定有“三丁抽一五丁抽二”的抽签办法，无非是一纸空文。每到征丁时候，凡适龄青年，无不潜逃一空，使得保甲长无从着手，只得照例把“征壮丁”改为“拉壮丁”，中签躲藏的就叫“躲壮丁”，出钱找人顶替的就叫“买壮丁”，有的亡命徒图钱，就去“卖壮丁”。这就是那时社会上的通弊。

下面我所亲历的几个事例。

1. 交壮丁保长挨竹杠　求证明连座设华筵

民国二十八年（1939），涪西师管区来一个接兵营，驻在董家院子（现区公所后面）坐地接兵。这次每保应交壮丁名额六名，雷厉风行地追得保甲长日夜不安，到处乱拉乱捆，费尽千辛万苦抓去接兵营军医处体检，很久都未验收一个，以致保甲长束手无策，而镇上又连日督催，纵然日夜搜索，总是徒劳。经过多番打听，还是莫明其妙。后来据官方透露一点消息，才算找到了门径。便由一保副保长冉茂松与该营军医人员亲密周旋，终于探得奥妙，由冉联同一、二、三保保长各筹现金五百元，向军医行以重贿，果然凑效。后来三个保送去的壮丁，军医等都是走一走过场，注册照收，并给收据向镇公所抵销任务。

次年（1940年）该营由丁市区接兵返龚滩，一个连住龚滩小学校内，当夜有一壮丁（姓名不详）开小差，越墙逃跑，坠地受伤，即被追捉回连，在小学校操场上，轮番打扁担，该丁立毙杖下。于是连夜将尸首掩埋，次晨便乘船去陵涪。旋经国民党龚滩区党部书记冉荫柯查明：该连连长王仲翰，系东北人，保定军校生。冉便以虐待部下，非法击毙壮丁等情，向涪西师管区汇报。不久，便有师管区费视察来龚滩进行调查。费在龚滩小学（当时属二保范围），多次向我了解，因不明真相，就无从答复，向群众了解也未得到实情。费返涪陵后，对王佯言“已在龚滩查出虐待壮丁实情，须撤职严惩，倘有当地保甲证明或可免予处分”。王就给我来信，要我给他证明：该丁是越墙私逃跌伤，逾日方死，并非立毙杖下。这时我感到为难，不敢表态，只好含糊作复。

同年秋季，王仲翰又来龚滩接兵。刚抵龚滩，就向我婉言要求：“务须出一证明，如无当地保甲证明，便要受到严厉惩办！前途攸关，务请周全。”其摇尾乞怜之相，实在可鄙。

我答以不敢擅专，须向镇长代为要情。接着罗永锡点头后，王就在龚滩“新生旅社”治以丰筵两席，邀镇、保、甲长予以证明，才得以免于处分。

2. 卖壮丁八千得四千　瞒部下大虫吃小虫

1941年，接兵营三次来龚滩，住两个连，除原来的王仲翰连外，还有第三连，连长刘渊。王连住冉家院子（现电影院侧），刘连住上王爷庙（现计划生育办公室处），王因我给他证明的关系，彼此亲密无间，一下子结为莫逆之交。该连上下无一不和我交好，我经常在连部进出，便成为王连的不速之客了。沿岩乡贾盖村有一青年贾远高，被征入伍，拨在刘渊这一个连，时间已达两个多月。贾母爱子心切，欲将其子赎回，四处钻营，均无门路，后经人“点水”来托我从中讲情，自备法币八千元重贿，急欲达成愿望。我虽从政两年，对贿赂从未显过身手，不敢冒昧从事，兼和刘渊乃泛泛之交，不便启齿；但贾情难却，只好硬着头皮向王仲翰陈述情况，乞王转致刘渊，并言贾母愿以法币六千元，以作报酬。王表示愿意帮忙。下午王便约刘至茶社和我会谈，王则以四千元给刘，当夜即将贾远高放出，交贾母带回。

此次征丁，进展很慢，已是冬季，两个连的兵都未收齐，乐得接兵人员终日清闲，尽情挥霍。适逢龚滩金砖村有一交了两个多月的壮丁冉隆元，收在王仲翰的连上，冉的家属托袁湘臣以六千元贿金，请我向王连长讲情放丁，当我打通关节，深夜面交贿金时，王先向我示意：“当着他们只说是五千元”。当夜将壮丁冉隆元释放后，便叫来他的部下，当面分配：三个排长和文书上士各给五百元，该壮丁所属班长四百元，其他八个班长各二百元，王本身一千元，实际王连长就进了两千元。

3. 巧立名目请春酒　安排赌局诈商人

1942年的春节来临。龚滩惯例，每年除夕后，不论机关、团体、士绅尤其各商号，都要轮流请客，名曰“请春酒”，彼此一来一往，直请到二月底方才罢休。每次请春酒，接兵营的头头都不例外。这年春节，王仲翰连长多次打扰别人，也得还席，但他又舍不得多花费，因此才由二保副保长，开出滥条，先给他垫法币四百元，办席十余桌，所有机关、团体、士绅、商号等，都一一列名请齐，于农历二月二日在冉家院子大摆筵席请春酒。大家见是接兵头有请，谁又不到呢？有的还以“得赴盛筵”为荣。事先由董事安排好“麻将”、“扑克”等赌具，共摆了十一桌，凡来赴宴者便入桌玩乐起来，并由董事分头示意：为了“凑成”王连长，请加倍“抽头”，赴宴者为迎合和捧场起见，无不唯命是从。下午席终，又赌一场“武场合”，深夜方散。这场名为请春酒实是“敲竹杠”的宴会，收入贺礼、头子钱、小费等共七千五百余元。王接钱在手，笑逐颜开，于三月初，才满载离去龚滩。

【注】黎洪录自《酉阳文史资料选辑》第6辑。

据《酉阳军事志》载：“1938年酉阳县境开始征壮丁”。

民国腴地乡长田少清抓壮丁见闻

石维孝

我是民国出生人，在旧社会度过二十多个春秋，记得 1938 年 10 月，田少清为腴地乡乡长。他常常利用赶场之机抓壮丁，乘群众不防之时，派出大批自卫队分别到本乡的扬家坝、腴地、苦草、毛坝、龙家坝、泡木坪等场上不分青红皂白，不问本乡、外乡，不管是否符合所谓兵役法的规定，中签与不中签，见到青年人就抓。

抓壮丁时，首先采取威胁手段，将要抓的人用枪口对准其青年人头部，喊："不准动，否则你脑袋就要落地!"吓得青年人全身发抖，然后用绳子捆上押到乡公所关起来。如果有人反抗，绳子还要捆紧。不仅如此，自卫队还经常用枪托打壮丁，几天几夜不给饭吃等等。这些残酷、粗暴、野蛮的手段，激起了广大青年的反抗。征兵开始，他们就外逃躲藏，使抓壮丁的事越来越困难，保甲长感到棘手。他们将抽壮丁变为派壮丁，又由派壮丁变为抓壮丁，由抓壮丁变为乱抓壮丁，最后引起抢壮丁。其结果是有钱的买壮丁，无钱的躲壮丁，想钱的地痞卖壮丁。民国二十八年九月初一，赶腴地场这天，乡自卫队在场上将我父亲等 25 人抓到乡公所关起来，其中有涂市乡 5 个赶场的青年。此事传到涂市乡乡长石保邦那里，石扬言用武力把人抢回来。于是下令集合1000多人，连夜赶到自己管辖的沙河春埋伏起来，等腴地送丁队伍过境，就要把人抢回来。不久，腴地乡长田少清带领全体自卫队押送100名壮丁浩浩荡荡地向酉阳方向进发。路过涂市乡时，被早在此地埋伏的1000多人截住，朝天鸣枪喊话："田少清如果今天不把人放出来，在这个地方我们就要把你们干掉。"这时田少清也命全体自卫队朝天鸣枪并喊到："老子今天就是不放，你敢怎样?"双方开火，枪越打越激烈，似爆竹声不断，搞得周围百姓不得安宁。最后涂市乡1000多人将腴地乡一百多人包围起来，把壮丁身上的绳子用刀割断，将5名涂市乡人抢走。不仅如此，还将腴地乡的壮丁也放走了60人。此事双方一共受伤15人，耗费子弹3000余发。由于两乡人员混杂不清，将杨家坝场上几家小店铺的草鞋、糖、烟、白酒洗劫一空。店主不但收不到钱，反而受自卫队的谩骂殴打。有个商贩骂自卫队是土匪，遭到一顿毒打。还要向其认错告饶，赔礼道歉。

最后涂市乡乡长带领1000多人吹着大号凯旋而归，回乡召开庆功大会，表彰这次抢丁事件中的有功人员。反之，腴地乡乡长田少清带着自己的残兵败卒，灰溜溜的押着未放走的30名壮丁到酉阳接兵部队交差了事。

田少清到县长那里告涂市乡乡长石保邦，县长对此事不但不制裁，反而大骂田少清："你这个乡长乱抓壮丁还有什么理由讲？今年你乡壮丁任务完不成，明年还得翻一番!"田少清只好垂头丧气回到腴地。

国民党政府的兵役法是有钱人的法。有钱有势的人尽管有三兄四弟也不会当兵，无钱无势的穷人那怕只有一人还得抓去当兵。

【注】黎洪录自《酉阳文史资料选辑》第13辑，稍有改动。

诗歌与楹联

诗　词

傅翼诗（八首）

渡汨罗

平城战骑跃，千军渡汨罗。
泽畔吊屈子，离骚谱战歌。
旌旗耀日月，风雷动山河。
精兵统十万，生擒洞庭鳖。

【原注】 1943 年傅翼增援常德，部队由平江渡汨罗时作。

雪过井岗山抒怀

井岗高万丈，漫天雪花飘。
茅檐生玉烛，悬岩铸银镖。
冰凝铠甲厚，雪拥马蹄高。
抗日军令重，未敢脱战袍。

【原注】 1945 年傅翼增援赣南，雪过井岗山时作。

【注】 黎洪录自《酉阳文史资料选辑》第 13 辑。标题系编者所加。

祝捷（二首）

一

长城高筑洞庭南，湘北防线等肴函。
强虏南犯三败绩，叠屍枕野不胜看。

二

湘北新墙战血斑，日军十万无生还。
河山永固安磐庆，大捷长沙纪第三。

【原注】 作于1943年长沙三次会战后平江整训。

湘北遗怀

连年征战未停骑，烽火满天破晓岚。
何忍同胞遭杀戮，岂容小丑践河山。
田园荒芜哀鸿泣，风雪奔驰战马寒。
回首中原惊唳鹤，谁为砥柱障狂澜。

【原注】 作于1943年将军巡视战地归来见日寇践踏湘北大地，千村灰烬、饥民载道、无家可归、满目凄凉。触景生悲、有感而作。

湘江夜渡

军民同挽洞庭澜，晓月当空湘水寒。
西望鼎城烽火急，统兵十万卫河山。

【原注】 作于1943年冬常德会战督师修水增援常德经长沙夜渡湘江时。

水调歌头·援常会战

羽书频告急，督师别修江。戎马日夜奔驰、星火赴沙场。踏破千里冰雪、横渡洞庭四水，士气更高涨。沅水架浮桥、点兵夜渡江。

挥貔貅、攻城垣、擒豺狼。鼎城一举光复、势如猛虎逐羔羊。遥望八百洞庭、壮观三湘七泽，河山固金汤。举杯祝胜利、铁军谁敢当。

【原注】第九战区薛岳授于七十二军“铁军”称号。1943 年 12 月 11 日收复常德后作。

江城子·幕阜登高

登高幕阜近重阳，战场黄，菊真香。气爽天高，拂面晚风凉。遍插茱萸何处是？望战火、将兵狂。

山河破碎我心伤，小民惶，故园荒。涂炭生灵，何日斩东洋。统领天兵逾十万，擒倭寇、缚天皇。

【原注】作于 1944 年驻湘鄂赣边区幕阜山通城，重阳有感

【注】（黎洪摘自“拉骆驼的人”的博客）

陈德邵诗（三首）

经历感怀

学书未就拯神州，抗战八年志小酬。
解放功成归一统，投身建设展鸿猷。
一架飞桥通南北，有我勤劳汗滴留(1)。
两鬓秋霜头已白，且将余热献春秋(2)。

【原注】(1) 修建重庆长江大桥，余为负责质量管理人员之一。(2) 为史志撰写抗战亲历记。（黎洪录自《桃花源诗集》第 5 集 17 页）

第一次长沙会战

倭奴肆虐侵中华，陆海空军力倍加。
六路进攻来势猛，我军誓死卫长沙。
南楼截敌断归路，苦竹歼倭若剖瓜。
勇猛三军齐奋战，纷传捷报万民夸。

【原注】 1939 年 9 月，日寇陆海空军约 25 万余人分由湘鄂赣边区及洞庭湖六路透犯长沙，我军分别狙击，经三十昼夜激战，大败日军于长沙以北地区，取得第一次长沙会战大胜利。

克服通城之战

通城浓雾蔽朝晖，日寇乘机袭藐帏。
阳台尖前摧敌胆，凤凰楼上显神威。

【原注】 1940 年 12 月，日军第六师团一部约 4000 余人乘浓雾袭占我师三九八团，通城县东南凤凰楼、阳台尖阵地，我率三九九团一、二营及匿直属队进攻来犯之敌，激战一昼夜，歼敌千余，收复了凤凰楼、阳台尖两战略要地。

【注】 黎洪录自《桃花源诗集》第 3 集 12 页。

陈梦昭诗词（七首）

陈梦昭（1924. 1—2008. 10）酉阳民族师范教师。《桃花源》诗社创始人。工诗词曲，著有《涉趣园诗集》、《涉趣园诗词续集》，编有《桃花源诗文集》、《酉阳历代诗词选》（西南师范大学出版社）。

国难诗余四阙——肄业于国立湖南大学时作

江城子. 哀长沙大火

清歌妙舞弄轻柔[1]，
国谁忧？地谁收？
家似飘摇风雨一孤舟。
忍见长沙三把火。
心欲炸，
泪交流！

汉奸国贼岂容留？
恨悠悠，
几时休？
徒效伤怀王粲赋登楼。
难抑心潮千叠浪，
才旧恨，
又新仇。

【原注】[1] 愤指湖南大学某些女同学伴美军跳舞。

江城子 · 梦上岳阳楼

难忘国恨与家仇，
世堪忧，
局谁收？
试问谁能破釜更沉舟？
祖逖刘琨遗范在[1]，
鞭投处，

断江流。

弯弓射日志难酬[2]，
恨悠悠，
怎能休？
我欲乘风直上岳阳楼。
忧乐重温文正记，
驱日寇，
解民愁。

【原注】：[1] 当时欲报名参加“青年远征军”抗日救国。[2] 因家慈力阻未遂。

巫山一段云·又梦岳阳楼

漫步湖滨路，
哀怀瞰碧流。
湖光山色岳阳楼，
天下我先忧！

苦读朝还暮，
蹉跎春复秋。
飘摇风雨一孤舟，
载不尽侬愁。

巫山一段云·又梦岳阳楼

抗日烽烟紧，
疆场血泪流。
梦魂登上岳阳楼，

远眺思悠悠！

国耻何时雪？
亡民何日收？
乘风破浪驾飞舟，
渡海斩倭酋！

秦月楼·酉阳革命烈士陵园杂咏三首

一、怀先烈

怀先烈，
汉关残照秦时月。
秦时月，
飞将长逝[1]，
令人呜咽！

英雄壮志坚如铁，
武陵山水重重越[2]。
重重越，
枪林弹雨，
捐躯流血！

【注】⑴王昌龄《出塞》：“秦时明月汉时关，万里长征人未还。但使龙城飞将在，不教胡马度阴山。”上叠隐用其意。⑵二野进军西南，由湘西进入川东，所经乃武陵故郡之属地。酉阳汉为武陵郡迁陵地。

二、歌忠烈

歌忠烈，
千秋光耀如明月。

如明月，
同辉万古，
何须悲咽！

大同世界如磁铁，
吸群引众齐飞越。
齐飞越，
英雄大义，
不畏流血。

三、追英烈

追英烈，
韶华易逝悲残月。
悲惨月，
台澎港澳，
望而心裂！

同奔四化心如铁，
雄关险隘从头越。
从头越，
千山如锦，
万花如血！

江运鸿及吟友于龙潭抗日战争期间诗词选

江运鸿（1908—1993），生于江西萍乡一个肖姓农民家中，原名肖朝阳，因家境贫寒，乃出继湖南醴陵江姓家中，改名为江运鸿。初中未毕业，即自谋衣食。系柳亚子南社社员、中华诗词学会湖南发起人之一，著有《流亡词》、《孤萍一叶》、《烟柳集》、《桑榆集》等。在抗日战争期间于1944年至1946年2月在酉阳龙潭避战乱，其《流亡词》大都于此创作。其间与龙潭文人有诗词唱和。

杨州慢·由三穗至榆树湾

西行路塞，只得转回湖南，循川湘公路由湘入川。或谓由铜仁至松桃，有公路通往（酉阳）龙潭。派职工谭宗武探询，据称：山崩路塞，匪徒出没，不利行车。

邛水冰消，灵山雪霁，行人尽趁冬晴。怪车尘马迹，怎不见西征？已探问，铜松捷径，山崩天坠，江远云平。最堪惊，魑魅豺狼，恣意纵横。　　思量再三，算而今，惟有东行。看晃县如烟，芷江一瞬，都是愁城。多少好山迎送，初相识，谁问山名。谅青山应笑，书生最怕逃兵。

黎洪注：“恣”仄声，应平声，建议将“恣”改为“随”。“三”平声应仄声，建议将“再三”改为“几度”。“多”平声，应仄声，建议将“多少”改为“一路”。

望江楼·对雨

云暗乡关不见家，望江楼外即天涯。
一声霹雳千峰雨，飞向滩头打浪花。

【注】1944年江运鸿作于四川酉阳县龙潭镇。

少年游·住龙潭

从衡阳转徙到龙潭，历时半载。龙潭属四川酉阳县。流亡至此，一住年余，生活较为安定。

云山送我出湖南，转眼到龙潭。流亡已久，于兹小住，苦境渐回甘。此邦似比桃源好，胜景足幽探。挂榜山前，望江楼上，斜日映晴岚。

黎洪注："苦"应平。建议将"苦"改为"酸"、"凄"等。

鹧鸪天·龙潭大雪

1944年冬，龙潭下了一場大雪。川湘公路，行旅艰难。酉水流经龙潭境内的支流别名湄江。大众桥下，水流甚急，似发出恨恨之声。

沦落川东总断魂，迴风舞雪乱乾坤。江山犹带流亡恨，山色宁无破碎痕。车不进，马难奔，漫天铺地又黄昏。还乡有梦寻归路，一片茫茫认不真。

忆余杭·与龙潭文人结诗酒缘

余住龙潭时，为使精神有所寄托，与当地诗人广结诗酒缘。曾以敏捷流丽见称。余以杜牧诗"一年人住岂无情"为题，作辘轳体，和者甚众。

身在龙潭，尽日闲寻诗酒伴。都缘避寇窜他乡，着意写流亡。谬称流丽夸才思，敏捷安能有精髓。"一年人住岂无情"，谱出断肠声。

黎洪注：因平仄需要，建议将"尽"改为"终"。"着"改为"随"。"思"改为"美"。"有精"改为"无义"。"谱出"改为"全是"。

浪淘沙　光复后由四川回湖南

原拟于1945年中秋节前回湖南，由于在长沙修建厂房，需时较久；运输车辆又须先交复兴银行使用，故延至1946年2月，始由龙潭回到长沙。

春色满人间，万水千山。分飞劳燕倦知还。听到乡音都是伴，喜笑开颜。劫后看乡关，谁恤民艰。幽栖难得一枝安[1]。只为阮囊羞涩甚，感慨多端。

【注】 原注：住一间小房，每月付出房租米一担。

以上录自江运鸿之《流亡词》。

附录：酉阳人题江运鸿《流亡词》

★周尔宾（四川酉县龙潭镇书法家）

频年伤国破，流窜迄今兹。
月暗他乡夜，兵连故里时。
桂林山亦险，蜀道马行迟。
信手拈为韵，都成绝妙词。

★田直温（四川酉阳人，闲居龙潭乡下）

两晤江淹面索诗，须捻数断报相知。
争传梦笔生花日，惜值斯文扫地时。
潦倒自伤仍自得，浮沉如醉更如痴。
多材信是惟三楚，来作巴人一字师。

黎洪注："捻"应平生。建议将"捻"改为"揉"

一剪梅

★胡兴镒，字季立（四川酉阳县龙潭镇完全小学教师）

剑气珠光满客囊，锦绣文章，绝妙文章。几多感慨说流亡，饱阅沧桑，刻画沧桑，不计山高与水长。人未还乡，心已还乡，才名于此羡无双，不是庾郎，确是江郎。

黎洪注：“庾郎”（庾信）的“庾”应平仄。建议将“庾郎”改为“嵇康”。

卜算子

★石含章（四川酉阳县龙潭镇私塾学校老师）

楚客寓川东，邂逅欣相识。信是天涯若比邻，不怕关山隔。
珠玉自清圆，斧凿无痕迹。一卷新词写乱离，血泪涔涔滴。

★熊成周（四川酉阳县龙潭镇医生）

避兵来蜀道，交友遍龙潭。
地以蚕丛著，珠从骊颔探[1]。
诗名今更重，世味旧曾谙。
几载流亡恨，词成不忍谈。

【原注】[1] 龙洞是龙潭名胜古迹之一。

★张清尘（四川酉阳县龙潭中学教师）

争传词客到，声誉满川东。二酉藏书地，三湘避世翁。柳溪春共赏[1]，萍水夜相逢。不尽流亡恨，家山在梦中。

【注】原注：柳溪是龙潭名胜之一。

★李岷仙（四川酉阳人闲居龙潭镇）

艰难险阻几星霜，乍听猿声泪满裳。
半壁河山三楚客，新词一卷写流亡。

抗日酉阳题壁（二首）

某军人

一

四十年来仕宦清，而今谁信未忧贫。
孤高总说名千载，百战徒赢病一身。

二

号角吹残吾已老，雕鞍初上马嫌轻。
流亡辛苦黎民恨，赖有诗书伴我行。

抗日流亡征婚（四首）

罗楚翘

一

洞庭湖畔是侬家，自负绮年貌似花。
胡马驰驱城破后，只身亡命走天涯。

二

堕地今兹二十春，数年飘泊损纯真。
凄凉客路凄凉味，谁是天涯慰籍人。

三

不含羞涩但含娇，曾学诗词善弄箫。
往日豪情都丧尽，只缘身世已飘摇。

四

也曾卒业在高中，玉手芊芊学女工。
自笑红颜多薄命，东床梦冷夕阳红。

【注】

抗日战争时期罗楚翘女士，从岳阳逃亡到酉阳县龙潭镇。因囊中羞涩，举目无亲，无所依附，写了三首征婚诗，登在酉阳的《中兴旬刊》上。此流传甚广，黎洪之父黎庭魁先生曾给黎洪摆谈过，腴地黄某也曾作诗应征过。题目系编者所加。见1975年江运鸿著《孤萍一叶——为爱国女词人蔡寄萍而作》《石赋中1988年6月手抄本》（张洪渊处有原本，黎洪处有复制本）

酉阳秋兴（二首）

孔凡章

时将帅怯敌，孔宋当道，美军横行。

一

酉州西望万山苍，剑佩雍容满庙堂。
灞上旌旗皆武穆，关中宅第数汾阳。
逢迎诸吕危炎汉，姑息群胡误盛唐。
闻道中兴筹策定，邯郸宁是武陵乡？

二

空闻羯鼓动天街，太息丸泥系九阶。
歌舞西湖骄铁券，死生东厂贱金牌。
坐看豪富三巴满，翻觉声名四皓佳。
玉柱峰前愁极目，临安何处不尘霾？

刘梦芙按：诗中化用大量典故，讽刺国民党当局御敌无方，官僚腐败，特务横行。继承杜甫七律沉郁典雅的风格。

【注】 摘自《回舟集》。孔凡章著。1996年6月巴蜀书社出版。

过石柱秦良玉祠（四首）

孔凡章

一

带甲朝天护跸时，君王为制女郎诗。
可怜霄汉澄清意，安得江淮四镇知？

二

拥兵诸帅阋中原，臣妾征袍战血存。
貂锦无功甘养敌，蛾眉遗恨失分藩。

三

笳鼓声酣马正东，兜鍪同护女元戎。
两川闺秀皆罗绮，百世何人继后风。

四

有吏西川奉使来，夕阳祠畔此徘徊。
霜蹄一路经行迹，疑是桃花试马回。

刘梦芙按：诗歌咏明末女英雄秦良玉带兵杀敌，以对比抗战间国军将领各怀私心，拥兵不战，养敌成患。

【注】摘自《回舟集》。孔凡章著。1996年6月巴蜀书社出版。

金缕曲·酉阳监中探友（二首）

孔凡章

一

风雨西窗话。正扬州、十年一觉，舞休歌罢。频举金樽倾佳酿，楼外江声如泻。喜相识、元龙俦亚。纵论沧桑词赋事，怅稼轩、一去今谁霸。肠断句，几回写。

吴钩此日无人借。访柴门、满庭乌雀，旧时车马。将伯呼谁援季子，我亦依人作嫁。有清泪、樽前双下。河岳日星知吾意，愧文章旧侣东林社。天梦梦，此长夜。

二

轻薄何须数。任蚍蜉、乾坤一粟，覆云翻雨。前日通城花如锦，今日凄凉禾黍。叹浊世、新愁如许。安得玉瓶清净水，洗双眸、冷看群魔舞。天下事，误狐鼠。

怜君一着全盘误。尽寒灯无言相对，前头鹦鹉。今世文人生如死，缓颊谁堪季布。算此诺、十年须赴。俦侣高阳深结纳，为秦廷剑泪留孤注。吾待子，锦城路。

刘梦芙按：未注明友人姓名，因何事入狱，估计为政治犯。

【注】摘自《二十世纪中华词选》（中973页）刘梦芙选编。2008年12月黄山书社出版。

孔凡章（1914—1999），字礼南，四川成都人。1934年入上海震旦大学，抗战期间返川，在交通、金融部门工作。1959年调入成都市体委，后调四川省体委，历任省围棋队教练、主教练。其女孔祥明为围棋国手。1982年迁居北京，1987年受聘为中央文史研究馆馆员，任馆中诗词组组长、《诗书画》丛刊编辑。兼工诗词，有《回舟集》、《回舟续集》、《回舟三集》、《回舟四集》。逝世后，未刊之诗、词、文稿由弟子刘梦芙编辑为《回舟后集·孔凡章先生纪念集》，香港天马图书有限公司出版。上述诗词疑系作者在抗日战争时期来酉阳所作，待考。

刘梦楼，1951年生，安徽岳西人。曾任《中华诗词》责任编辑。现任安徽省社会科学院文学研究所研究员、首都师范大学中国诗词研究中心兼职教授、安徽师范大学中国诗词研究中心兼职研究员、国家社会科学基金项目“近百年名家诗词及其流变研究”主持人、中华诗词研究院学术委员兼二十世纪诗词文论主编、中华诗词学会编著中心特约编审。发表论文一百多万字，诗词一千余首，获全国诗词大赛一、二、三等奖十多次。著有《二十世纪名家诗词述评》、《近现代诗词论丛》、《二钱诗词之研究》、《啸云楼文集》、《冷翠轩词》等。2014 年 9 月 9 日在参加黔江诗词采风活动后来酉阳采风，11 日离酉赴渝机场返乡。其在酉阳会馆签名赠我所编《二十世纪中华词选》（上、中、下）一套。2008 年 12 月黄山书社出版。

【注】以上为黎洪、曾常收集整理。

对　联

酉阳秀山抗日将士追悼会联

军人舍身国民效死
黄土埋骨青史留名

为民众牺牲光生二酉
作地方保障名播千秋

杀身成仁大丈夫当如是也
舍利取义士君子岂不然乎

精神不死浩气长存秀水酉山同一哭
碧血犹香青磷不灭荒郊野塞惨无依

魂魄无依怅碧血化磷往往天阴闻鬼哭
家乡何在想白头如画朝朝闾倚望儿归

洒泪吊精魂喜今番狐鬼扫清精神不死
闻风增壮气待异日麒麟绘像状态如生

壮志竟云亡涕泪皆红此后梅江流血水
忠魂果常在英灵不昧从今西土放悲声

西中风雨正同舟居然养锐三军立功万里
沪上烟云才过眼自应流芳百世早死一年

本子弟兵作千城将羡诸君战死疆场爱国捐躯马革裹尸成轶事
为英雄哭动父老哀痛多士荣归泉壤招魂无术鹃啼血泪促悲思

【注】黎洪录自冉伯瑜编《联苑精华》。

史料辑录

为抗日战争的胜利而积极支援前线

1937年7月7日，中国人民抗日战争全面爆发，在这民族危亡的紧急关头，酉阳籍的共产党人以民族大义为重，真诚地与国民党合作。酉阳各族人民开展了声势浩大的抗日救亡运动，全力以赴支援抗战，并向前线输送了万余名抗战儿女，为抗日战争的胜利作出了重大贡献。

酉阳的抗日救亡运动

抗日战争全面爆发后，整个中华民族面临着亡国灭种的危险，中日民族矛盾成为最主要的矛盾。中国共产党在“卢沟桥事变”的第二天，就发表了抗日通电，号召全国同胞和军队团结起来，筑成民族统一战线的坚固长城，抵抗日本帝国主义的侵略。1937年7月15日，中共中央将《中国共产党公布的国共合作宣言》送交国民党中央。同月17日，中共代表周恩来、秦邦宪、林伯渠到庐山与国民党代表蒋介石、张冲、邵力子等继续谈判，这时蒋介石才承诺，如果中国“临到最后关头，便只有拼全民族的生命，以求国家的生存，那时节再不容许我们中途妥协，如果战端一开，那就是地无分南北，年无分老幼，皆有守土抗战之责任，皆应抱定牺牲一切之决心”。但另一方面，蒋介石仍没有放弃同日本的妥协方针，在庐山谈话中，同时强调“在和平根本绝望之前一秒钟，我们还是希望和平的，希望由和平的外交方法，求得卢事的解决”。8 月 13 日，日本侵略军大肆进攻上海，扬言三个月灭亡中国，上海军民奋起抵抗，在国民党统治的中心地区直接受到严重威胁的紧要关头，国民党政府于同年的 8 月 14 日才正式承认共产党领导的陕甘宁边区政府，同意将西北的主力红军改编为国民革命军第十八路军。这样，标志着以国共两党合作为基础的抗日民族统一战线正式形成。

在时任中共中央党校秘书长的刘仁和酉阳籍在外工作的进步人士将“卢沟桥事变”和中国共产党的《抗日救国十大纲领》以及蒋介石在庐山发表的“自卫”宣言等消息传到酉阳后，具有光荣革命传统的酉阳各族人民迅速掀起了抗日救亡运动的新高潮。以“抗战建国纲领”为主要题材，宣传“抗战爱国光荣，妥协卖国可耻”的道理。1941 年夏，各界人士共同倡议，将县城东河街的旧火神庙改建成忠烈祠。忠烈祠的正殿上，供奉着本县抗日阵亡的田干周等几百名将士的灵位，灵位下面，跪着大汉奸汪精卫、陈璧君夫妇的塑像。举行落成典礼那天，酉阳烈士家属、学校师生、街道居民挤满了正殿和忠烈祠的周围。时任四川省第八行政督察区专员爱国人士史良主祭，烈士家属代表讲话时，声讨声和涕泣声交织在一起，整个忠烈祠，充满着庄严悲壮的气氛，许多青年在将士灵位前立下了“宁作沙场鬼，不做亡国奴”的誓言。参会的人群纷纷向大汉奸汪精卫、陈璧君夫妇的塑像吐唾沫、喷鼻涕，控诉卖国贼的罪行。1938 年，根据救亡运动的需要，还利用飞来峰古建筑，成立了

“酉阳县民众教育馆”，每天以黑板报和简报的方式，报道来自抗日前线的消息，刊登有关全国抗日斗争形势的文章。《简报》曾发表过告读者的一封信，信中说：“台儿庄大捷充分说明，日军是能够战胜的，政府和全中国民众应立刻行动起来，铲除汉奸，发动全面抗战，开展群众运动，以保障抗战的最后胜利。”1941 年《简报》还间接地报道了震惊中外的“皖南事变”的情况，对人民的觉醒起了潜移默化的作用。与此同时，还恢复了《酉阳县党政周刊》。该刊重点宣传抗日战争时期的方针政策，号召全民“精诚团结，共赴国难”，树立“抗战必胜，建国必成”的信心，指责“谁破坏抗日，谁就是民族的败类，国家的罪人”等。《周刊》由于历史的局限，固然存在许多问题，但它在宣传坚持抗战、组织群众等方面起了一定的作用。

当北平、上海、武汉、重庆等地的学生“起来，不愿做奴隶的人们”的吼声传到酉阳时，酉阳的广大师生无不义愤填膺，积极投入到抗日救亡运动中。酉阳简易师范学校在进步教师吴瑞生、庞净夫、熊仲权、赵遥清、郭景明以及学校行政黄秉钺、陈筱郑的引导下，利用每天早晚的升降旗典礼和“总理纪念周”以及上课的机会，大讲抗日救国的伟大意义和抗日爱国的匹夫之责；教育青年学生要以挽救国家的危亡为己任；宣传个人的前途和国家的前途是紧密联系在一起的，有国才有家的道理；组织学生在校内外张贴抗日标语，刻印抗日传单发到广大农村。1939 年，受到进步思想的熏陶，具有高度爱国热情的王季直老师在校长张廷晖的支持下，与教师余日永、陈师鸾、陈相廷以及学生陈懋素、邱国华等编排了较高水平的抗日话剧《鸡鸣》、《八个鬼子》、快板剧《鸡公山》、童话剧《玩具抗日》、歌舞剧《小小锄奸队》、《打汉奸》以及话报剧《放下你的鞭子》、神话歌舞剧《魔笛》等在全县演出，教唱《流亡三部曲》、《大刀进行曲》、《在太行山上》等抗日歌曲。王季直老师还利用假期带领简师学生，深入铜鼓、两河、板溪等地进行街头宣传。他们高举“唤起民众，一致抗日”的横幅标语，在集市中心唱歌、呼口号，向民众宣传抗日救国的道理，揭露日本帝国主义侵略中国之暴行。其中《前进，中国的青年》的歌词是：“前进，中国的青年，挺进，中国的青年，中国恰像暴风雨中的破船，我们要认识今日的危险，尽一切力量争取胜利的明天，我们要以一当十，百以为千，我们不能后退，只有向前，向前！救国的责任，落在我们的两肩，落在我们的两肩。”1939 年 10 月，秀山县城被日本飞机轰炸。龙潭的中小学生，组成 400 多人的旅行慰问团，步行 47 公里到秀山进行慰问，他们沿途张贴标语、画漫画、发传单。高呼“打倒日本帝国主义！”“血债要用血来还”“日本帝国主义从中国滚出去！”“全国人民团结起来，收复失地，还我河山”等口号。在秀山县城为灾民演出了《中华民族的子孙》、《塞上风云》、《加大理发店》等话剧和歌唱《送郎参军》、《延水谣》、《黄河大合唱》、《到敌人后方去》等抗日歌曲，以及《枪口对外》、《神枪手》等小调。同时还在全县的国民小学生教育中开展了“你是中国人，我是中国人，我们大家都是中国人，一起赶走日本人”的启蒙教育，同时，叶俊辉发起组织的“酉阳抗日剧社”和安徽“民众流亡宣传队”还分别到各乡演出了悲壮激昂的戏剧，对唤起民众、救亡图存起到了积极的作用。通过以上的救亡运动，锤炼了青少年的意志，增强了他们的才干，使他们树立了牢固的爱国主义思想，为以后的革命和建设磨炼了大批栋梁人才。

在抗日战争中，抗击侵略者成了酉阳城乡议论的中心话题，不管是官吏富人，还是庶民百姓，上至参议会，下至茶馆火坑的闲谈，人们无不议论着抗日之事，并以实际行动投入了抗日救亡运动。1938 年春，当台儿庄战役阵亡的川军师长、国民党政府追认为陆军上将的王铭章的灵柩护送返籍途经酉阳时，酉阳各界人士举行了隆重的悼念会。数万人自发地列队在川湘公路两旁向抗日忠烈默哀致敬。随后，以龙潭为中心，各种团体、居民、铺户、行号以及从外地迁入的数百计的单位和数万难民，都一致奋起，组织了各种不同形式的宣传队，编演了《上火线》等抗日剧，还组织了戏曲队、歌咏队、舞蹈队、慰问队，进行定期或不定期的宣传抗日活动，方式上采取先跳舞唱歌，然后宣传抗日的形式。酉阳籍的段永鹏、陈述辉、甘兀立、李葛民、陈志章等编演的街头剧、话报剧、茶馆剧、广场剧等短小精悍，富有战斗作风，极大地鼓舞了军民的抗日情绪。沦陷区迁来龙潭定居的难民，组织了同乡会，筹集资金，邀请龙潭或外来的戏班子，分别在江西会馆、辰府会馆、湖广会馆、福建会馆以及其他会馆演唱“抗日会战”，激励怀念故乡、渴望收复失地的感情。江浙善画虎名家关元鲲在龙潭街市的庙宇墙上画了多幅宣传抗日的大型壁画；善画人物、仕女名家张贞一结合抗日战争，画了多幅民族英雄人物画。当时在龙潭真正出现了各行各业各尽所能来宣传抗日的局面。

为了配合全国抗日，龚滩镇的爱国民众也加入了抗日救亡运动的行列。1939 年秋，在龚滩盐务支局曾祥林的提议下，在龚滩“三教寺”成立了“滩涛青年歌剧团”，开展抗日救亡活动，当时叫作演新剧，颇受群众欢迎。歌剧团成立之初，由于经费不足，进步青年田维铭、罗运淮等便向龚滩各家商号广为宣传抗日救国有钱出钱、有力出力的意义。承盐号经理杨舜钦鼎力支持并带头慷慨乐捐，各家商号及社会各界人士纷纷响应，几天时间，就集资 1000 余元，随后，便开展了演出活动。剧团以打倒日本帝国主义，活捉汉奸，组织游击队及讽刺社会黑暗，揭露当局无能为中心内容，先后编写了《抓本钱》、《醋毒》、《烟毒》、《最后一封信》、《姊妹英雄》等爱国剧20余本，于1940年春节正式上演，受到了当地群众的广泛好评。此后，每逢节日或纪念日，龚滩镇除用墙报、标语、漫画宣传外，还将许多爱国歌曲，如《新女性》、《大路歌》、《流亡三部曲》、《牺牲已到最后关头》等编成歌剧上演。1940年，为纪念“七七”抗战三周年，剧团上演了自编歌剧《流浪恨》。当台上出现一家逃难的难民，拖儿带女，正处在饥寒交迫、无家可归、走投无路的悲惨遭遇中，却被汉奸带着两个鬼子军官，将年未及笄的长女拖走时，台下观众淌下了同情而又忿恨的爱国热泪；当演到突然出现游击队，活捉了汉奸和倭寇，将大姑娘还给母亲时，全场奋起，不约而同地举手高呼“消灭汉奸”、“打倒日本帝国主义”等口号，爱国热情洋溢着，震荡了全场观众的爱国之心。“滩涛青年歌剧团”成立两年，开展了20余场次的抗日救亡演出，受到了当地群众欢迎。在演出期间除演出开支外，还积累了七八千元，后捐献给国家，支援抗日战争。

抗日战争时期，从抗日前线回来的一部分军队分别在酉阳、龙潭休整。他们利用休整机会与酉阳人民筑起了抗日的坚固长城。1939年，为了团结全国人民一致抗日，提高部队的战斗力，龙潭各界人士，集资投劳，在川湘公路龙潭车站对面建立了雄伟的“抗日建国阵亡将士纪念碑”。碑座的东西面刻着“倭奴肆虐，破我金瓯。七月七日，最后关头，领袖决策，全民奋斗。前仆后继，敌忾同仇，复兴民族，扫荡狂寇，收复失地，争取自由。桓桓《国殇》，执讯获丑。成仁取义，声播亚欧。丰碑永奠，用表勋猷。云霄万古，俎豆千秋”和“惟我将士，民族之先。牺牲热血，固我金汤，勒石记勋，百世勿忘”。南面碑座刻着“抗战必胜，建国必成，前仆后继，固我金汤”。北面碑座上为酉阳甲午科举人、龙潭抗敌动员委员会委员王大章拜题的“舍身取义，御倭救亡，人尽如是，邦乃其昌”。几十年来，这座具有历史意义的“抗战建国阵亡将士纪念碑”激励着人们去为祖国的独立、富强而奋斗。1942 年，为纪念“七七”抗战五周年，驻在龙潭的部队和龙潭中学、小学以及广大民众在龙潭大操场举行纪念大会，到处贴满了“打倒日本帝国主义”、“日本帝国主义从中国滚出去”、“全国人民团结起来，一致抗日”、“收复失地，还我河山”等标语，部队代表、本地知名人士、学生代表以及流亡到龙潭的难民都纷纷上台讲演，一致表示“有钱出钱，有力出力；救亡图存，支援抗战”，并散发了传单和告民众书。晚上，部队的京剧宣传队和龙潭抗日宣传队在军区礼堂为军民演出了戚继光、郑成功等民族英雄的英勇事迹和《小红鸟》、《九一八》、《黄河大合唱》以及《万里寻兄》、《青年进行曲》等抗战节目。接着龙潭军民举行火炬提灯游行，每人手执写有抗日口号的三角彩色旗，一路上高呼口号，高唱抗日战歌。长蛇阵式的游行队伍路过街市，到处灯火辉煌。当夜群情振奋，彻夜不眠。

另外，酉阳在抗日战争期间，城乡还举行过多次火炬游行、声讨大会、祝捷大会、纪念会以及举办过抗日训练班、读书会、研究会、夜校等，用各种群众喜闻乐见的、生动活泼的形式宣传抗日活动。历史证明，全县的工、农、商、学、兵的抗日救亡运动，为呼唤民族的觉醒，鼓舞抗战的斗志，支援前线抗战发挥了重要作用。

全力以赴支援抗战

1938 年，国民党中央和国民政府由南京迁武汉再迁重庆以后，作为抗战最后根据地的四川省第八行政区督察公署所在地的酉阳，便成为祖国陪都连接抗日前线的重要战略基地。具有爱国热情的酉阳各族人民以民族利益为重，发扬爱国主义和人道主义精神，承受了各方面的压力，克服了难以想象的困难，不但慷慨解囊地安置了三万多名难民，帮助他们重新建立了如汉阳兵工厂等数十家内迁企业，尽快恢复了生产，为他们提供了生存的条件和休整的环境；而且还无私地从财力、人力上全力以赴支援抗战。

首先是进行交通和军用设施建设。“蜀道难、难于上青天”，这是对包括酉阳在内的四川原交通落后状况的真实写照。为了改变这种封闭的状态，提高四川战时的国防地位，1935 年 9 月，四川省公路局开始修筑川湘公路。四川公路局于 9 月 30 日派以工程师张熠光为队长的测量队进行勘测。川湘公路四川段为 698 公里，酉阳境内就有 175.9 公里，公路所经之处，大都是崇山峻岭，高崖深涧，地瘠民贫，筑路的物资只能用飞机空运，工程艰巨，实属罕见。1936 年春，成立了“酉阳筑路委员会”和工程处，各区乡组织了筑路队，在全县掀起了家家动员、户户出人来筑路的热潮。经过一年零三个月的努力，酉阳共动员义务民工 35000 多人，捐田 2558 亩、土 423 亩，完成填土 377973.35 立方米、堡坎 20000 立方米、拦石 50000 立方米、挖土 483559.68 立方米、石方 640352.89 立方米、桥梁 32 座、涵洞 136 座、水三盖 486 道，完成路面 791050 平方米的工程量，承担了总造价的 80%。使昔日的鸟道羊肠，一变而为康庄大道。正如当时《国民公报》一文中所说：“川湘公路艰巨工程之成功，充分体现了人民的伟大力量”。1939 年夏，为了抗击日寇飞机骚扰，保卫后方安全，在秀山县城西门外修建军用机场，除航空部出必要的经费外，其余均由四川省第八行政专员公署所辖的酉、秀、黔、彭和湖南的花垣、吉首等县负责征集民工解决。酉阳 3000 名民工，义务自带粮食和工具奔赴秀山，经过一年多的艰辛努力，与其他总队一起，用血汗筑成了秀山军用机场。1942年，为缓解黔东北、湘西、酉秀等地抗日物资的运输矛盾，酉阳奉西南公路局之命，成立了“酉阳至龚滩公路工程处”，具体负责酉龚公路的修筑。酉阳县的数万名义务民工，夏日任凭日晒雨淋，冬季赤足单衣，居住在牛圈、岩洞、石穴内，有的还露宿在荒山野岭中，经过一年多的煎熬，基本修通了跨越高山峻岭、悬岩峭壁的72公里丙级公路。抗日战争时期，还用以工代赈的方式整治航道，设立绞滩站，以助航力和确保安全，酉阳人民用血汗建筑起来的公路和重要军事设施，对军事运输、工厂内迁、军粮以及生产、生活所需物资的调拨都起到了重要作用，有力地支援了抗日，打击了日本侵略者。

其次，开展捐粮献金活动。俗话说“民以食为天”。粮食是宝中之宝，是军队作战的第一需要。具有勤劳朴实美德的酉阳各族人民，努力开垦荒土，增加复种，千方百计增产粮食，同时实行一日两餐、掺加杂粮做饭、严禁以米麦烤酒熬糖或喂牲畜等增产节约运动。在抗日战争处于危急紧要关头的1939年夏，在成立“酉阳县购粮监察委员会”的基础上，又成立了各界人士参加的“酉阳捐献军粮委员会”，并组织工作队，到全县各区乡宣传捐献军粮的目的、要求及意义，基本上做到了家喻户晓，人人皆知。全县人民都抱着保卫祖国反抗侵略者的共同心愿，异口同声地表示，要节约每一粒粮食，支援前方抗战，渡过抗日难关。接着以保为单位，开始争先恐后地捐粮。其中许多小商贩和各行业的手工工人，互相帮助，拼凑财物，纷纷报名登记，大多数没有粮食的，都以现金折价缴纳。小河场一户小摊贩，尽管自己生活还有困难，也一次性捐献现金11元。南腰界一个农民说：“军队去前方打仗，无粮吃不饱，虽有勇气也不能拼，只要能打胜仗，赶走日本鬼子，老百姓能过太平日子，我们暂时吃蕨根也甘心。”这就是农民的朴实语言，他们用心里蕴藏着的对祖国无比深厚的爱，汇成了“支援前线”的洪流。此外，对有粮不捐的酉阳龙洞沟十多户陈家和小坝夏、冯等两家富豪大商以及清溪乡乡长陈永辉为代表的乡保长，进行了一定惩罚。这样，仅在 1940 年一年时间内，全县捐献粮食总数就达 2600 余石，支援抗战工作收到了一定实效。1938 年，酉阳各地群众欢送川军从川湘公路出征，眼看广大士兵虽斗志昂扬，但身穿单衣短裤，脚穿草鞋，日不能避风雨，夜不能御寒霜，他们感到阵阵心酸，于是就自发地开展了全民献金活动。酉、龙、龚三镇的店员和各界人士及各阶层群众都踊跃参加，上至白发老人，下至少年儿童都加入了献金的行列。龚滩的小学生，把平时节约的“糖果费”自觉地投入了“献金柜”；酉阳、龙潭的小学生自觉组成劝募宣传队，利用赶场天和节假日，分组到农村、街头挨户劝募，而且还向父母、老师、亲友和路过的人劝募。据不完全统计，仅 1942 年，酉阳就为前线购滑翔机一部，共捐募法币 57200 元、慰劳军鞋 8630 双，送上前线，慰劳流血抗战的将士。这种爱国热情真是感人至深，可钦可佩。在八年的抗日战争中，酉阳各族人民这种捐粮献金活动真是不胜枚举，他们那种为打败日本帝国主义竭尽全力的精神，将永存青史。

再次，组建川东陆运总队。1938 年，武汉、长沙等地相继失守以后，沿海的食盐产区和长江航道以及粤汉铁路都控制在日寇手中。抗战前线和湘鄂川黔边区的数十县的食盐，全部被迫由四川自流井的食盐供应。虽然 1936 年川湘公路通了车，起到了第二条长江的作用，但由于国民党中央和国民政府迁都重庆，国民政府的所有机关和工厂以及军民等在源源不断地运往后方，加上汽油匮乏和车少路况差等诸方面的原因，运输压力实在太大。因此年运 300 多万公斤的食盐便只能从涪陵溯乌江而上到酉阳境内的龚滩起岸，再用人力陆运到酉阳境内的龙潭，然后装船顺龙潭河经酉水运往各地及抗日前线。为了解决这一严重的运输问题，1939 年，国民政府财政部在龙潭和龚滩分别设立了有爱国人士参加的“湘岸战时食盐运输处”和“川康盐务局龚滩盐运处”的基础上，又速建了“川东水运总队”及“川东陆运总队”。“川东水运总队”，承担涪陵至龚滩的水运任务；“川东陆运总队”，后更名为“第六战区龙潭军警稽查处直辖川东陆运总队”，并调集全副武装的监护队 60 人为陆运总队保驾护航，负责龚滩至龙潭等地的川盐济湘、湘粮济川的陆运任务。“川东陆运总队”辖四个大队，彭水、秀山各一个大队，酉阳两个大队，大队辖若干中队，中队辖若干分队，分队辖若干小队。酉阳的两个陆运大队由铜鼓、板桥、小河、先坝、石垭、宜居、丁市、天馆、龚滩等乡保长硬性指派的 7000 多名青壮年组成。实际上，“川东陆运总队”是半军事化组织。在艰苦的八年抗战时期，那些被鄙称为“背老二”的酉阳陆运大队的背夫们，上身披着棕衣，下身穿着半截裤，脚上穿着草鞋，口中吃的是包谷面等杂粮，身背 150 至 200 斤甚至多达 280 斤的盐巴，汗流浃背地在悬岩峭壁、羊肠小道上三步两打杵地翻越向前，挣扎七八天才能从龚滩杵到龙潭，其报酬，却只能维持磨骨头、养肠子的最低生活。但酉阳“川东陆运总队”的背夫们为了支援前线，消灭日寇，不分春夏秋冬，天晴下雨，都默默地奉献着。他们的功绩没人记载，无人说道，只有背夫自己循回往复，长年累月，三步两打杵地在道路上坚硬的石头杵下的深达一寸多、数不清的打杵印，记载了他们的艰辛和汗水，记载了背夫们在抗日战争中的功绩和奋斗精神。可以说，数不清的“打杵印”是酉阳各族人民血和泪的见证，是抗日战争的纪念碑。

酉阳的抗日儿女

抗日战争全面爆发以后，随着国共两党第二次合作的实现，持不同政见的酉阳各族、各阶层人士，为了不当亡国奴，把爱国之心转化为报国之志，他们抛弃了过去的恩怨，掀起了妻送郎、父送子、兄弟姊妹相送上战场杀东洋鬼子的热潮。据不完全统计，在抗日战争期间，奔赴抗日前线的酉阳儿女近两万人，其中伤亡官兵就达20%左右。

1937年8月25日，经过长征达到陕北的酉阳籍老红军冉瑞才、张斌、周连贵、彭武隆、吴汉清、吴玉顺、黄子高、邱命荣、严永兴等所在的中国工农红军第二方面军，根据中国共产党中央革命军事委员会主席毛泽东，副主席朱德、周恩来的命令，改编为国民革命军第八路军一二〇师。次日，他们在师长贺龙、副师长肖克、参谋长周士弟、政训处主任关向应、副主任甘泗淇的率领下东渡黄河，开赴山西抗日前线。10月，取得了“雁门关伏击战”的伟大胜利，打破了“日军不可战胜”的神话，鼓舞了全国人民的抗日热情。尔后，又参加了齐会战斗、陈庄战斗和“百团大战”以及保卫延安、青化砭、羊马河、蟠龙、沙家店等数十次战斗，为抗日战争的胜利立下了不朽的功勋。

在抗日战争中，生于斯、长于斯的优秀共产党员，久经考验的无产阶级战士，建国后历任中共中央华北局书记、中共北京市委第二书记、中国共产党第八届候补中央委员的刘仁同志，速从苏联归来，参与领导了建立晋察冀抗日根据地的工作，对开辟抗日根据地和党的建设以及建立国际统一战线都作出过卓越的贡献。更值得酉阳骄傲的是，中国共产党的优秀党员、久经考验的共产主义战士、早期革命活动家赵世兰和赵君陶姐妹，在伟大的抗日战争中，以博大的胸怀，钢铁般的毅力，分别担任过中共成都市委委员兼妇委书记、川康特委妇委委员、《大众壁报社》社长和战时儿童保育会直属第三保育院院长。赵君陶还把心爱的儿子李鹏送往延安，投入抗日运动。他们为唤醒人民的觉醒及培养下一代和为争取抗日战争的胜利，可以说做到了呕心沥血。另外，在抗日救亡运动中涌现出来的一大批酉阳籍的爱国青年，如胡其谦、黄德全、宋克勤、葛莱、王彦逾、王淑璇（女）、赵石英、赵施光（女）、王彦立等冲破家庭、社会的种种羁绊，陆续奔赴延安和各抗日根据地，参加八路军和新四军以及从事共产党领导下的统一战线工作，用鲜血和生命写下了永远值得人们怀念的不朽篇章。

时任国民党陆军新十五师、十六师少将师长和七十二军中将军长的酉阳人傅冀将军，1938 年 6 月在率军出川抗日的动员大会上说："如今国难当头，作为军人当奋勇杀敌，我们要负起驱逐日寇，还我河山的民族重任。"在抗日战争中，傅冀将军指挥了武宁、上高、长衡、醴陵、赣南以及三次长沙会战和收复常德等战役。1943 年，他率部由平江渡汨罗和 1945 年踏雪过井冈山时分别吟下了"平城战骑跃，千军渡汨罗，泽畔吊屈子，离骚谱战歌。旌旗耀日月，风雷动山河，精兵统十万，生擒洞庭鳖"和"井冈高万丈，漫天雪花飘，茅檐生玉烛，悬岩铸银镖，冰凝铠甲厚，雪拥马蹄高，抗日军令重，未敢脱战袍"的诗句。这些豪迈壮丽的诗句，充分表达了他的抗日态度和爱国热情。由于傅冀将军战功卓著，国民党军委会曾给予他领导的川军"川军能打"的赞誉。他多次受到嘉奖，荣获过一级云麾等勋章多枚。第六战区司令长官陈诚和时任国民政府军事委员会政治部第三厅厅长、文化工作委员会主任的郭沫若等亲自到傅将军所部驻地进行慰问。

1937 年 8 月，出生于酉阳麻旺兴复村，从小立下“大丈夫当执干戈以卫社稷，安能苟且偷生于世乎”的陈德邵，在国民党第二十军一三三师任少校连长，奉命赴上海抗日。他率领全连在上海的陈家行、蕴藻浜与强大的敌人浴血奋战，坚持了 80 多个昼夜后，奉命撤到安徽的安庆休整。军师部确认陈德邵“忠心报国”，调他去战地参谋班学习，回部队后升任副团长。1939 年至 1941 年，他参加了震惊中外的三次长沙会战。在会战中，因指挥有方，被升为一三三师代理参谋长、三九九团团长。他率领的团，共生俘日本鬼子 300 多名，击毙 500 多名，缴获机枪 20 多挺、步枪 300 多支、战马 10 多匹和其他战利品，受到师、军、集团军的嘉奖。1943 年后，他率领所部转战修水、平江、浏阳、常德等地，配合了湘西会战。到抗战胜利时，由于他战功卓著，被升为二十军副参谋长、少将高参、少将副师长。与陈德邵一起征战的还有他的老乡，时任副营长的田阡陌。在罗盘山激烈的遭遇战中，为了不贻误战机，田阡陌指令报话员立即呼唤军部炮火援助。压制敌人的同时，自己率先挺身而出，冒着敌人的弹雨冲向阵地。当他被弹片打中腹部，身受重伤时，仍在喊：“弟兄们，人在阵地在”，直至晕倒在地，才被抬下阵地送后方医院治疗。他在给母亲和妻子的信中说：“大敌当前，祖国存亡莫卜！救国责任，舍我辈其谁？国破家何在？皮之不存，毛将安附!”由于他救国保家意志坚定，被升为副团长，参加三次长沙会战，直到抗日战争最后胜利。为了纪念他在抗日救国中的功绩，后人在他的墓碑上写下了一联云：“当年尽心忠党国，名留千古；抗日伤胸保民族，功著千秋”。

在震惊中外的“淞沪抗日”中，出生于酉阳袁家湾，时任国民党第四十三军二十六师七十六旅少校参谋的田干周投入了保卫上海的战役，具体负责上海大场镇的防务。在日本侵略者的连续攻击下，田干周所部伤亡很大，旅长阵亡，他奉军部命令代理旅长，并得令“撤出大场镇”。但田干周接电令后，立即回电军部，“决不退出，愿与阵地共存亡”，继续阻击敌人。战斗持续达两个多月，最后，在敌人强大的攻势下，大场镇沦于敌手，田干周在激烈的战斗中英勇捐躯，时年36岁，田干周为国捐躯的英名铭刻在“上海抗日阵亡将士纪念碑”上。酉阳人士冉衢眼看敌寇入侵，山河破碎，遍地烽火，就抱着“凡有血性青年，都应加入国民战争工作，何况本属军人，更应保国卫民为天职”之志，毅然投入抗日战争行列，转战于川、湘、鄂、皖、赣、浙等地，以战功显著，擢升为副师长。1939年冉衢率部与日军激战于常德时，日军使用毒气弹，企图冲破冉部阵地，一举攻占湘西全境，冉衢率部与日军开展殊死搏斗，终于保全了阵地，而他自己不幸中毒，为国捐躯。当然，在伟大的抗日战争中，酉阳为国流血和殉国的远远不止这几位，限于篇幅，就不一一缅怀了。

1945年8月14日，日本政府照会美英苏中四国政府，接受《波茨坦公告》；15日，日本天皇广播《停战诏书》，宣告无条件投降；9月2日，日本在投降书上签字。到此，历时八年的抗日战争胜利结束。在此时刻，酉阳人民奔走相告，万众欢腾，无论是酉水、乌江两岸，还是武陵之巅，全县城乡上下，处处锣鼓喧天，鞭炮齐鸣，人们载歌载舞，彻夜不眠，沉浸于举国欢庆的热闹气氛之中。但人们的笑声还没有落地，蒋介石又把中国拖入了全面内战的火海。

【注】 摘自《酉阳现代风云录》，西南师大出版社，1999年10月；《中共酉阳土家族苗族自治县史》，重庆出版社，2012年9月。

政事纪要

抗战爆发，在国共合作团结抗日的政治形势下，酉阳各族人民在八年抗战中，在宣传抗日、应征抗敌、运输物资、捐献财物，服工役、安置实业及难民等方面作出了些实事，受到省政府的表彰奖励。

为了激发全县人民抗日救国之热情，酉阳组织了不同形式的宣传队，以戏曲、歌咏、舞蹈、慰问等不同形式宣传抗日，尤其是在龚滩成立的“滩涛青年歌剧团”，编写上演《流亡三部曲》、《新女性》话剧，前后两年开展了 20 多场次的抗日救亡演出，受到群众好评。1938 年当台儿庄战役阵亡川军师长，国民党政府追认为陆军上将的王铭章的灵柩护送返籍途经酉阳时，酉阳举行了隆重的悼念会，数万人自发列队于川湘公路两旁向其默哀致敬。1939 年酉阳各届人士集资修建了“抗日建国阵亡将士纪念碑”，1941 年酉阳各届人士倡议修建酉阳县忠烈祠，对抗战阵亡将士进行纪念。

在抗日前线，从酉阳经过长征到达陕北的老红军冉瑞才、张斌、周连贵、吴汉清、吴玉顺等人所在的红二方面军开赴山西抗日前线。傅冀、田干周、陈德邵、田阡陌、冉衢等国民党抗战将士奋勇杀敌，不怕流血牺牲。据四川省民政厅 1941 年统计：原抗战川籍官兵伤亡受恤人数酉阳为167人，其中官佐14人，士兵153人。《文物志》中记载：在抗日战争中，酉阳籍为国捐躯者376名。

在抗日的后方，酉阳从人力和财力上全力支援抗战。一是修建川湘公路酉阳段165公里。酉阳共动员义务民工3.5万多人，有邹长青、吴国宝等160名民工牺牲，伤残16人。二是组建川东陆运总队。为了解决和管理龚滩至龙潭115公里的陆运问题，需要大量的人力运输来解决川盐济湘，湘粮入川运输困难。1939年成立了川东陆运总队，由陈蒿荪任总队长，下辖4个大队，每个大队设若干中队。中队下辖若干分队、小队，运夫分别由县属铜鼓、板桥、小河、丁市、天馆、宜居近7000多名青壮年组成，他们身背150—200斤左右的盐巴，从龚滩到龙潭往还8天，才能完成背盐任务。因从事其繁重体力劳动，社会地位低下，人们称之为“盐巴客”，鄙夷之称为“背老二”。背夫们必备的装备是背兜、打杵、竹斗笠和小竹席。至今在他们经常歇气和多次杵过的岩板上，留下了一个一个的打杵窝。三是开展捐献活动。1939年酉阳成立“酉阳捐献军粮委员会”，由国民党党部书记陈子尚任主席。据1936—1942年不完全统计，全县共计捐款2.01万元，法币200元；认购抗战公债基金4.22万元，法币2130元；捐建忠烈祠及购买滑翔机等100多万元；粮食4937市石，军鞋8630双。四是帮助企业重建和安置难民。作为抗日最后根据地的酉阳，帮助重新建立了如汉阳兵工厂等数家内迁企业，恢复了生产。安置了3万多难民。此外，1939年全县还动员3000名民工到秀山义务修筑秀山军用机场。

【注】摘自彭清玉《酉阳1912—1949》，重庆大学出版社，2012年2月。

后 记

为了理清酉阳的抗日战争史实，在市档案局、酉阳土家族苗族自治县政府的支持下，县档案局精心组织编写出版了这本《酉阳抗日战争资料集》。

该资料集的编写创意始于2013年，为全面开展乌江流域抗日战争历史档案研究，由县档案局多次研究而作出的决定。并成立了以局长石胜才为组长，分管领导为副组长，具有本科以上学历人员为成员的“酉阳抗日战争历史档案编撰研究领导小组”，馆务科副科长杨秀东全面摸清了酉阳民国档案1000多卷的内容梗概。在此基础上，由彭清玉拟订了近40余个编写课题，经多次讨论而形成编写大纲。是年末，组织实施编写工作。2014年完成初稿、修改稿、定稿。本集资料的主要来源是馆藏酉阳民国档案、《酉阳文史资料》，以及相关出版图书、刊物。但编辑收录中，深感遗憾的是没有理清酉阳在抗日战争中出征人员名册、阵亡将士名册，以及捐款捐物、支援前线的具体情况等一些重要史实。在编写出版过程中，得到县委常委、常务副县长石强，县委常委、县直机关工委书记唐鹏程，副县长张平悉心支持；县委党史研究室、县委老干部局给予协助；收录原文中的作者付出了辛勤的工作；在此谨致以深深的谢忱！

由于档案资料有限，编辑难度较大，其遗漏错误难免，欢迎其文史爱好者及从事抗日战争历史档案研究者不吝指正。

2015 年元月

图书在版编目（CIP）数据

酉阳抗日战争资料集/酉阳土家族苗族自治县档案局编著．—成都：巴蜀书社，2015.6
ISBN 978-7-5531-0527-7

Ⅰ.①酉…　Ⅱ.①酉…　Ⅲ.①抗日战争—史料—酉阳土家族苗族自治县　Ⅳ.①K265.06

中国版本图书馆 CIP 数据核字（2015）第 096079 号

酉阳抗日战争资料集　酉阳土家族苗族自治县档案局　编著

责任编辑	陈　礼
出　　版	巴蜀书社
	成都市槐树街 2 号　邮编 610031
	总编室电话：(028) 86259397
网　　址	www.bsbook.com
发　　行	巴蜀书社
	发行科电话：(028) 86259422　86259423
经　　销	新华书店
印　　刷	成都春晓印务有限公司
	(028—88450462)
版　　次	2015 年 6 月第 1 版
印　　次	2015 年 6 月第 1 次印刷
成品尺寸	203mm×140mm
印　　张	9.625
字　　数	250 千
书　　号	ISBN 978-7-5531-0527-7
定　　价	28.00 元

本书如有印装质量问题，请与发行科联系调换